街頭隱形人

人類學家
臥底紐約清潔隊的田野故事

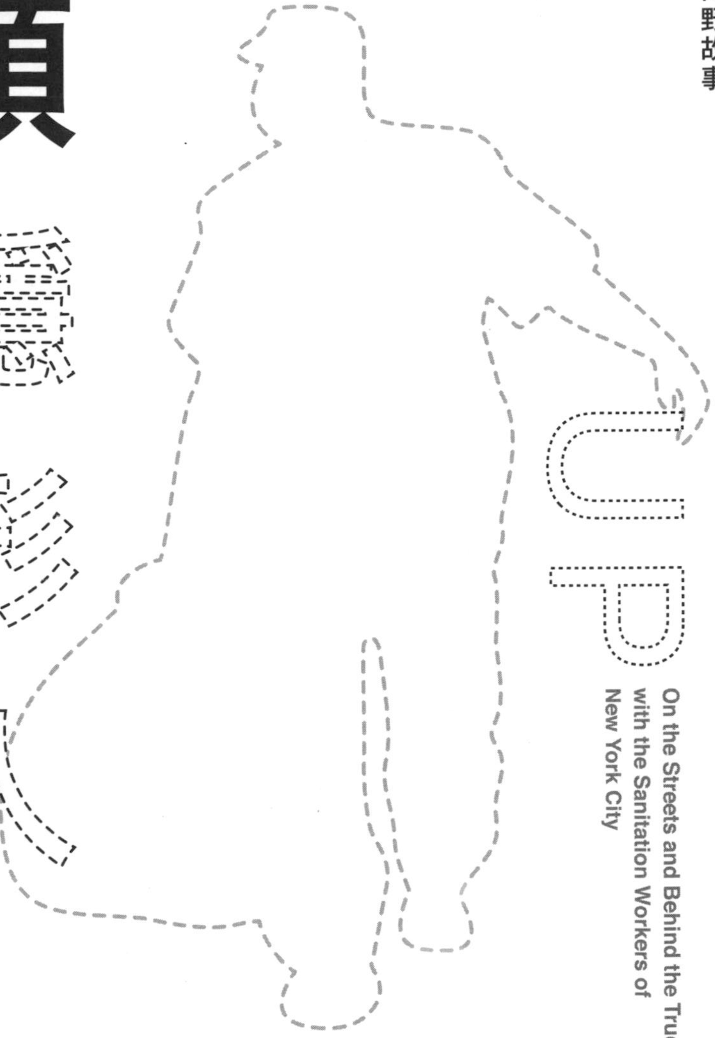

PICKING UP

On the Streets and Behind the Trucks with the Sanitation Workers of New York City

Robin Nagle

目錄
Contents

清潔隊員只有在幾種情況下會引人注意，其中一種就是沒去收垃圾，這是清潔隊員之間經常講的笑話，也是不證自明的事實。
清潔隊員跟早晨的太陽一樣，不值得注意，但絕對要出現。

有一次，一名隊員第三次被檢測出尿液裡有髒東西，有可能會永遠失去工作。他堅稱尿液樣本沒有髒東西，這句辯詞很常聽見，但是他格外固執。法官最後問他為什麼那麼確定？他朗聲說：「因為那不是我的尿！」

「你在住宅區收垃圾時，一名男子走到你身旁說，清潔隊員沒有權利組織工會。清潔隊員只要把工作做好，不需要組織工會要求公平待遇。你支持工會，你應該怎麼反應？」蛋洗他家肯定大快人心，但是沒有這個答案可以選。

III 清潔改革史 Species of Reform

政治人物和金融家認為街道日趨骯髒是紐約市發展繁榮無法避免的結果，這種心態令紐約市居民人人都身陷險境，也意味負責幫紐約市處理垃圾的人始終被忽視。

8 官員貪汙腐化……147
A Matter of Spoils
一八九〇年，一名氣憤的居民寫信給市長，「為什麼街道會如此髒亂，活像豬圈呢？掃帚、鋤頭、清掃工具、馬、貨車和工作人員不夠嗎？還是街道清潔局被大財閥行賄收買了？」

9 推動清潔改革的先驅……157
Apostles of Cleanliness
想要民眾把街道清潔局的工作團隊跟衛生與清潔聯想在一起，因此才要清潔隊員穿白色制服。清潔隊員得要有權力採取各種必要行動，因此才戴模仿警察的高頂頭盔。而且清潔隊員穿著這一身顯眼的制服，實在難以混水摸魚。

10 怒海……169
An Angry Sea
數十名工人需要手腳並用，又跌又滑地爬到垃圾堆上，把垃圾往船外拋到海裡，但是風浪經常把垃圾又吹打回船上。工人在斜度不斷改變的垃圾上難以平衡，有許多工人摔落水中，屍體永遠消失在布滿垃圾的海裡。

IV 清潔工作的大小事
Sending It Up

你仍然至少每星期會說一次要辭職，不過沒有人會當真。老鳥會告訴你再堅持一段時間，發誓情況會好轉；你會告訴他們，他們吸柴油廢氣太多年了，腦袋壞了。不過一旦撐過第一年，你就會認為或許能堅持到第二年或第三年。

「相信雙手。只要小幅度轉動，千萬不要像轉披薩皮一樣卯起來轉。」雖然教練偶爾會講錯話，像是把「專業術語」講成「裝夜視椅」，但是教課還是教得挺清楚的。

掃街人對這些指控微笑以對，指出清潔隊的單位名稱是「垃圾清除與收集」。請注意，清除與收集哪個在前面？

開垃圾車和操控掃街車，哪個比較難？

簽到表被劃上紅線後，清潔隊員就不一定能簽名，得試著求上司網開一面。分隊長當然不想跟優秀的隊員撕破臉，但又不能有雙重標準，如果容許這名隊員遲個幾分鐘簽到，別人為什麼不行？

V 滿載而歸 Loaded Out

接著他停下來看著我。「絕對別相信老鳥。」「等等。你是說，絕對別相信你以外的老鳥，對吧？絕對別相信別的老鳥？」「絕對別相信老鳥。」我點點頭，但是一頭霧水。

我知道有些清潔隊員每次都會應試，純粹只是想知道自己能考出什麼成績。有個人連續三次都考全市最高分，我問他為什麼不去當小隊長，他說想不到去當的理由。他補充，「誰想要那種壓力？」

雪在紐約一直是催化劑，催促技術創新、基礎建設改善、政治改變。而且不論階級、職責、工作年資，雪會對每個清潔局職員與工作的關係造成無法改變的影響。

18
末日暴風雪 Snowed Under …… 275

有些清潔隊員和幹部有多年經驗，經常能正確判斷在自己的分區用什麼辦法有效、用什麼辦法沒效，但是他們卻不一定總是能善用自己對掃街與除雪的智慧。

19
互助社團 Benevolence …… 289

每個演說來賓、每個協會或社團幹部，甚至偶爾會喝醉的會員，在聚會的正式流程結束後用麥克風即席演說，每個人說的都是相同的主題：要覺得驕傲。你收垃圾，不代表你是垃圾。你做的事很重要。

終曲　別人 Postlude: Someone Else …… 299
謝辭 Acknowledgments …… 303
紐約市清潔局行話詞彙表 How to Speak Sanitation: A DSNY Glossary／林浩立譯 …… [36]
註釋 Notes …… [17]
參考資料 Sources …… [7]
譯名對照 …… [1]

推薦

因為有那一點脆弱、忽明忽滅的微光；因為有那些街頭上的隱形人

人生百味共同創辦人、貧窮人的台北策展人　朱剛勇

天光前先醒的人

大學時，常一個人在凌晨四、五點還沒睡，沿五福一路、二路、三路，打著哈欠，騎著車。路的另一頭，是和朋友約的局、趕在天亮要取的景，或學校要搶著排隊的機台，對念設計的人來說，熬夜到天亮，搖搖晃晃去買早餐的理由實在太多了。

凌晨五點，天才正要透光。日間擁擠的大馬路上，此時常一台車都沒有。這種時候總有種錯覺：整個城市都睡了，醒著的人便能多偷到些時間。

某日，同樣的時刻裡，在紅綠燈前停下，突然發現前方路口出現了橙黃醒目的身影：一組清潔人員抓準時機清掃著柏油路；順著視線，又看快速車道幾個區塊也被圍起路阻，工人

在其中穿梭，不確定正在補路或進入下水道。

這些勞動身影，從某個視角來看，確實是在這城市的縫隙中，盡可能「偷」些時間與空間。凌晨五點，南國的馬路時常浮著霧氣，天空正從深紫轉橘，呈現一片魔幻的漸層。但工作隊的人們在此刻卻必須專注於眼前的任務：沉默地快速移動、來回重複著清掃與搬運，同時留意是否有來車接近。再過一會，城市就要醒了。天若光，城市甦醒，通勤的車潮人潮陸續湧現，清潔隊便需退場，以保持現代人對於城市的印象：便利整潔、光鮮亮麗。

現在回頭看，當時的自己顯然誤會了，其實城市並沒有一刻入睡：在不同的時間點中，總有人，正為另一群人而醒著。

最明顯卻也最隱形：清潔隊的日常

在台灣，多數人對於清潔隊的印象，集中在〈少女的祈禱〉響起時。但清潔隊的工作並不只出現在社區、沿路收走垃圾，求職網站的內容列出，清潔隊業務除了垃圾收運、回收外，也需執行道路清掃、公廁管理、環境消毒等等業務。

就算單看大眾熟悉的垃圾收運，這份工作也完全不輕鬆。清潔隊的一天，往往在凌晨天未亮時便開始，隊員需先到停車場（因鄰避而須設置在遠離市區的地方），檢查車輛與裝備後出發；收取垃圾過程需要同時協助大眾分類回收、廚餘，有時也需指揮現場交通、維持安全；過程若車滿載，清潔隊員需來到回收物轉運站，在此分類、集中車上的回收物與廚餘。全日來回填滿、清空垃圾車，最後將車開回清潔隊清洗，才算結束工作。此時已是午夜，緊鄰新的一天。

不斷重複彎腰、舉重物等動作，垃圾袋中總是充滿未知的危險物（銳利物品、碎玻璃、化學藥劑），地面又常有油漬與積水，清潔人員的工作充滿了風險。而數據統計又顯示，清潔人員的職業災害中占最高比例的，是執勤過程發生交通意外。

幾乎不會有人認為清潔隊工作輕鬆或不被需要，且由於清潔隊隸屬於地方政府的環保局，薪資與待遇相對穩定，被許多人認為是「鐵飯碗」，若搜尋近年新聞，幾乎每一次清潔隊員的招募，都吸引了缺額十倍以上的人數報考。然而，這份搶破頭、穩定、對社會重要的正派工作，仍未得到應有的尊重。

> 幹這個工作那麼多年了，他早就了解到，每天早上穿上制服後，他就跟費德利克和紐約市的每一位清潔隊員一樣，變得隱形。

書中的這段話，深深刻入我心裡。即便穿著最醒目的制服、伴隨響亮樂聲，且擁有正當的收入，執勤過程仍會面臨行人捏著鼻子經過、丟垃圾民眾從遠處拋擲垃圾袋，彷彿車旁無人需被顧及。雖都是極小的動作，其中意涵卻也充分被工作者們接收。人如何在如此衝突的狀態下認知這份工作與價值？如何建立歸屬，並找到自我認同的榮耀？從人類學者羅蘋・奈格爾親身參與後的細膩書寫，我們得以找到基層勞動者間崎嶇、卻又相互映照的軌跡。

如何記住蓋起城市的人們

除了清潔隊，一座城市得以便利整潔、光鮮亮麗，並非幾句魔法或口號，而得仰賴無數雙手所撐起。

曾在一場為底層者困境發聲的籌備會議中，有位原住民運動的前輩突然起身問了在場所有人：「你們知道台北一〇一是誰蓋的嗎？」正當我偷偷在桌面下搜尋建築師名字，老師笑著看這一片沉默，自答：「是我們阿美族人蓋的。」

蓋起高樓的建築工人、駕駛大眾運輸工具的司機、保養公共設備的維修人員、保持街道與社區整潔的清潔隊，太多我們說不出名字、與自身作息錯開的職業，這些身影進入城市密布的血管，使其基礎運作順暢。樓房華美、街道無塵，然而多數人在生活中與其擦身而過，卻毫無察覺。若這些人們的勞動產出與你我生活緊密相關，若我們充分理解彼此同身而為人，那對於一個職業在如何的需求脈絡中長出，其所會遭遇的風險、辛勞、成就，以及工作者的心路、洞見、除了職業身分之外故事、容貌，便不該一無所知。

很幸運地，我們仍有機會透過民族誌與非虛構寫作，看見生活視野之外的世界。國外有社會學者保羅．威利斯蹲點英格蘭中部小鎮寫出的《學做工》，其中記錄了在勞工階級與社區中成長，而後也成為工人的少年歷程；作家芭芭拉．艾倫瑞克進入勞動現場，從事清潔、銷售員與外場服務工作，將在一線體感到的經驗與職業背後的龐然結構，整理成《我在底層的生活》。台灣這些年也有相當精彩的作品，例如工人作家林立青，以監工的視角書寫他在工地中遇到討生活的人們，工人、拾荒者、工地周邊店家；以及《靜寂工人》中，魏明毅爬梳基隆港興盛時期前後，碼頭裝卸工人與其家人、周圍關係者的故事。而這本以紐約市清潔局作為田野的《街頭隱形人》，則更是還原與每人每日生活緊密相關的清潔隊員，其生而為人立體的樣貌，並讓讀者有機會透過人類學者的眼光，細細端看社會規則形成之脈絡。

重要的真相其實存在於未被標記和沒被看見的現象中。

這些以身為度的紀錄，或許僅會被視為是某座城市的一小角；而我們有太多城市、太多的故事。這些基層的勞動者通常沒有成功的鍊金術，也非警世的負面教材。閱讀他者的民族誌，又或者，閱讀一小群人的故事，對你我、對社會的意義是什麼？

在此，我無法高喊如甘地所說「一個國家的文明程度，端看其對待社會最弱勢者的態度而定」這樣的口號，況且這其中許多人在面對生命困境時所展現的韌性、活力，在在證明了他／她們絕非弱勢者。剝除政治正確，剝除進步思想，我總有種浪漫的想像：世間的人們是相連、相通的，只是還沒找到那條路徑。從社會學視角，會說那相通來自於同一種社會規則、同一個空間下的形塑與規訓。但我更偏好形容那是種生命中的光火，它時而展現明亮的力量，時而委靡虛弱，等著順應時代替換。然而人並不總是、不只是受明亮的光火吸引——有時反而是脆弱、忽明忽滅的微光能引發共感，指引人們相會。如同當年的自己，循著凌晨五點馬路上移動的橙黃人影，好奇城市的運作背後需付出多少人力、多少代價，竟也一路追逐至此，慢慢拾獲生活環節中失落的拼圖，通往更遼闊的所在。

相通的光點，我相信必將牽引著人們，一同走向更美好的地方。

導讀

找出「街頭隱形人」：人類學家為何要關心垃圾和清潔隊？

清大人類所助理教授　林浩立

二〇一五年的夏天，博士論文口試方才結束，正處於混沌狀態中的我在美國母校得到一份暑期教書的工作，幫助我往正式畢業之路邁進。我被分配教導一門以往已有多次擔任助教甚至也有一次獨立授課經驗的「文化人類學導論」。在此之前，由於自己太平洋研究的專長，我指定修課學生閱讀的讀物皆為太平洋島嶼民族誌，且田野內容是我所熟悉的村落情境，無論備課與講解都游刃有餘。然而念於這是最後一回為母校服務作育英才的機會，我決定跳脫舒適圈做一點不一樣的安排，從學生的立場出發找一本這些多在城市中長大生活的大學生能更有共鳴的通俗民族誌。在使用一貫的找書良方——亞馬遜網路書店評價系統之後，我輸入不同關鍵字並依評價高低排序所跳出的結果頂端，都會出現一本《街頭隱形人：人類學家臥底紐約清潔隊的田野故事》。

無論從哪種角度，這本書都看似絕佳的選擇：二〇一四年還熱騰騰的出版年份、以紐約市為田野地的設定、大家都十分熟悉且隨處可見的「垃圾」主題，其編排亦非制式的學術作品格式，可以說完全符合我的需求。然而，雖然源自實際的教學動機，在往後閱讀和備課的過程中，這個書寫平易流暢且帶有一絲幽默、又能展現精湛田野技藝與蘊含深刻理論關懷的課堂讀本，逐漸成為深受我喜愛的人類學作品。

垃圾，是社會的破口

「垃圾」其實也是我在斐濟做村落生態保育研究時曾經思索過的議題。田野地的生態公園從海岸珊瑚礁區到山中雨林景觀都有在地社群的密切參與維護，但我還是會在日常生活中看到村民燃燒塑膠袋、掩埋廢棄電池，甚至在出海時隨手將罐頭丟入海中。這代表他們沒有環保意識嗎？在當地人與相關組織的協作努力下，這個公園已成為世界上小有名氣且保育成果豐碩的案例。或許村民是本著以往在環境中處理自然廢棄物的方式行事，沒有意識到環境已無法容納這些現代性製造出來的新垃圾；也或許他們用來處置垃圾的環境，與他們執行保育計畫的環境，並不在同一個認知框架中。從這個小小的例子可以看到，「垃圾」可以說是看似穩定運作的體系的破口，而且必須透過文化上的認知行動安放其位置、形成新的連結，或由社會上的制度加以填補排除、甚至增值再利用，然而其物質上頑固雜亂的本質又使之無法輕易地被安穩處理。

正是「垃圾」這種能在混亂現象中看到背後秩序，以及在井井有條的管理下看到其中衝突的特性，近幾年來出版了多本針對此一主題的民族誌，例如二〇一六年以北京為田野的《廢品生活：垃圾場的經濟、社會與空間》和《丟棄：北美垃圾掩埋場的工作與生活》；二〇一八年的《找回遺棄物：里約垃圾堆中的生命與勞動》、《國之棄物：印度的垃圾和成長》和《廢棄物與財富：越南回收經濟的勞動、價值和道德民族誌》；二〇一九年的《軍事廢棄物：長久備戰所沒有預期到的後果》和《棄物圍城：巴勒斯坦的基礎建設生命》；以及二〇二〇年的《核廢料的未來：藝術和考古對世界上最危險的物質能說什麼》。更別提考古學一直以來都是在透過史前垃圾提供的線索捕捉過往的生活面貌，二〇一五年一本具有相當創新的研究方法的「考古民族誌」《敞墳之地：移民路徑上的生與死》，便是由穿越美墨邊界沙漠的非法移民者在路途上丟棄遺留下來的物件甚至屍體，揭露他們在美國社會主流論述中被抹滅的處境與體制的暴力。

「未被標誌」之人

《街頭隱形人》的作者人類學家羅蘋．奈格爾可以說是走在上述這些思路取徑的前端。事實上，其研究問題的靈光很早就出現了。她在書中提到了一個起源故事，並且以此為二〇一三年TED演講題目〈紐約垃圾帶給我的啟示〉的開場：早在十歲那年與父親一同在紐約州北部阿迪朗達克山中健行露營時，她從除了小徑外沒有任何人為跡象的森林中穿出，來到一個清澈靜謐的湖畔，卻在營地小屋後面看到一個大約四十平方英尺的垃圾坑，裡頭有果皮、罐頭、揉爛的錫箔紙，甚至飄著一股臭味。如此反差的景觀，卻讓她萌生一個問題：「是誰在幫我們清理垃圾？」仔細想想，這是一個很深刻的提問。當我們把家裡製造的垃圾分類好、包起來，若是住在大樓社區，丟到集中垃圾的大桶子中即可，若是獨立公寓住宅，則會在〈給愛莉絲〉的召喚聲中扔到前來的垃圾車上。不管是何種方式，這些行為本質而言都是空間上的排除行動。垃圾接下來去哪裡了？誰在幫我們做後續的處理？已不屬於我們的認知範圍內，因為至少自己身處的空間已是乾淨的。人類學家瑪麗．道格拉斯在一九六六年的經典《潔淨與危險》一書中指出這是一種象徵邊界的維持。因此，小至奈格爾小時候在山中看到的垃圾坑，大至超過兩千英畝位於美國內華達州山谷地中、號稱世界上最大垃圾掩埋場的「頂點掩埋場」，既是實際的當代社會垃圾清理策略，也是「骯髒」文化範疇的建立與隱匿。

更顯著的例子是，從印尼雅加達外的班達爾歌邦、印度新德里旁的加齊普爾，到巴西里約熱內盧市郊的格拉馬紹（已於二〇一二年關閉），這些大型垃圾掩埋場也聚集了都會中的邊緣人群在其上居住，依靠撿拾垃圾為生。垃圾與人在此產生連結，一同被劃入同一個空間範疇中。

收垃圾的人也面對著類似的狀況。當清潔隊員前來拾取垃圾，他們幾乎像是所搭乘的垃圾車機械式的延伸，沒有清楚的面貌。即使餐飲外送員都還有短暫互動的機會，清潔隊員則彷彿完全隱形。然而，他們隱形的方式並非像居處於垃圾場的邊緣人群是被掃出日常生活的空間之外。相反地，他們是徹底融入於日常生活的韻律之中，以致被視為理所當然而不被重視，甚至被預期安安靜靜地做其份內的事卻不要現身或出聲。這就是奈格爾寫作此書的重點，對一般居住在都市中的市民來說，如果按照既定的程序，垃圾「必然」會消失。因此我們不會特別思考到這背後有一奠基在勞力之上的龐大基礎建設，我們也很難體會，根據美國二〇一九年最新的職災統計，清潔隊員的工傷死亡率在所調查的職業中高居全國第六，是一項相當危險的工作。我們恐怕更不會想到這份工作其實有一套獨特的知識、技藝和語言，使其成員能遊走於都市空間和管理體制之中。

簡單來說，他們的形象是一群平凡無奇、「未被標誌」的人。「未被標誌」這個概念來自社會學家韋恩・布萊可斯一九九八年的文章〈未被標誌者的社會學〉，裡面呼籲以研究特殊社會問題起家的美國社會學界，開始重視平凡普通、符合常規、未被清楚界定、沒有特別文化標籤的群體。這些所謂「未被標誌者」時常夾處於同一範疇中之「標誌者」的正負特殊性之間，使得其重要性被忽視。例如，同樣是公家機關人員，同樣身著制服，警察會因其對犯罪的掃蕩而受到敬重，並且時常在電影小說中被傳頌（正特殊性），也會因執法的暴力而被嚴格檢視（負特殊性）；然而，沒有這些兩極特性的清潔隊員就得不到如此的關注，即便他們同樣是維繫社會運作的關鍵力量。同樣地，人類學家羅倫斯·勞夫在對愛麗絲·高夫曼備受爭議、研究費城非裔青少年在其社區中如何受到警方監控的民族誌《全員在逃》的書評中指出，書中著重於對犯罪行為的鮮豔描繪，完全沒有提及非裔社區中長期擔任中介協調者角色的機構如學校、教會、非營利組織，這些單位在此也可以說是「未被標誌」的行動者。

當我在美國教書時，為了讓課堂上的學生了解「未被標誌」的概念，會用美式足球場上的進攻鋒線球員來解釋。這些身形巨大的球員的工作很簡單，就是保護自己的四分衛免受對方防守球員的衝擊。他們沒有任何諸如接球次數、衝跑碼數等個人數據衡量其能力，也沒有鏡頭熱愛捕捉的華麗技巧展現，卻是決定球場上勝負的關鍵所在。事實上，他們出現在比賽精華回顧片段的時候，往往是因為沒有做好工作，讓四分衛被擒殺。清潔隊員也是如此。我們總是在日常生活韻律中斷之時如連假期間，或書中提到的紐約市一九六八年清潔隊罷工，或是二〇一〇年癱瘓城市的暴風雪，才會感悟他們存在的價值。

進出垃圾堆的人類學（家）

然而，若非在這些非常狀況，要怎麼捕捉他們的面容呢？布萊可斯表示作為「認識論上盲點」的「未被標誌者」，可以透過一些研究方法的設計被識別出來，例如「反向標誌」、「全面標誌」，或「游牧視角」。身為人類學家，奈格爾則是用我們這行最擅長的「田野調查」以及「民族誌書寫」，而這本書最吸引人的地方就是看她如何一步步打入這個被外界忽略輕視，但又層級嚴明、高度官僚化的政府機關。從一開始在沒有得到允許下帶著記者參訪所造成的誤會，到獲准隨隊進行研究卻沒受到歡迎，最後報考成為正式清潔隊員，甚至考上得以駕駛總重超過兩萬六千磅的單體車的B級商業駕照，奈格爾清楚地展示了田野工作絕非與當地人建立關係而已，還必須認真習得一身精湛的技藝。二〇〇六年，在研究計畫結束之後，她被紐約市清潔局賦予終身「駐隊人類學家」的職位，可見她在情感上與專業上所得到的認可。

信任，這件所有從事田野工作的人類學家都希冀的事是必須費盡功夫贏得的，這包括第一天田野時在眾人的打量下親自賣力搬運垃圾袋和垃圾桶。然而唯有透過這樣的試煉，細膩的人類學知識才得以建立起來。為什麼我認為本書相當適合在人類學導論課上閱讀，因為它不只是一本關於垃圾和清潔隊的民族誌，它是透過垃圾和清潔隊彰顯當代社會文化的運作，以及人在此處境中的行動和創意。我們可以讀到經濟：垃圾反映了資本主義永無止境生產的邏輯，但這並非單向的，清潔隊員也能從中尋寶，甚至創造自己的禮物經濟。我們也可以讀到政治：清潔隊如何透過簽到簽退表、清收垃圾目標重量、儀容規範、升遷制度來控管隊員，政府也會策略性地刪減職位來節省預算；但隊員們也有其抵抗回應的方式，例如開著垃圾車亂繞推託塞車、臉書上的宣洩，或是工會和互助社團的創立。我們更可以讀到性別：清潔隊是一個高度陽剛的場域，紐約市清潔局一直到一九八六年才首次任用女隊員，而在奈格爾參與的清潔隊駕訓班，班上的性別比例是七十七個男學員和兩個女學員。也因此，她時常必須面對自己在一空間中身為唯一女性的狀況，以及伴隨而來的性別政治——對能力的質疑，還有衣櫃上的裸女圖以及無處不在的粗俗言語。

上述這些面向精彩地呈現於〈清潔隊員的祕辛〉這個章節，這也是我在書中最喜愛、最常在研究方法課堂上分享的部分。在這個彷彿天外飛來一筆的小插曲中，奈格爾問了一個直接了當的問題：「清潔工作最難受的事情是什麼？」而她的答案很簡單：「起床。」接著她透過親暱和同理的第二人稱鉅細靡遺地告訴我們，一個菜鳥清潔隊員如何從起床梳洗換好衣服展開工作的第一天，迎接他的卻是渾身揮之不去的惡臭、老鳥們的嘲笑捉弄，以及垃圾重量造成的全身酸痛。如此日復一日，竟也逐漸習慣，開始習得搬運技巧、交到朋友、領到額外津貼、懂得玩笑和人際政治、了解「尋寶」的藝術、得到來自民眾意外的鼓勵，但這些仍無法改變不可理喻的管理方式，還有不時冒出的新的職業傷害。因此，「起床」只是一個隱喻，指的是清潔工作永遠是個吃力不討好的差事的事實。這段文字雖然說的是一位虛擬的清潔隊員，可是奈格爾與無數隊員們一同在垃圾堆中進出的成果，也是民族誌的魅力所在，能夠將人類學家獲得的繁瑣材料轉化成我們能感同身受的人物和故事。我相信，若有更多人能讀到《街頭隱形人》，不只是紐約市，世界各地同樣面對高風險低回報工作條件、且根據研究指出在疫情期間更容易受到感染傷害的清潔隊員，將再也不會是「未被標誌」的「街頭隱形人」。

給ZXDN，我的愛

你出你入，耶和華要保護你，從今時直到永遠。

——《詩篇》第一百二十一章第八節

紐約市清潔隊分區圖

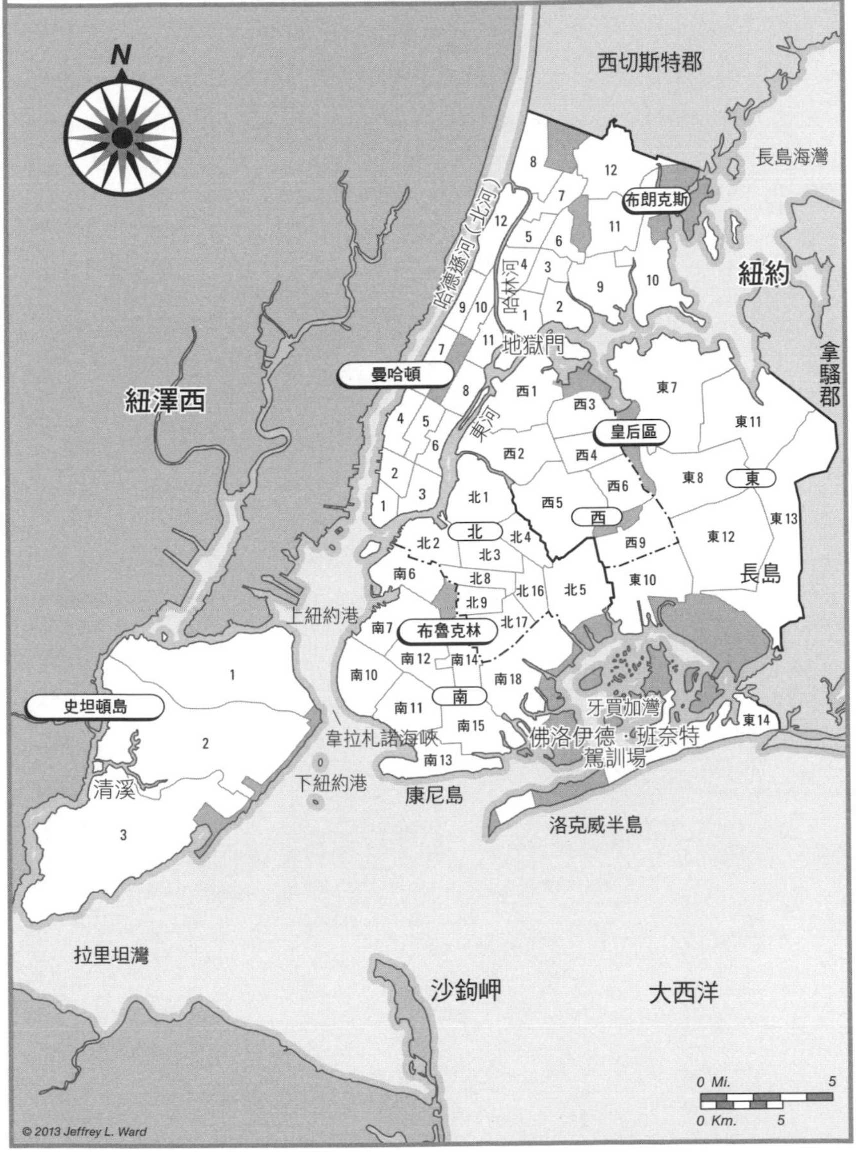
N
西切斯特郡
長島海灣
布朗克斯
紐約
拿騷郡
哈德遜河（北河）
哈林河
地獄門
曼哈頓
紐澤西
東河
皇后區
東
西
北
長島
上紐約港
布魯克林
南
史坦頓島
牙買加灣
韋拉札諾海峽
佛洛伊德・班奈特
駕訓場
清溪
下紐約港
康尼島
洛克威半島
拉里坦灣
沙鉤岬
大西洋
0 Mi. 5
0 Km. 5
© 2013 Jeffrey L. Ward

作者註

這本書是根據我在紐約市清潔局的工作與研究所寫的，書中描寫的某些人希望匿名，因此使用化名，我會另外註明。〈清潔隊員的祕辛〉那一章，結合了我自己的一些工作經驗和其他清潔隊員告訴我的故事。〈垃圾精靈〉和〈勤務板〉的部分內文曾登載在二〇一一年四月出刊的《現代人類學》。

序曲　宇宙中心

Prelude: Center of the Universe

我通常不會幫垃圾車取名字，但是我以車子開到極速時發出的聲音，幫這一輛取名為夢娜。夢娜還有高里程數的垃圾車特有的其他缺點，像是避震系統和座椅彈簧老早就沒辦法緩衝道路的顛簸；側邊後照鏡晃動得厲害，鏡子裡的後方行車看起來模糊不清，劇烈抖動。

現在是夜間尖峰時段，我在紐約市的狄根少校高速公路，向南行駛，載著滿滿一車的垃圾要到垃圾傾倒場（比較正確的名稱是垃圾轉運站）。我開著三十五噸重的垃圾車穿梭在擁擠的車陣中，很清楚沒人想見到我，引擎不斷發出彷彿哀號的聲音，喚起我的警覺心。雖然我是路上的霸主，很少汽車駕駛敢向垃圾車挑釁，但是時速五十英里對我來說已經夠快了。

在狄根少校高速公路快要變成白樂高速公路前，我下了高速公路，開進南布朗克斯的陰沉街道。這個地區衰退與被忽視幾十年了，最近才開始振興。我顛簸開過一條滿地車轍的道路，行經一組列車鐵軌，小心開上地磅。在地磅站，一名臉上沒有笑容的年輕人拿走我的文件。空氣中瀰漫著柴油煙和河水的味道。一秤完重量，我就把垃圾車開向垃圾場。垃圾場是一座很像穀倉的建築，就在幾百碼外。其他垃圾車已經在排隊了，於是我把車停到隊伍的終點（隊伍絕對不會排成直線），拉起手煞車，再度沉思著夢娜發出的噪音。或許那不是哀號，或許那是垃圾車為我們的旅程進行的莊嚴儀式，用機械式循環呼吸，不停以單音吟詠。她就像有十個輪子的誦經和尚。

這個故事發生在一座大都會的路邊、角落和刻意被遺忘的地方。故事中講述的某些片段在全球各個城市都很常見，但是這個故事是特別描述紐約市的，主人翁是處理都市垃圾問題的那群人，現代官僚語言把都市垃圾稱為都市固體廢棄物（municipal solid waste）。過去幾年來，我曾經從許多視角探究這個故事。

紐約市又被稱為高譚市，為高譚市收都市垃圾和清掃街道的工作，主要由男女組成的一支小「軍隊」負責，他們每天跟棘手的垃圾搏鬥，確保高譚市保持活力。但是他們很清楚，他們的努力很少人會注意，更少人會讚揚。這支「軍隊」組成了紐約市清潔局。許多人不知道他們，他們甚至經常不被喜愛，卻是絕對不可或缺的組織，負責建立與維持一套流動系統，對高譚市的安適十分重要。這套系統的運作就像一種呼吸，不過交換的是物體，不是氣體分子。也可說這套系統的運作像潮汐：全球經濟力不停雕塑地理樣貌和政治景觀，各種經濟力之間產生近似地心引力的拉力，引發一種不斷反覆的退潮與漲潮。如同強迫停止呼吸會讓需要呼吸的生物死亡，或強迫潮水靜止會使地球上的生命毀滅，停止清潔隊的律動也會導致紐約市的死亡。

在許多方面，這個故事都很難述說，因為沒有合適的開頭或結尾，所以咱們就從中間開始說起吧！

垃圾轉運站不會出現在大部分的觀光行程裡，附近的居民也不會被轉運站的環境吸引。可以這麼說，大部分的人都討厭垃圾傾倒場，還有又大又吵的垃圾車源源不絕來排隊卸載垃圾。❶民眾討厭垃圾車載運的東西，討厭垃圾車不停來來往往，討厭垃圾車把附近街道輾得坑坑洞洞，討厭髒臭的廢氣，討厭垃圾飄出的臭味（有時候臭味傳播的距離遠過物理學定律認為可能的距離）。說穿了，我們就是討厭垃圾轉運站存在，不論距離多遙遠。

我思考著這種建築物一開始是怎麼出現的，認為我們絕對有更好的辦法可以處理廢棄物。就在此時，後頭一聲喇叭打斷了我的沉思。垃圾場的工作人員一次讓幾輛垃圾車開到傾倒區，我和前面的排隊車輛出現一段間隔，於是我向前開。

輪到我了，五臟六腑感覺到一陣熟悉的興奮悸動，我把夢娜開過入口。果然，夢娜吟唱了起來。雖然我們覺得這個地方令人作嘔，但是其實這裡就像汁液橫流、規律搏動、臭氣沖天的宇宙中心啊！

臭味率先展開攻擊，掐住喉嚨，重擊肺臟。家庭垃圾有一股強烈的甜味，令人倒胃作嘔，從垃圾車後面飄出，撓著鼻子。但是轉運站的地上到處堆積著無數噸的垃圾，散發出劇烈的惡臭；相較之下，垃圾車飄出的臭味實在微不足道。❷嗅覺器官和身體的蠕動機制不禁痙攣，以示抗議。用嘴巴呼吸根本沒用，大口吸氣或快速喘氣也無法獲得新鮮空氣的拯救，因為那裡根本沒有新鮮空氣。

臭氣衝擊鼻子和喉嚨，震耳欲聾的噪音則攻擊耳朵。垃圾車本來就很吵，但是幾輛齊聚在一間大型金屬廠房裡，同時傾倒垃圾，那噪音又更放大了許多倍。不只有刺耳的倒車嗶嗶聲和液壓系統的隆隆聲，還伴隨著金屬互相擦刮的尖銳聲響。噪音攻擊活像一股物理力量，反彈於牆壁之間，強烈得呈現出一種聽覺純度。在廠房內值班的工作人員有厚厚的紅色頭戴式耳機可以戴，但我們這些只是來一下就離開的人得忍受噪音。最好的溝通方式是打手勢。

內部的景象著實令人驚嘆。空間寬大，感覺有幾個美式足球場那麼大，四分之三的地面被堆得比垃圾車還高的垃圾掩蓋。遠處天花板上的噴嘴噴出用於抑制粉塵的水霧，跟垃圾堆冒出的蒸氣混在一塊，產生深褐色的薄霧，使角落和遠處的牆變得朦朧，垃圾變成巨大的黑色物體。一輛巨大的推土機在垃圾堆中推來推去，像是在雕塑垃圾。垃圾堆重得不停晃動，活像一隻生物不停顫動的側身；彷彿一尊有了知覺的魔像，其中碳元素、廢棄物、遺失物恰到好處的混合，被天外飛來的火花啟動。

臭氣，哀號，陰暗，大家會原諒第一次來這裡的人以為自己不小心跑到《神曲》之地獄的現場。在第三層地獄，貪吃的人注定永世在髒汙中打滾，連像但丁那樣有天賦的詩人也沒辦法把第三層地獄寫得比這裡還可怕。這裡也完美呈現出第四層地獄。在第四層地獄，貪婪的人犯了囤積和揮霍的罪，必須背負重物，互相攻擊，永遠不能停止。垃圾車和推土機代表人類，同樣漫無止境搬運龐大的重物。

那些重物之所以可怕，不只因為需要像垃圾場這種地方來堆放它們，也因為它們的來源。它們是由有形物體組成的，那些物體本來有明顯的外形，但是現在全亂七八糟壓成同一種討人厭的東西，叫作垃圾。本來不該放一起的東西現在全混成一塊，弄髒彼此，吞噬彼此，染濕彼此，徹底失去原本的樣貌。[3] 這種變形（還是變質？）讓人不禁想起，物質世界永遠是短暫的，儘管表面上看起來並非如此。如果無視垃圾場，我們就比較容易無視一個令人心寒的簡單事實，那就是**沒有東西**能夠永久存在。

雖然到過這個地方許多次，但是抵達的那一刻，總是令我驚奇。我看得目瞪口呆，全神聆聽，試著淺呼吸，差點就把夢娜完全停下來。接著，我注意到一個戴著紅色頭戴式耳機的工作人員，打手勢要我到垃圾堆邊緣的一處空地。我揮手表示了解，調轉車身，聽著倒車的嗶嗶聲加入周遭的吵雜聲。我再次拉起手煞車，跳下車，拉開插銷，接著升起車斗，啟動傾

倒開關，把垃圾倒進後面的巨大垃圾堆。❹

佛教徒開始用餐前，會唸一段感謝詞，感念所吃下的食物：「感謝眾人辛苦工作，感謝眾生無私分享。」垃圾場堆積的垃圾也是這樣來的，在這裡和全世界的每個垃圾場，垃圾都能反映出眾生是活得順遂，或絕望，或太快，或痛苦，或歡樂。就算沒有價值了，或沒人要了，每個裝滿垃圾的袋子，每團用過的衛生紙，每片熱縮包裝膜，每片發霉的蔬菜和每隻爬滿蛆的火雞腿，都暗示著無數故事。研究現代住家廢棄物的考古學家證明了這一點，事實上，考古學界對我們過去的洞見，往往僅來自分析消失已久之文明留下的垃圾。❺我們明瞭這些人造物的珍貴價值。

若非從有形、而是從較為形而上的角度來看，所有這些被拋棄的物件都有物主的痕跡。二十世紀初的社會學家牟斯認為，物品即便「被送禮者給出，仍有一部份是屬於他的」。❻這個見解原本是在談論小型社會或部落社會的禮物交換，但是這個論點卻適用於被任何生命擁有過而後丟棄的物品。假如我們擁有某種心靈感應的能力，只要聞聞我們在觸摸過的東西上面留下的味道就能了解彼此，那我們就會跑到垃圾場忘我探索彼此的心靈。

但是我們還沒進化到擁有那麼敏感的感應力。我們製造垃圾，使垃圾變得危險，接著建造垃圾場這種地方來丟棄垃圾，這樣我們才能假裝垃圾不會傷害我們。但是誰來扮演冥河擺渡人卡戎的角色，把死去的財產載離我們的日常生活，運過冥河，送進垃圾場裡的假想安全區？

或者，直說吧：是誰在防止我們被自己傷害？

第一部　收垃圾

Part One: Collection

1

垃圾精靈
Garbage Faeries

在一個明亮的秋天早晨，樹葉和車窗閃閃發亮，塞滿垃圾車後的垃圾袋也閃著亮光，雷・克茲拉動拉桿，啟動車斗鏟刀的液壓系統，發出隆隆聲響。我心切想幫忙，傾身靠在垃圾上頭，防止垃圾掉出，等到鏟刀降下把垃圾推進車身裡，我才站到一旁。壓縮系統完成這輪動作時會發出一聲音調更高的巨響。

克茲金髮碧眼，手腳俐落，四十八歲，不過看起來沒那麼老。他留著前短後長的鯔魚頭（mullet）髮型，臉上掛著親切的微笑，個性和善幽默，喜歡自嘲，幹紐約市清潔隊員，或一般人說的「垃圾人」約十八年了。他的夥伴叫薩爾・費德利克，正從遠處的路邊把垃圾袋扔向我們。費德利克一頭深色頭髮，五十幾歲，幹這行超過二十年；身材高高瘦瘦的，個性神祕安靜，是個菸槍。克茲被診斷出肺氣腫之前，也是一天抽好幾包菸。[1]

1 這兩個名字是化名，這兩人和書中談到的許多人一樣，要求匿名。

我跟在垃圾車後面工作，是想深入了解處理廢棄物所需的人力成本和勞動條件。每個人都會製造大量垃圾，但是我們卻經常忽視令人傷腦筋的垃圾，尤其是我們還需要一支組織良好的工作團隊，耗費大量心力來處理垃圾。如果負責處理現代社會廢棄物的人沒有天天到街上工作，生活會變成怎麼樣呢？要做他們的工作需要哪些能力？為什麼他們沒有獲得應得的讚揚？這些問題亟需答案，既然我住在紐約，我決定幫在紐約市清潔局工作的男男女女找出答案。要了解他們的工作，最好的辦法就是跟他們一起工作，這個想法最後驅使我應徵清潔隊員。我的研究是在清潔隊員的陪同下展開的，這也是為什麼那個美麗的早晨我會在垃圾車後頭，欣賞日光，並且儘量別妨礙克茲工作。

克茲和費德利克一輩子都在名為曼哈頓第七分隊的清潔分隊工作，兩人都夠資深，能到第一小區擔任常任人員，那可是第七分隊人人垂涎的差事呢。大家都知道，第一小區垃圾少，垃圾袋通常不會破掉，蛆也比較少見，就算在炎熱的夏天也一樣。

每個工作團隊一開始值班都要先拿一張厚紙卡，正式名稱叫作「每日工作紀錄卡」，但是比較常被稱為三五〇卡。小隊長會在三五〇卡上面寫下當天的工作路線（稱為「工線」）。❶工作路線是由一條條稱為「垃圾車值班任務」(Individual Truck Shirf Assignment）的線構成，指明要以什麼樣的順序、到哪些街區和街道的哪一側收垃圾。比方說，從百老匯大道到中央公園西路的第八十四街南側，這段距離有三個街區，那就是三線段。這個例子就簡記成「八四，百老滙—中央公園西，南側」(84, B'Way–CPW, s/s.)。如果兩側都要清掃，就成為六線段了；在三五〇卡上簡記「兩側」(b/s)，合理易懂。❷我們工作時，克茲解釋著這些細節。費德利克只是微笑，每扔完一次垃圾袋，就吸幾口菸。

克茲是駕駛員，費德利克是搬運員，但是兩人都會幫忙扔垃圾袋。那天，我們在中央公園西路附近的一個街區跑「挨戶線」[2]，街區上全是考究地整修過的褐石建築。我們收掉放在一棟小建築前面的垃圾，可能是聯排住宅、中型公寓大樓或教堂，接著把垃圾車往前開一、兩個門梯，再收掉放在下一棟小建築前面的垃圾，就這樣一棟一棟收垃圾。我們六點開始工作，寧靜的清晨街道是我們的地盤，但是到七點半左右，越來越多人穿著筆挺的西裝，繃著臉，走出門，下門梯。我們已經工作好一段時間了，這些懶蟲現在才要去工作，這種感覺好奇怪。但是同事們對他們沒有多加注意，路過的人更是懶得看我們。

清潔局的職員少得令人驚訝。八百二十萬紐約居民竟然由不到一萬名清潔局職員來服務，確切人數是九千兩百一十六人，其中七千三百八十三名是制服職員，一千八百三十三名是便服職員；全靠他們，清潔局才能完成三項工作。❸前兩項是收垃圾和找地方放垃圾。清

2 可參見書末「紐約市清潔局行話詞彙表」。

潔局必須確保每星期掃幾次長度超過六千英里的街道，以及每天有人去收紐約市的一萬一千噸家庭一般垃圾和兩千噸家庭可回收垃圾。❹這些工作都是由清潔局的「垃圾清除與收集科」負責，多數制服職員都被分派到這一科。街上的垃圾收掉後，「廢棄物處理科」就得找地方放垃圾，解決這個問題需要的人手比清除和收集垃圾少很多，但是廢棄物處理科卻占了清潔局十三億五千萬美元預算的四分之一。❺

清除積雪是清潔局的第三項工作，不屬於任何單一科室。民眾可能會以為雪只是天寒地凍那幾個月的問題，但是在負責清雪的每個單位，不論層級職務，每個人都會告訴你，他們需要完成許多準備工作來迎戰冬季，因此雪成了一整年的焦點。

在這些組織部門後面，有各式各樣的支援人員，包括技工、律師、水管工人、建築師、工程師、電工、分析師、木工，以及許多其他人員，讓清潔局的實務和政治機關能順利運作。

曼哈頓第七分隊負責服務上西區，我跟克茲和費德利克就是在那兒工作；清潔局把紐約市劃分成五十九個分區，曼哈頓第七分隊便是其中一個。分區和分隊是一樣意思，由依行政區劃分的七個主管單位管轄。（紐約市有五個行政區，但是清潔局把皇后區又劃分為東、西兩個管轄區，把布魯克林又劃分為南、北兩個管轄區。）曼哈頓有十二個分區，布朗克斯也是，北布魯克林和南布魯克林各有九個分區，東皇后區和西皇后區各有七個，史坦頓島有三個。

每個分區由一名分隊長管轄，分隊長管理幾名小隊長，或非正式地被稱為「工頭」，也就是其以往的職稱。開垃圾車、收垃圾，以及開掃街車的清潔隊員，都由小隊長直接管理。小隊長還負責調解街頭工作職員和清潔局高階官員之間的問題。直到二〇一一年，小隊長的職責才依小區來劃分，小區是分區劃分出來的更小單位。

每個分隊的清掃範圍、人員配置需求、設備配置需求都不一樣。比方說，曼哈頓第一分區是只有三個小區的小型分區，包含華爾街區域，每週派個大約二十趟垃圾收集車和十五趟資源回收車，有五十五名清潔隊員、幹部和支援人員輪值所有班次。反之，像布魯克林南十八分區之類的大型分區，有七個小區，每週得派一百五十趟垃圾收集車和六十六趟資源回收車，有一百六十八名職員。皇后區東十三分區非常大，被稱為「龐德羅莎」(Ponderosa)，含八個小區，擁有兩個分隊的設備，每週會派大約一百八十五趟垃圾收集車和七十二趟資源回收車，有兩百名職員，負責服務月桂樹區、玫瑰谷區、白玫瑰區、皇后村區。[6]

如果用垃圾車派車數量作為判斷標準，曼哈頓第七分區有五個小區，每週派大約一百趟垃圾收集車和五十趟資源回收車，是曼哈頓行政區第二忙碌的分區。[7]曼哈頓第七分區的五個小區，其中四個裡頭有時尚商店、高檔餐廳和許多各式豪宅，包括單一家庭住宅、占地廣大的戰前宅邸，還有四四方方的新建築，像是川普蓋在舊鐵路調車場的那棟巨大建物，矗立在哈德遜河上方。在曼哈頓第七分區最北邊的第五小區，聽見西班牙語的頻率多過英語，街角酒館比高檔零售商店常見，不是以咖啡聞名的美式餐廳比需要事先訂位的高檔餐廳更容易被找到。第五小區上方邊緣的哥倫比亞大學，幫這個街區增添了大學城鎮的氣息。第五小區的垃圾應該是這個分區裡最多、最髒的，而且據說引來的老鼠也最多。

克茲、費德利克和我正在一條街上工作，街道兩側是高大的無花果樹和優美的聯排住宅。突然間，一位美女出現，好像從美麗的晨曦中冒出來似的。她身材高挑苗條，二十五歲上下；完美的淺褐色皮膚，雙眼大而圓，雙唇豐滿；頭髮整齊地垂在肩膀後面，隨著輕快的腳步輕輕跳動。我想理查．威爾伯寫《轉變》這首詩時，靈感肯定就是來自這樣的畫面。詩開頭寫道：「一位素未謀面的女子／步出黑暗家門時／在那一瞬目光至／太美麗，她或時間必得消逝。」

我們轉頭看她時，時間真的消逝了，而我們對工作的專注力也是如此。

「何須多言，當她將手套拉上／萬千寵愛，集於幽靈般的徽章／門楣為何作響？是那驚艷的太陽／在意亂神迷中，忘了移動方向」❽

不過現在驚艷的不是太陽，是克茲。他靠著垃圾車，雙臂交叉在胸前，直盯著美女瞧。美女的香水味些微飄到我們這，他閉上眼，深深吸氣。我想像香氣像卡通畫的那樣，變成一縷縷絲鬚，摩挲著他的下巴；像女孩子的細長手指，撓著他的鼻子。他露出大大的笑容，眼睛仍閉著。我也笑看著一個男人如此大剌剌欣賞一位美女，聞她的香味。

那天早上在街上我觀察著克茲。他之所以敢如此明目張膽盯著美女，是因為沒有路人會因為厭惡他的行徑而注意到他。當時我並不曉得這一點。但是克茲很清楚，路人根本不會瞧他一眼。幹這個工作那麼多年了，他早就了解到，每天早上穿上制服後，他就跟費德利克和紐約市的每一位清潔隊員一樣，變得隱形。

不論是開掃街車或垃圾車，清潔隊員不過就是路人閃避的障礙物。我在溫暖的天氣清掃遊行慶祝活動的垃圾時，很快就了解到，請在路障附近逗留的路人稍微後退根本沒用。當我用掃把掃地，粗毛刷會掃到路人穿著涼鞋的腳，但是就算我站在他們的正前方一次又一次說「麻煩讓讓」，他們還是看不見我、聽不見我說話。他們不是不理我，而是壓根就沒察覺到我的存在。

制服通常會改變外人對工作者的看法，不論男女，穿上制服後就變成警察、消防員、軍人、醫生、廚師，個人特徵失色，融入制服代表的角色；❾但是清潔隊員不只是融入制服代表的角色。因為工作性質平凡乏味、一成不變，而且大多能順利完成，清潔隊員的制服（公發制服是墨綠色）變得像隱形斗篷，會使清潔隊員消失不見。清潔隊員沒配槍或帶斧頭，沒人會打九一一向清潔隊員求救，也沒人會要清潔隊員進入危機現場，化解緊急情況，拯救無辜受害者。❿反之，清潔隊員的垃圾車和勞動所帶起的社區律動是如此地規律，他們因此變成日常生活中的時鐘。

都市居民如果想要避免自己製造的垃圾害到自己，有效收集垃圾和清掃街道是不可或缺的重要工作。如果垃圾在街道上放太久，會滋生害蟲、傳播疾病，引發在已開發世界超過一個世紀不常見的疾病，使得在都市生活變得危險。因此，都市確保基本健康和安適的第一道防線竟然從始至終都被忽視，就格外令人感到諷刺與費解。但是這個問題不只存在於紐約市。

一九七〇年代初，哈弗福德學院院長柯爾曼利用部分離修時間，在華盛頓特區附近當兩星期「垃圾人」。某個星期六早上接近中午，他循著工作路線，到一處高級郊區工作。[11]「我以為今天到這裡值勤，能跟比較多人聊聊天。」他自忖道，「雖然我沒時間長聊，但是絕對有時間禮貌性地打個招呼。不過別人的反應著實令我詫異。」

> 不論男女，見了我都是沉默不語，或直盯著我瞧。一名女士，穿著寬鬆的居家大衣，頭髮上有髮捲。她把餿水倒進餿水桶時，我正好從她家的角落轉出來，她嚇了一跳。聽到我打招呼，她抓緊居家大衣，裹住身子，迅速跑回屋內。接著我便聽到喀一聲上鎖的聲音……還有一名女士在院子裡養了一隻古怪的大型動物，非常像駱馬。我問她那是哪一種狗，她目瞪口呆看著我。我以為她重聽，於是提高音量再問一次。她身子一顫後，便冷漠轉身離開。有位男士在跟兩個小兒子玩球，聽到我打招呼後轉過頭看，面不改色盯

著我瞧，旋即又冷靜把球扔給其中一個男孩。幾乎在每個院子都是這樣的情況。⑫

難怪大家會目瞪口呆看著他，或轉身離開。柯爾曼在工作過程中跟遇見的居民說話，是他越線了。隱形的勞動者不應該引起別人注意，應該低著頭，閉著嘴，工作做完後馬上離開。儘管如果被逼問，多數居民會承認收垃圾的人對生活環境很重要，卻也認為沒必要感謝收垃圾的人。這可真是矛盾啊！

我舉個格外鮮明又令人沮喪的常見例子來說明隱形症候群，菜鳥清潔隊員和飽經世故的老鳥清潔隊員都跟我說過。有一次，一位清潔隊員要去收一袋垃圾時遇到一個遛狗的人，就在那一刻，那個人把狗放掉，狗就跑到垃圾袋旁邊。收垃圾的清潔隊員彎腰正要抓住滑溜的塑膠袋時，發現自己跟一條抬腿撒尿的狗大眼看小眼。各位想像一下那個畫面。還有一個類似的例子，有一次，一個遛狗的人啪一聲把狗屎不偏不倚丟在垃圾袋上清潔隊員手要抓的地方，害得他本來要抓袋頭的手卻抓到一袋屎。有時候狗屎還沒用袋子裝呢！

這個情況有幾種應對方式。清潔隊員可以視若無睹，也可以禮貌但堅定地向遛狗人說明，這樣的行為很無禮。當然，清潔隊員也可以發火。仍在試用期的新進菜鳥最好乖乖保持沉默，雖然他們往往會覺得要隱忍不發實在太難了。工作幾年的清潔隊員對這種情況司空見慣，知道做什麼或說什麼都沒辦法改變遛狗人的態度或行為，其實就算禮貌提出建言，也很可能會引起遛狗人惡言相向，因此清潔隊員通常懶得多說。

但是有些工作了幾年的清潔隊員，或是同一個清潔隊員在不同日子，遇到這種無禮行為可能會突如其來覺得不爽，甚至感到受傷，失去冷靜。我聽過許多版本，決定表達抗議的清潔隊員，一開始都會溫言以對（這點我持保留態度），但遛狗人總是會回以髒話（這點我倒深信不疑）。遛狗人會用各種謾罵叫清潔隊員少管閒事，我格外喜歡這種不合邏輯的回應，因為那條沒教養的狗隨地撒尿拉屎，正是清潔隊員該管的事呀！

遛狗人開始口出惡言時，清潔隊員還有一個應對辦法。他可以無視對方，繼續工作。採用這種做法的人向我解釋，即便他們早就料到遛狗人會充耳不聞，他們就是想說些什麼。不過某些開口的清潔隊員有時候會進一步出言嘲諷，現在這樣做會被認定是種挑釁。最受歡迎的對策是在狗主人上班時，主動送還新鮮的狗屎，看看他喜不喜歡敲鍵盤時收到這種東西。行為準則沒有建議這樣應對，但是令人意外的是，大家竟然直覺一致贊成這樣做。

各位可能料到了，這樣做會再次激怒狗主人，對方通常會怒氣沖沖地說「你竟敢那樣跟我說話！」或「肏！你以為你是誰呀？」或每位公僕最愛聽的「說話小心點！蠢蛋！你的薪水可是我付的哪！」偶爾，感覺受辱的市民會書面或打電話正式投訴，但是處理申訴的清潔局官員在街上值勤時八成也遇過相同的狀況，因此頂多只會好言安撫申訴人，並且保證態度惡劣、法理難容的那名清潔隊員會遭到嚴懲——其實都是些糊弄的話。

不過有些人例外，不會把清潔隊員當成隱形人。大樓管理員和門房經常會幫忙把垃圾袋丟到垃圾車後面。小孩有時候會停下來跟清潔隊員講話，一邊看他們工作，特別是當車斗鏟刀碾壓烤箱或長沙發之類大型物品，發出特別大的嘎吱聲的時候。老人也經常仔細觀看，偶爾會表達感謝或抱怨批評。汽車駕駛也會注意到清潔隊員，但是通常純粹是因為轉入狹小街道，開到街區的一半，被垃圾車擋在後頭；其實轉進小街道前，汽車駕駛在十字路口就能清楚看見垃圾車了。

令人憂心的是，許多人似乎一開起車就會變痴呆。抑或許是紐約市汽車駕駛中有一種相信魔法的生物。這種人看到垃圾收集車在工作，擋住道路，仍會不顧一切想繞過垃圾車，他們肯定相信只要集中精神，就能把障礙變不見。如果這招沒效，汽車駕駛就會試試另一招法術：只要唸對咒語，也就是夠粗暴，垃圾車**就會**消失。

但那個汽車駕駛只是自找麻煩，竟然以為狂按喇叭、咆哮、咒罵，就能輕鬆把眼前的東西變不見。清潔隊員不僅對喇叭聲或咒罵聲充耳不聞，也會對來車視而不見。觀察敏銳的人會注意到，清潔隊員如果越不爽，動作就會越慢，不過有人會注意到嗎？確實，有些清潔隊員每聽到一聲汽車喇叭聲，就讓壓縮系統多壓一次。清潔隊員無處可去，只能一個街區一個街區往前推進，他們才不想每次有汽車駕駛覺得不耐煩就加快工作速度。再說，已經有無數個白痴跟這個汽車駕駛一樣，出言不遜，因此清潔隊員完全不為所動。現在誰是隱形人呀？

蠢貨。

有一天早上，我親眼目睹雙方差點大打出手。一個男的開休旅車，氣呼呼等著前面的貨車緩緩跟我們的垃圾車會車。休旅車停到清潔隊員旁邊，駕駛講英語有口音，口沫橫飛大罵，說為什麼清潔隊員肏他媽的不稍微挪動肏他媽的垃圾車，讓該死的車子能通行。兩名清潔隊員轉頭，一名看向垃圾車。如果再移近停在路邊的車輛，就會撞到那些車的側邊後照鏡。兩名清潔隊員轉回頭，看向休旅車駕駛。

「要移到哪？」體格結實、五十幾歲的非裔美國人垃圾車駕駛問道，「我下車時要爬到那些車子的車頂嗎？還是從搬運員的座位下車？」休旅車駕駛前額有一條青筋跳動，仍舊嘴硬說垃圾車還有空間可以挪動，並且說清潔隊員如果看不見，那就是肏他媽的蠢貨。

搬運員是一名少年，他走上前。那天早上稍早，他驕傲地談起父母，他的父母在他出生前不久才移居紐約。他彎下腰，臉湊得離休旅車駕駛的臉很近。

「肏，你幹嘛不滾回你的祖國，你這個廢物？」他輕聲說，「沒人歡迎你待在這個國家，肏，你連英語都不會講。」

要不是繫著安全帶，加上車門關著，休旅車駕駛八成會揮拳揍搬運員。或許他也想解開安全帶，跳下車，但是他停下車跟清潔隊員爭吵反而引起塞車，汽車喇叭又響起了。他怒目瞪視，又罵個幾句就用力踩下油門，疾速開向十字路口，輪胎發出尖嘯聲。

搬運員向我解釋，就算會惹禍上身，也得回應某些侮辱，因為清潔隊員也是人。但是，如果他的小隊長不小心聽到這番話，或休旅車駕駛記下垃圾車號碼、街道、事發日期與時間，以及搬運員繡在工作服上面的姓名，提出書面投訴，搬運員就會遭到懲處。如果根據兩造的說詞，錯應該算在休旅車駕駛頭上，因為是他挑起爭端的，但是他不會受到懲處。

民眾沒察覺，其實清潔隊員偶爾會開垃圾車繞行街區，緩解塞在他們後頭的車流。有時候，容貌可愛、聲音甜美的女性就能讓清潔隊員立刻移開垃圾車讓道，不過並非每次都有用，畢竟工作還是得做，而且經常每塞三輛車，就會有兩名容貌可愛的女性前來求情。清潔局曾經短暫發布一項政策，要求清潔隊員在某些路徑上一旦阻礙交通，就得移開垃圾車，這項政策引起基層同仁強烈反彈；這樣完全遷就汽車駕駛，絕對無法完成收垃圾的工作，清潔隊員值勤時就只能開車繞著街區打轉。

社會學家布萊可斯或許會舉例說清潔工作就是日常生活中「未被標誌」(unmarked)的元素。[13]如果能關注平常因為被忽視而沒被分析到的現象(他稱之為平凡現象)，我們就能更透澈了解周遭的世界。布萊可斯認為，被標誌(marked)的事物、關係、身分或行為與之大相逕庭；它們能獲得大眾關注，經常被當成例子用來說明整體現實環境，但是如果只認出被標誌的現象，是會使我們曲解世界的。[14]布萊可斯要說的就是，重要的真相其實存在於未被標誌和沒被看見的現象中。

都市資源回收計畫就是個好例子。資源回收計畫對全球各城鎮的廢棄物處理策略相當重要，通常會有相關人士大聲疾呼，高談資源回收有助於拯救地球。這樣的說法有待商榷。資源回收計畫雖然有許多益處，但是其實無法大力改善全球環境衛生。⓯然而，作為公認的重要生態保護行動的路邊資源回收（curbside recycling），因為被標誌出來，所以能得到真正的資源和支持。而有些比較不引人注意卻比較複雜的選擇，或許能產生真正的影響力，像是動員更多政治參與、鼓勵市民對抗政府的各種大規模汙染，就經常未被標誌，且受到忽視。

清潔隊員曉得自己幹的是未被標誌的工作，是屬於未被標誌的勞工。有一天下午，一名清潔隊員乖乖聽著小隊長咆哮他辦事不力。罵聲停止後，清潔隊員消沉地說：「拜託，艾迪，你幹嘛那麼生氣？不過就是垃圾嘛。」這句話是他們的口頭禪。還有一次，在清潔局人力都被調去處理一場大暴風雪，使得他們必須辛苦地「追垃圾」（chasing garbage）後，一名分隊長收到上級給其分隊的表現很差的低分成績。他跟每個人一樣，連續好幾週每天工作十二、三小時，累得要命。他認真看待職責，因此上級的指責令他難過。但是接著他便滿不在乎地搖搖頭。「不過就是垃圾嘛。」他說完後嘆了一口氣。

處理廢棄物的工作絕對稱得上是未被標誌的工作，但是清潔隊員並非真的隱形，哈弗福德學院的柯爾曼收垃圾時，並沒有穿魔法隱形斗篷；紐約市清潔局的清潔隊員在街上時，也沒有變成透明人。其實，他們之所以始終被無視，是整體文化造成的。清潔隊員每天執行例行工作時，民眾都故意視而不見。[16]

垃圾是龐大消費經濟與文化的產物，本身就嚴重地未被標誌，刻意無視。收垃圾這項工作未被標誌與無視的程度更加嚴重，因為不論在實際層面或認知層面，收垃圾都存在於邊緣。清潔隊員的工作焦點是別人決定再也不想注意的廢棄物，把垃圾從住家送到「最後」的棲息地。清潔隊員在過渡性的實體空間工作，也就是街道，具體而言應該是路邊、小巷弄、私家車道末端。清潔隊員把垃圾，也就是完全沒人愛的東西，搬到主要規畫用於工業的地區。清潔隊員每天開始與結束工作時，通常都在某個分隊的某個社區的近郊。清潔隊員把討人厭的垃圾搬移到安全又神祕的「遠處」。

但是不僅如此，清潔隊員做的是預防工作，不是應變工作，因此只有工作沒完成時才會被標誌出來。清潔隊員只有在幾種情況下會引人注意，其中一種就是沒去收垃圾，這是清潔隊員之間經常講的笑話，也是不證自明的事實。不到一百二十年前，紐約市才開始有系統地收垃圾，但是從那時候起民眾就依賴這項服務，認為有人收垃圾是理所當然的，而且不能有例外。[17]不論發生什麼事，不管分區裡出現暴風雪、恐怖攻擊、停電、颶風、火災，清潔隊員都得收垃圾。清潔隊員跟早晨的太陽一樣，不值得標誌，但絕對要出現。[18]

有些讀者讀到這裡八成心生不耐了。「對啦。」我能想像讀者說，「垃圾人，呃，是『清潔隊員』才對，沒受到重視，那又怎樣？很多別的勞工也沒受到重視呀。為什麼我應該關心清潔隊員？」

好問題。我有個簡單的答案，有些清潔隊員看了可能也會感到惶恐：因為清潔隊員是街上最重要的制服人員。要是沒有穩定執行的廢棄物處理計畫，城市絕對繁榮不起來。如果沒有清潔隊員，紐約市很快就會變得沒辦法住人。以前垃圾和清潔街道的問題還沒解決時，紐約市的大部分地區髒亂不堪，成千上萬人沒有選擇餘地，只能忍受街道堆滿高到小腿肚的各種垃圾，住在不通風的房間和沒有光線的地下室，死於許多當時就能預防的疾病。許多主管機關設法解決這些問題，但是有效收集垃圾是改革的根基。當然，警察單位、消防單位、矯正單位、交通單位、兒童福利單位與教育單位，對健全的城市都是不可或缺的，但是紐約市的歷史證明了，警察、消防員和教師通行的街道，以及他們服務與居住的社區，如果埋在垃圾堆中，他們就沒辦法攜手為紐約市提供有效的服務。

關鍵不只是公共衛生，清潔隊員之所以重要還有第二個原因，這原因包含兩個要素。清潔隊員在維持資本主義最基本的律動上扮演著關鍵角色。有消費就得處理廢棄物，儘管很少人關心這一點。如果使用完的商品無法丟棄，它們就會占滿空間，導致家中無法放置新商品。[19]由於清潔隊員清除掉家庭垃圾，以消費為基礎的經濟引擎才不會停轉。雖然這樣描述緊密複雜的程序過於簡單，但是根本事實其實簡單易懂：用完的物品必須丟棄，這樣才有空間擺放新物品。

現代人習慣在極短的時間內消費和丟棄物品，史無前例。[20]我們講究動作迅速，因此對於咖啡杯、購物袋以及各種包裝材料，總是用完即丟；必須儘快擺脫這些累贅，才能維持速度，我稱之為每日平均必要速度。這種速度跟身分有關，如今我們的身分更有延展性，也會仰賴消費來表明與辨識不同的階級、教育、政治傾向和宗教信仰。

根據這個邏輯，清潔隊員對都市居民的福祉，以及在高速世界中得宜的公民意識都極度重要，即便清潔工作仍舊是粗活。儘管科技空前進步，處理廢棄物的工作仍全靠這些男男女女的勞力來完成，但是人們卻常常侮辱他們。有一家婚友社在廣播電台打廣告，問道：「能找到證券營業員，為什麼要勉強接受垃圾人呢？」某天，有一名女性把報紙送給一名清潔隊員，清潔隊員謝謝她時，她吞吞吐吐地問：「你應該認識字吧？」有個卡通畫的是一對男女在高檔餐廳裡，女的一臉苦惱向約會對象解釋：「我是說喜歡穿制服的人沒錯，但我說的不是清潔隊的制服。」男的身旁蒼蠅亂飛，穿著喬記清潔公司的外套。有一則新聞報導大學足球隊的醜聞，引述一名行政官員辯解為什麼幫學校球員弄假成績，他解釋說是希望球員能在郵局找到工作，以免淪落為垃圾人。[21]紐約市各地的觀光商店都會賣消防局（FDNY）和警察局（NYPD）裝備的仿冒品，但是卻很少或者完全沒有賣清潔局（DSNY）的。連鎖商店或其他零售商店，甚至是紐約市的某些大學，都會給警察和消防員折扣，但是卻沒給清潔隊員折扣。

而且每位清潔隊員都會記得，讀某個年級時，老師曾經在他沒拿到好成績時嚷嚷，說他以後會變成垃圾人。

這些侮辱不僅傷人，更令人不安，因為聯邦勞工統計局指出，清潔工作是美國最危險的工作之一，每小時工作受傷和致死的機率遠高過維持治安與撲滅火災。

有家人在當清潔隊員的家庭經常說，不會遇到槍和火是他們喜歡這項工作的其中一個原因。「我可不希望哪一天中槍吶。」這是一名新進同仁告訴我的，解釋為什麼他放棄當警察的機會。確實，他當清潔隊員比較不會有人拔槍對著他（不過也曾經有清潔隊員被人用槍指著），但是他卻很可能會被拋投的物體打到頭，或被揍肚子，或隨時可能被各種鈍物、尖物或鋸齒狀的物體弄傷腿部。垃圾裡有各種有毒物質，他如果碰觸到，可能會殘廢或喪命。還有，他在街上工作時，被行車擦撞或輾過的機率高得令人提心吊膽。

紐約人對此一無所知。「他們晚上把垃圾丟到外頭，」資深清潔隊員嘲諷說，「以為是垃圾精靈收掉垃圾的。」紐約市的垃圾精靈就是清潔隊員，他們穿著墨綠色制服，開著會發出巨大聲響的白色垃圾車，在某些分區，每天得收二十噸垃圾。他們的家人必須適應每幾週才能連休兩天的休假表。清潔隊員資淺時，得等到值班結束才能知道下一次值班的時間和地點，得輪值各個時段的班次，有時候得到紐約市各處值勤，長達數星期、數月，甚至數年。

他們工作時必須操作重機具，進出車陣；不論多小心，他們仍可能因為受傷，身子變得虛弱，甚至丟了小命。約四分之一的清潔隊員是非裔美國人，拉丁裔略少於五分之一，白人略多於一半；在白人中，又明顯以愛爾蘭裔和義大利裔最多。[22]不論是哪個族群身分、在什麼時間工作、有哪些家人靠他們養、承接什麼職務、承受哪些身體傷痛、對紐約市的安適發揮多麼重要的作用，垃圾精靈穿上制服後，就像消失了似的。這種現象令我不安許久。

2

做田野

In the Field

我從十歲就開始關心垃圾。有一次，爸爸帶我去露營，那片森林看起來好原始，我幾乎可以假裝我們是第一批造訪的人類，直到我們發現營地後面有一座大約四十平方英尺的戶外垃圾場。肥肥的蒼蠅在發霉的橘子皮附近嗡嗡亂飛、一隻運動鞋附近有幾個生鏽的空湯罐、幾個空的果汁粉包裝旁邊有幾團揉成一球的錫箔紙，甚至飄著垃圾場的招牌臭味。

我嚇了一跳。露營夥伴們怎麼會那麼欠缺公德心？顯然，他們不在乎讓自己的垃圾變成別人的問題，但是這問題到底該由誰來解決呢？他們是不是以為有專責的森林垃圾清潔隊會來清除垃圾？會有垃圾車按時從我沒注意到的道路開過來收垃圾嗎？

那段回憶歷歷在目，因為那是糟糕的童年記憶，就在那一刻，我揭發了包裝成謊言的真相。我本來以為大人會愛護野生森林，但是林地裡的垃圾堆證明了有些人，甚至包括看似熱愛露營的人，根本絲毫不關心森林。發現這點使我又生氣又困惑，最後變得非常好奇。

少數露營人士沒公德心的行為只是冰山一角，從這個例子可以看出多數人在多數情況下都是怎麼處理自己再也不需要和再也不想要的東西。我們會把垃圾丟到垃圾桶，或用袋子裝起來放在路邊，或丟到住家後面的垃圾桶，或丟進公寓大樓的垃圾滑道，或開車載到當地的垃圾場，沒錯，甚至有人會直接丟到街上，或扔出車窗，從此將垃圾拋諸腦後。

從「丟棄」垃圾這樣的用語就能明顯看出大家對垃圾漠不關心的態度，「丟棄」這個舉動雖然明確，但也模糊。我們不會說把垃圾「收起來」，因為那有存放的意思；我們也不會說把垃圾「放到」某處，因為那有小心處理的意思。我們說「丟掉」垃圾，也就是把垃圾放到遠方我們不太了解的「棄置處」。在現在的已開發國家中，「棄置處」是指垃圾掩埋場，或垃圾資源回收場，或垃圾能源轉換廠（現代稱為垃圾焚化爐，舊稱焚燬廠，再更早期稱為火化廠）。

在紐約，「棄置處」是指紐約市的海邊，或是沼澤、溝渠、屋外茅坑，甚至波濤起伏海洋的底部。把垃圾丟到這些地方雖然能讓大家看不到，但卻也讓我們離垃圾很近：現在有百分之二十的都會區，還有整整百分之三十三的下曼哈頓，是建在填海新生地上，而其中許多都是垃圾填築出來的。[1]現在的紐約市跟全球許多城市一樣，建在過去掩埋的垃圾上面。

二十世紀前半葉，「棄置處」是許多匆忙建造的焚化爐和隨意設置的垃圾掩埋場，由有紐約市建築大師之稱的摩斯一手策畫，屬於長期穩定廢棄物處理計畫的一環，但是多數只維持了幾十年。❷棄置處一個接著一個關閉時，越來越多市內的垃圾被轉送到史坦頓島西岸的一個垃圾掩埋場。該垃圾掩埋場建於一九四八年，位於名為「清溪」的潮汐濕地。摩斯本來承諾只營運三年，但是收垃圾的範圍不斷擴大，導致垃圾堆日益變大，到了一九九〇年代初期，清溪垃圾掩埋場成為紐約市處理廢棄物的唯一選擇。清溪垃圾掩埋場最後在二〇〇一年關閉。現在紐約市的垃圾得送到遙遠的俄亥俄州和南卡羅萊納州「棄置」——遙遠的未來，幾代之後的考古學家肯定會一頭霧水，紐約的垃圾怎麼會跑到那裡。

我離家進入世界闖蕩時，對這些仍一無所知。我知道我對垃圾非常好奇，但是我認為我的問題很奇怪，因為我沒聽過別人問那樣的問題。搬到紐約市時，我已經習慣不對別人說我心中的想法，因為每次我說，別人總會竊笑，認為我是怪胎。

世界上肯定有跟我志同道合的人，只要知道該往哪找，我一定會把他們找出來。其中一位就是身材高瘦、一頭垂髮、說話從容的女性藝術家尤可里斯。第一個孩子出生後，尤可里斯有所頓悟，一方面克盡為母的責任，一方面兼顧顯然互相矛盾的工作使命。讓孩子維持健康快樂本身就是一門藝術。她甚至發現，所有的維護工作，不管是被忽略的、乏味的、反覆的、必要的，都可以是藝術。

這個發現激發尤可里斯提出一種嶄新的藝術創作，❸最早是在一九七六年，以名為《我的每日一小時維護藝術》的表現藝術作品來呈現。這項創作展示在下曼哈頓的一棟辦公建築內，那裡也是惠特尼博物館的市區分館。這個表現藝術由三百名窗戶清潔工、保全人員、工友、女清潔工、電梯技工參加，尤可里斯跟他們一起值班工作數星期，請他們跟平常一樣工作，但是規畫把每日一小時的勞動定為藝術。她會幫每個人拍攝工作時的拍立得照片，然後他們會告訴她，照片上的他們是在做維護工作或維護藝術。她在照片上加上適當的註解，然後陳列在惠特尼博物館的展示區，完成時總共有七百二十張照片覆滿整面牆。

《村聲週報》刊登引人矚目的評論：「全球清潔管家們開心歡慶囉！如果尿壺和湯罐都能成為藝術，打掃之類的尋常活動怎麼不行呢？」那名評論家說這項創作擁有「真正的靈魂」，認為「如果清潔局……能把局裡平常的工作變成概念表現藝術，那麼紐約市或許有資格獲得國家藝術基金會頒發的獎項」。❹

當然，在紐約市，最基本的維護工作莫過於紐約市的清潔管家，也就是清潔局，不是嗎？尤可里斯說，清潔局局長看見《村聲週報》的評論後，打電話問她：「想跟一萬個人一起做那種藝術嗎？」「我馬上過去。」她這樣回答。不久後，她便被任命為紐約市清潔局駐局藝術家，從此以後她就一直擔任這個無給職。❺

她花了一年半準備一項名為《接觸清潔局》的表現藝術創作，這是她跟清潔局首次合作的作品。在一九七九年到一九八〇年之間的十一個月，她依照細心規畫的順序，到紐約市清潔局的各個分隊、垃圾掩埋場、焚化爐、維修廠、小隊部、餐廳、掃街車隊部和辦公室。她陪清潔隊員到每個分區的每個小區，跟他們一起走遍每條工線，待完整個班次，甚至更久，日復一日。在旅途中，她會跟在紐約市遇到的每位清潔隊員握手，當時清潔隊員的人數是八千五百人，她並且對每位清潔隊員說：「感謝您幫紐約市維持生氣。」

得知尤可里斯的作品後，我深受吸引。這個人，這名女性，不只關心垃圾和撿垃圾的人，更把他們關心的事當成自己最重要的事。她不是從遠處關心他們，而是貼近並親自了解他們，這樣更能吸引人注意到他們的付出，表揚他們的辛勞。數十年前，在十九世紀進入二十世紀之際，紐約曾經正式肯定、甚至讚揚清道夫，但是很少人記得那段歷史，不過也正因如此，尤可里斯才顯得更加與眾不同。她做《接觸清潔局》時，沒人關心類似的主題，在她之後也很少人關注。[6]

就在我苦心思索該怎麼善用人生之際，尤可里斯給了我好多思考的方向。

文化人類學這門學科有著複雜且爭議的歷史，但其基本原則指出，人類生活中本來就有創造的潛力。[7]人類學家想了解各種世界觀，有時會跟他們自己的世界觀迥然不同；然後試著分辨哪些觀點是獨一無二的、哪些可以在其他社會中找到。人類學聚焦於全球大小社會的文化實踐和社會結構，彰顯從古到今人類創造出的多樣政治結構、經濟活動、計時系統、婚姻規則、宗教教義、親屬關係。傳統和習慣能使假設變成真理，像是世界該如何運轉，以及世界上的各種關係該如何建構。對我而言，人類學最重要的發現就是，多數真理與其適用的社會背景，都是人類創造出來的。我們創造出真理，或許不是刻意的，而且絕對不是全靠我們自己在隔絕的環境中創造，習俗、習慣和文化偏好也並非永遠不變。

我的研究所年華都在念人類學，但沒有研究垃圾，而我好懷念這個主題。拿到博士學位後，我終於得以全心研究垃圾，還開了一堂課叫作「高譚市的垃圾：垃圾人類學」。學生們和我探索物品價值的易變性，[8]我們細思人們對時間的理解在過去一、兩百年如何改變，這樣的改變對我們和「物品」的關係有什麼影響，以及物品壞掉時會發生什麼事。[9]我們衡量鼓勵浪費或節約的社會經濟要素。[10]我們會研究日常論述所區分出且幾乎總是需要明確劃分的認知範疇，像是死亡和垃圾，並且探索這些劃分所隱含的意義。[11]我們學到，厭惡的生理機制和道德結構可能密切相關。[12]我們研究其他族群如何了解與面對廢棄物，查明秩序和神聖的諸多定義有什麼關聯。[13]在研究了跟處理廢棄物相關、尤其是城市裡的基礎建設發展史後，多數學生發現前所未知的都市史觀。[14]個人、企業、政府三者對各種廢棄物分別該負什麼樣的責任？這個難題無可避免引發熱烈討論。

但是那學期最難忘的還是參訪史坦頓島的清溪垃圾掩埋場。[15]一名清潔局的小隊長帶我們到垃圾傾倒區，觀看起重機吊起堆滿數百噸垃圾的吊板。他還帶我們去看巨型垃圾車

（Payhauler），輪子看起來近乎我們身高的兩倍；還有前端裝料機，鏟斗像車子那麼大。參訪的最後一站，我們到垃圾掩埋場的主作業區，觀看推土機整理垃圾，推土機在寬廣的垃圾場推整剛傾倒下來的垃圾，看起來大得足以推倒整棟建築。然而，我們睜大眼睛觀看時，一群群像禿鷹那麼大的海鷗往下俯飛，爭搶拿取不盡的食物，害我們難以看清楚那些機具。[16]

學生們還沒去參觀之前，就知道清溪垃圾掩埋場很大，根據一般人的說法，清溪垃圾掩埋場大得從太空都看得見，但是學生們完全沒料到這裡竟然如此誇張。高高的垃圾山看起來彷彿無邊無際，原本是人為堆出來的垃圾堆，現在簡直就像自然形成的地質景觀。[17] 清溪垃圾掩埋場是大量物質堆積而成的，由一座大城市的廢棄物堆砌成許多高峰與低谷，這樣驚人的物流儲存做法著實大膽：在那裡工作的人怎麼不會被不斷湧入的垃圾嚇到呢？垃圾不斷湧入，工業界稱其為垃圾流，但這個廣大的區域單純只是建來放置大量廢棄物。它似乎大得足以放置全國的垃圾，而不只是單一個城市的垃圾。[18]

或許紐約市不知不覺模仿了北美西北岸的原住民，他們有個有名的習俗，用儲存多年的大量物品，包括毯子、狩獵工具、食物、煮鍋、大型銅塊，舉辦鋪張的盛宴，然後恣意破壞。這種儀式叫誇富宴，目的是要藉由破壞比對手更多的財物，來證明自己的力量。但是如果清溪垃圾掩埋場代表我們的誇富宴，那我們的對手是誰？在哪裡？

在我們的整個研究過程中最能引起我想像的問題，也是學生們最感興趣的問題，在垃圾掩埋場格外鮮活起來。物品被賦予價值，同樣地，勞力也是。那麼清潔隊員擁有什麼樣的社會地位？誰來做這種工作？不管是在街上或在垃圾場，這種工作做起來如何呢？[19]

人類學家會透過做田野來了解一個他者群體的生活。田野工作是在這門學科一開始就發展出來的，需要採用名為參與觀察的研究方法，[20]目的是要深入體驗某個團體或社會的生活方式，儘量了解他們的世界觀，然後跟外界分享深入洞察的結果。我和學生們越是深入探索處理廢棄物的工作，我就越確定該開始跟以那些問題為生活中心的人一起工作。是做田野的時候了。

我寫了一份民族誌研究計畫，主要是要了解今日在紐約市當清潔隊員是什麼光景，並且說明為什麼必須知道這個問題的答案。寫完後，我寄給紐約市清潔局。我確定沒人像我一樣提出過這樣的要求，而且我知道自己必須證明我不是要詆毀清潔局。寄出計畫書後，我接著打電話詢問能不能親自到清潔局本部自我介紹，並且解釋計畫內容。清潔局的反應並沒有很熱情。

對話一開始是一問一答，接著變成雞同鴨講。沒有一個清潔局的人叫我別再煩他們，但是也沒人答應讓我完成計畫。我不斷死纏爛打，用書面信件、電子信件和電話向紐約市清潔局懇求了好幾個月，仍毫無進展，只有徹底領教到官僚的銅牆鐵壁。「我們會回電給您答覆。」「您能再寄一次計畫書嗎？我忘記放哪了。」「我們必須跟某某人確認，但是他現在休假幾個禮拜。」「抱歉，我沒有收到那則訊息，能再說一次您需要什麼協助嗎？」「這個月沒有人能跟您見面，可能要等到下個月喔。」

就在此時，我的班級參訪清溪垃圾掩埋場引起大學的公關人員注意。他們通知了《紐約時報》，於是二〇〇〇年春天，一名攝影記者陪我們前往垃圾掩埋場。我問那名記者，紐約市清潔局有沒有准許她同行，她聳聳肩說當然有。幾週後，參訪報導刊登在《紐約時報》都會版的頭版上半頁，附上彩色照片和一篇長文。[21]報導寫得精彩極了，不會空洞乏味，也不是負面批評。這篇報導聯合供稿到全國各大報，漫畫家葛瑞菲斯還把這篇報導畫入《針頭雞皮》的連載漫畫，英國國家廣播公司來電安排專訪，我的老闆們樂死了。

我本來希望《紐約時報》的報導能說動紐約市清潔局的人跟我談談，無奈事與願違。那道牆直到最後仍舊無法穿越，我又寫信、打電話好幾個月，才在二〇〇一年夏末獲得約見。原本主管公共資訊科的那個科長離職了，還沒有人被派來接替他的職位，或許科員們以為他們可以會會我，一勞永逸打發我，讓我永遠消失，好讓他們的下一任老闆少個頭痛人物。然而，我料到他們在打什麼算盤，我會使出渾身解數，提出最有說服力的論述。這就是我要的，我一直在等這個機會，苦苦懇求了將近兩年，我可不想搞砸。八月底，在一個格外舒適的下午，我前往沃士街一百二十五號七樓。

在一間天花板很高的辦公室內，公共資訊科代理科長道金斯坐在豪華的木桌後面。我跟道金斯用電話談過幾次，她為人正經八百，早就習慣跟經常寫錯誤報導的記者打交道。佛格森坐在我旁邊的椅子上；他現在是三星主管，但是當時只是個分隊長。

我解釋我的想法，注意讓語氣聽起來既友善又專業。我說，清潔隊員是紐約街上最重要的人，他們攸關紐約市的安適，但是民眾卻完全不了解他們在做什麼工作。除了偶爾暴風雪過後的短暫時間，他們沒有得到過應有的尊敬或注意。我解釋說，我想認識他們和他們的工作，這樣我才能寫書告訴世人他們的工作多重要、多困難，揭露清潔隊員和在背後支持他們的清潔局多麼應該受到讚揚與敬重。拜託，我由衷懇求，我是來談和的。我敬拜你們的神明，我願意跟你們一起抽菸斗，我們可以交換女兒，團結我們的部落，和睦相處。拜託。拜託。拜託。

道金斯和佛格森客氣聽著。我講完後，他們說會再考慮我的要求，給我回覆。這不是斬釘截鐵的拒絕，雖然我希望聽到的不是這樣的答覆，但是我實在想不到還能說什麼來遊說他們點頭。我感謝他們撥時間跟我談，就在準備收拾東西之際，我才想到忘了確認，於是問他們有沒有其他問題，或是有沒有什麼事他們想談，但是剛剛沒有談到。

「有。」道金斯用嚴肅的語調說，「妳沒知會我們，也沒取得我們的同意，怎麼可以帶《紐約時報》的攝影記者到清溪垃圾掩埋場呢？」

她說的是將近十六個月前的那次教學參訪。

「記者沒取得同意。」我其實是在發問，卻用否定句說出來。

「沒有。」

「我問過她，我以為她有取得同意。」

「是妳要求參訪的，妳應該確認清楚才對。」

「這個自然……」我緩緩點頭。我感覺彷彿掀起窗簾，看見本來熟悉的景色變得全然陌生；抑或像我一直需要配戴度數很高的眼鏡，卻始終不知道，直到有副眼鏡擺到鼻梁上才發現。

「喔……是我的錯。」我看著道金斯。

「嗯，沒錯。」

那可不是普通的錯誤，是滔天大錯。從古到今，清潔局一直被各種媒體、自由作家和新聞工作者欺負輕視，在公共場合被嘲笑，在市府機關被忽視，在每個想像得到的層面都被認為能力不足。清潔局在一八八〇年代初創時，組織混亂，但是現在發展成層級嚴明的機關，重度官僚化，經常進行懲處，儘管面對巨大阻礙，仍天天清除紐約市的垃圾。要讓媒體報導清潔局，就得先讓清潔局明確知道媒體要報導的內容，雖然清潔局沒辦法每次都事先掌握媒體報導，但還是努力落實這項政策。

《紐約時報》刊登的報導是正面的，我認為它們把清潔局寫得很好，但是關鍵差錯不是出在文字或照片，是錯在紐約市清潔局沒人事先知道要刊登這篇報導。突然間，在一個上班日的早上，全球最具影響力的報紙，在重要的位置刊登幾張彩色照片和一篇長文，談論一班大學生參訪清潔局最重要也最有爭議的地方。被重要媒體刊登負面報導很糟，但在局裡沒人知情的情況下刊登報導更糟，不論報導內容是好是壞。

從局長、副局長到公共資訊科的職員肯定都在怪我，八成連道金斯也是，想到這裡我就不寒而慄。看起來就像我明知應該請主管批准，卻故意不理會，惹得他們非常火大。

我垂坐在椅子上。「這表示妳不能信任我了，是嗎？」

「妳這麼做，真的讓人很難信任妳吶。」道金斯坦言。

「如果妳不能信任我，就不會讓我做這項計畫囉？」

她沒回答。

我離開沃士街時，心裡失望透頂。我想不出來該怎麼彌補道金斯和她的同僚，也不知道接下來該怎麼辦。

二〇〇二年，新市長走馬到任，彭博指派的局處首長反映出他的管理風格比多年來的常規做法更加開明。他的清潔局局長不會害怕外人提出跟清潔局有關的計畫案，原因之一是他跟這個職務的關係已經超越短暫飛逝的市長任期。

杜赫帝是個身材高瘦的男人，面容嚴肅，在清潔局的歷史中，很少人像他一樣，從街頭職務升到頂層。一九六〇年，他在得知脖子的舊傷導致自己無法進入消防局後，改當「清潔員」（sanitationman，這是從一九五〇年代到一九八〇年代的正式職稱，沒錯，就是這個詞彙），然後一步步爬升，一九九四年當上局長。一九九八年他退休後到加州，但是彭博邀他重操舊業時，他毅然決然收起熱愛的摩托車，搬回紐約市，重新接管當今大概沒人比他更了解的紐約市清潔局。[22]杜赫帝回歸後，圖索便前來跟他共事。

圖索偶爾會被誤認為電視名人李維拉或歌手奧蘭多。他喜歡雙關語玩笑，酷愛高爾夫球，對這項工作的熱愛更是始終不變，即便要讓紐約市清潔局獲得讚揚始終都不容易。他從一九七八年便開始擔任清潔局公共資訊科科長，一直做到一九九〇年。市政府延攬他時，他正在私營企業工作。

有兩位朋友在清潔局裡有人脈，幫我跟圖索談，談完後他便答應見我。談過幾次話後，他開始讓我研究清潔局的檔案。當時他的辦公室有個架子，上頭有幾個箱子，裡面收藏著檔案。收藏的檔案雖然少，但全是寶貴的資料。我花了許多時間，埋首研讀一百年來的年度報告、暴風雪簡報，還有馬廄、分隊部和垃圾掩埋場的說明資料。我讀得不亦樂乎，但是他的職員八成希望自己的辦公隔間能有道門，因為我實在難以忍住不大聲讀出各種寶貴的資料。

清潔局從一九五〇年代末期到一九七〇年代初期出版的小型季刊《清掃雜誌》，是非常

《清掃雜誌》，紐約市清潔局於1950年代至1970年代初發行的季刊。（紐約市清潔局提供）

有幫助的資料。每期內容有名人寫的專欄評論（像是愛蓮娜．羅斯福）、紐約市清潔局工程科科長寫的書籍推薦（最受喜愛的是美國公共工程協會寫的《都市垃圾處理》）、簡介有特殊嗜好的清潔局員工（像是全國排名數一數二的健身選手、快艇選手、針織衣物設計師）。我從《清掃雜誌》得知，一九六二年紐約市有十一座垃圾焚化爐，焚化爐工人有自己的工會；紐約市清潔局以前有自己的拖船隊。我還讀到一篇報導，說英國指揮家史托考斯基曾經在知名的清潔局行進樂隊擔任客座指揮。《清掃雜誌》還有簡介一九六四年在皇后區新建的中央維修廠，以及詳細報導紐約市和創新公民組織「美化美國」早期的合作過程。[23]

研究檔案固然極度有趣，但是我還是必須做田野，這表示我得贏得圖索的信任。我儘量花多一點時間待在他的眼皮子底下，慢慢研讀那些書面紀錄，抄寫幾十頁舊文件。經過大部分夏天和部分秋天，跟圖索談話許多次，寫字寫到手酸痛抽筋，我開始委婉請求到分隊參訪，皇天不負苦心人，我參訪曼哈頓第七分隊的道路終於暢行無阻。

當時，曼哈頓第七分隊位於哈德遜河的河堤上，第五十七西街和西側高速公路交會處。[24]在一個晦暗的秋日早晨，點名前約半小時，我走過一個搭著棚子遮蓋的鹽堆、一隊安靜的卡車、一堆排得活像巨型括號的雪車鏟，還有一座鐵皮工棚，裡頭有一間小型維修廠。接著我爬上破舊的木階梯，進入一個拖車空間，分隊的分隊長、小隊長和分隊長助理都在裡頭辦公。裡頭的油地毯破破爛爛的，空氣中飄著強烈的消毒劑味；紐約的每個清潔分隊、警局、地鐵站、監獄、公立學校，都過量使用那種消毒劑，味道瀰漫在市政府管理的每個場所，都能當紐約市的招牌香水了，或許可以取名為「紐約市香水」。

我到曼哈頓第七分隊時，感覺準備就緒，但是其實我很快就會發現自己多麼無知。我對幹這項工作需要哪些本事根本一無所知。

3

勤務板
On the Board

「你有多少時間？」

第一次聽到這個問題時，我嚇了一跳。要是我們知道答案，人生肯定會徹底改變！但這指的不是人終有一死的問題，在這個職場，這個問題是在問對方穿清潔隊制服多久了，要搞清楚地位。清潔隊員經常在第一次見到另一名隊員時問這個問題，因為這樣可以馬上確認彼此在清潔局階級制度中的地位，搞清楚誰在工作指派中有哪些權力、誰的加班機會比較高、誰有機會請調、誰離退休比較近。

「五年。」被問的人可能會這樣回答。

「那我贏你。」如果問的人幹這個工作比較久，就會這樣回答。工作資歷還淺的菜鳥最喜歡看到更菜的菜鳥來報到，因為這樣他或她就不再是值勤名冊中最菜的人了。❶

時間在許多方面跟這份工作休戚相關，地位高低只是其中之一。在紐約市清潔局，時間攸關進度、爭論和懲處；時間會被劃分、分配、協商、交換；時間會把薪資和垃圾噸數轉換為成功或失敗；時間會形成一天、一個月，累積成數

年，最後變成職業生涯，以及最根本的自我認知。❷

衡量這種時間的標準在勤務板上，清潔局的每個單位都有一個。每個勤務板都能鉅細靡遺地反映所有發生的事，只要看一下，就能知道誰在哪裡工作、跟誰在一起、在哪一輛垃圾車或撒鹽車或掃街車。勤務板天天都會更改，掌控它的人擁有巨大的權力。

勤務板一般約五、六英尺寬，十二到十五英尺長，不過每個勤務板的大小不盡相同。勤務板上有一列列橫插孔，跟從頂端畫到底端的垂直線相交。橫插孔裡插著白色和有顏色的名牌卡，約三英寸寬、十英寸長。每個人都有一張名牌卡，包括幹部，不同顏色代表分區裡的不同小區。每張卡上頭都印有姓氏、名字的英文字首字母、一個號碼和一個日期。號碼是制服職員的「編號」(list number)，依據隊員接受作為聘用第一關的公務員考試成績計算出來。日期則是隊員的起聘日期。從這兩組數字就能判斷隊員的資歷深淺，也就是說這兩組數字大抵決定了隊員的職業生涯。

如果有人休假，勤務板上會有紀錄，請病假、履行陪審義務、請喪假、被派到其他分隊、休有薪假、沒有請假曠職，這些通通都會反映在名牌卡被放在哪個插孔位置上。排休表也在勤務板上。

排休表就是休假表，記錄一星期裡除了星期日以外，清潔隊員或幹部排定休假的日子。除非在安全與訓練科、或在沃士街的清潔局本部、或在其他少數地方工作，否則制服職員每幾個星期才能休一次星期六，另一天休假得依照非常複雜的休假時程來休，休假時程就記在所謂的休假表上，兩面都是密密麻麻的線條和數字。

這樣的休假制度是工作人力需求造成的，而人力需求則由持續且一絲不苟的會計計算來決定，針對跟收垃圾工作有關的每個環節，盡可能估算出最小的津貼增長，小到美分的地步，最後預估總共需要多少美元。清潔隊員的八小時值班經過嚴格規畫，到收垃圾工線的起點要多久、工線有多長、完成某條街或某個街區需要多久、往返休息地點或午餐地點要多久、休息時間多久、午餐時間多久、往返垃圾傾倒地點要走哪條路徑，要用空間（英里數）和時間（分鐘）估量、預測、記錄的變數很多，這些只是其中幾項。

哪種垃圾車開幾英里，哪天在哪種情況循哪條路徑到哪裡需要多少時間（全球衛星定位系統能夠幫忙規畫），每組工作團隊、每條線段、每條工線、每個班次、每天可收多少噸垃圾，多少輛車要加多少加侖的機油、起重潤滑油和防凍劑，多少分隊有多少輛車需要多少輪框螺絲鎖緊多少輪胎，每年的輪胎磨損率……這些全都要估算出數量和經費。清潔局能預估垃圾車開滿三班和只開兩班休息一班的整體損壞速度：開滿三班會很快損壞，只開兩班損壞速度慢多了。清潔局管理與預算科會找精算師來彙整分析這類數據，供估算短期與長期計畫的成本之用。

根據這些諸多量化數據分析出來的大量細節，以及數十年的經驗，清潔局能估算一週六個工作天總共需要多少清潔隊員，並且算出備用人數係數為一點五，這表示每派一個人去工作，就得加派半個人備用。比如說，安排四輛垃圾車跟八個人去收垃圾，就得分配十二個人去執行這項工作。如果原定的八名隊員順利跟四輛垃圾車去收垃圾，多出來的那四個人就會被派到別的地方工作，通常會派到人手不足的分隊幫忙。每天接近中午時，清潔局就會估算隔天全市需要多少人力，看看哪裡人手太多、哪裡人手不夠，接著發布命令，平衡人力。命令會從本部依序下發到行政區指揮部和各個分隊，接下來便由各單位負責掌管勤務板的人來安排人力。

在紐約市的每個分隊和掃街車隊部，每個班次結束時，都會有一群人聚在勤務板前面，查看自己隔天要到哪裡做什麼工作。如果某個隊員有麻煩，有時候大家會先從勤務板上面的異常安排注意到，這種情況會引起數小時的臆測與討論。有固定工作時間表的資深隊員查看勤務板，通常只是要確認他們已經知道的事情；資淺隊員很難預測下個班次，因此勤務板成了他們取得重要資訊的來源。不論勤務板上寫什麼，菜鳥只會得到苦差事，像是「弄桶子」（baskets）。

「弄桶子」的小組會到一條街道上，一個街角接著一個街角，清空公共垃圾桶。這是最徒勞無功的差事，因為跟收垃圾不一樣，清垃圾桶永遠沒完沒了，清完工線後，就得回到起點，從頭再清。以前是一名隊員開車，另一名隊員倒垃圾，車輛行駛時倒垃圾的那人就站在

弄桶子的工線。注意垃圾車上的腳踏板，這些腳踏板被工會認為不安全，已於2000年代中期拆除。（Michael Anton 拍攝，紐約市清潔局提供）

布魯克林的某條工線。（Michael Anton 拍攝，紐約市清潔局提供）

腳踏板上，兩人不時互換。後來工會認為垃圾車的腳踏板不安全，要求拆掉。❸因此，現在一名隊員開車，另一名得用走的，搞得桶子線變慢許多，而且更加累人。

無聊會讓人想搞怪，有一次，我在曼哈頓第七分隊的搭檔費德利克就在弄桶子時忍不住惡作劇。費德利克討厭弄桶子。

在第一趟途中，費德利克看到一個特別破爛的垃圾桶，舊舊的、橘色鐵網做的，看起來很脆弱，連要立著都很難，更別說要裝垃圾了。他本來應該倒空垃圾桶裡的垃圾，然後把垃圾桶放回街上，但他惡作劇把整個垃圾桶扔進垃圾車後頭，拉動拉桿，鏟刀旋即把垃圾桶往裡壓。他喜歡看垃圾桶被鏟刀壓得發出尖銳的嘎吱聲，形狀被壓得歪七扭八。就在準備享受破壞垃圾桶之際，他感覺肩膀被拍了一下，轉頭看見一名老婦盯著他瞧。

「你剛剛扔掉一個完好的公共垃圾桶。」老婦斥責說，「你破壞市府財產，我看見了。」現在他倒沒隱形了。

「噢，誤會呀，阿婆。」費德利克回答得毫不猶豫，「我把垃圾桶送到垃圾車裡保養，過一會兒垃圾桶就會從前面出來，擦得亮晶晶，跟新的一樣。每當垃圾桶需要保養，我們偶爾會用這種方法。」

老婦的眉毛翹得快碰到上了髮膠的藍色髮線，費德利克跳上後階梯，揮手說再見，示意搭檔快點把車開走。

桶子通常由資淺的隊員做，但是有時候會有例外。一場強烈暴風雪後一星期的星期日下午，曼哈頓第七分隊的隊員一邊找乾手套、穿外套，一邊大聲說笑。他們準備再回去工作，感覺今天午餐時間比平常短。每個能工作的人都被迫連續加班八天；自從暴風雪導致所有人力都改調去清掃街道，今天是他們第一次回來清垃圾。紐約市所有人行道都堆滿黑色垃圾袋，大型住宅附近有幾堆甚至堆到肩膀那麼高，堆到幾乎一整個街區那麼長。

我們已經待在街上很久了，一直在寒冷刺骨的凍雨中工作，但是要值十二小時的班，因此還有很多工作要做。許多早上派來的垃圾車都載滿了，所以有些人得去跑「接力賽」（relays），把滿載的垃圾車開到紐澤西的垃圾場倒空後再開回來。❹接力賽只需要駕駛，因此搬運員可以休息。

但是那天不行。

分隊長說得冷靜，但是堅決。沒去跑接力的人都得去弄桶子。我看見工作資歷超過二十年的隊員們盯著他看，好像他突然說起烏爾都語似的。就隊員們的了解，分隊長應該曉得，像他們那麼資深的隊員都好幾年沒弄桶子了。分隊的第三號隊員氣呼呼瞪著分隊長。「侖，你說啥呀？」他大聲問。「侖，我說去弄桶子呀。」分隊長回答得心平氣和。「我是資深隊員耶！」那名老鳥說。分隊長只是微微一笑。「強制加班時，」他提醒老鳥，「沒有分資深資淺。」

這惹來許多怨言，但是分隊長稱心如意了。他根本不打算叫特定的人去桶子線，結果，如他所料，沒有去跑接力的人都上了另一輛垃圾車出去繼續「追垃圾」。

我曾經聽過一名工作大約三年的美女清潔隊員，請求一名人緣好的分隊長幫忙把她調到分隊長自己的分隊。「但是你不能派我去弄桶子喔，好不好？」她懇求說，或許還深情款款地眨了幾下眼睛。這樣的請求很荒謬，因為請調得遵守年資規定，如果那名分隊長不依規矩隨意調動人員，肯定會被工會和上層主管責罰。如果那個女隊員是男的，提出這樣的要求肯定會讓人笑掉大牙，但是她是女的。如果分隊長答應幫她調職，可能會丟掉飯碗。最後她並沒有獲得調職。

我花了一陣子才明白，時間跟這項工作的每個層面休戚相關。一開始，我心煩意亂，絞盡腦汁想搞清楚為什麼我看起來好像不受歡迎。

最初我打算一週幾次到曼哈頓第七分隊上早班，跟大夥兒一起參加點名，接著加入各個不同組別工作。我自然會幫忙把垃圾搬上垃圾車，我們一塊工作時，我會問他們問題，他們會告訴我機智逗趣的故事，我會仔細用筆記下來。我們會變成朋友，他們甚至會來探視我，把我當成親人或姊妹手足。經過足夠的時間，做了足夠的研究後，我會用相關的人類學來分析他們的故事，讓興致勃勃的世人知道清潔隊員的洞見多麼不可或缺和有趣。

我相信我的研究計畫簡單易懂，明顯可行。此外，我的目的是高尚的，我的熱情是真切的。因此，我期待紐約市的每個分隊都會熱情歡迎我。

結果，卻沒人高興見到我。清潔隊員和幹部都對我的研究絲毫不感興趣，沒人想跟我講話，完全不想。事後回顧才發現原因其實顯而易見。

紐約市清潔局的人跟記者與其他報導人員打交道的經驗太豐富了，那些記者總是帶著微笑、筆記簿和問題，待個一天或一星期，然後就離開去捏造充滿諷刺的不實報導，大肆在媒體頭條和新聞節目報導。當我也帶著微笑、筆記簿和問題出現，甚至高談闊論會捍衛與盛讚他們的工作時，不知不覺變得跟記者一樣。不管我真正的動機是什麼，清潔局的人認為我用古怪的研究（人類學是什麼東西啊？）來掩飾真正的動機，非常不高明。有一派人確定我是清潔局局長或市政府調查局派到那個分隊的臥底，並認為我的外表可以證明這樣懷疑是對的：一看就知道，這副怪模怪樣肯定是偽裝的。另一派人認為我不是臥底，而是來找男人的：中年婦女想花時間待在這種男人主導的地方，還有其他原因嗎？

分隊長遵從局本部的命令，把我派給一組已經證明過可以接受媒體採訪的人馬，他們不久前才拍完關於垃圾的紀錄片。布萊恩是非裔美國人，三十歲出頭，很瘦很高，我立刻幫他取了「竹竿」這個綽號。他是退伍軍人，總是把制服燙得平整，對此感到自豪，有時候會對同事不注重儀表的態度不以為然。他的搭檔是馬柏里（化名），外號「大麥克」，是個身材矮小的白人，四十幾歲，從公路局調到清潔局，以前是公車駕駛。我問他為什麼要轉調，他氣呼呼地說：「因為這裡的垃圾不會頂嘴。」

許多人集合在小空間裡，早點名的聲音很大。一群人在勤務板前面，手指著勤務板爭論，我不曉得他們在爭論什麼，但是顯然很多話都是針對布萊恩和大麥克，兩人都是資淺隊員。很久後我才知道，兩人平常都是值下午班負責跑接力，但是因為我而被派去收白天的垃圾。原本平常被派去那條工線收垃圾的小組則被派去做別的工作，他們很不爽。

當時我不曉得這些計較，只管跟布萊恩和大麥克到街上工作，我又拖又抬又扔的，賣力搬運垃圾袋和垃圾桶，全力幫他們收垃圾。我那麼賣命，他們看得都樂了，但是沒有叫我停手。那是我田野的第一天，我學到幾件事。

一、服裝很重要。沒戴手套和穿靴子收垃圾是愚蠢的（大麥克看出我的難處，於是借我手套）。還有，沒穿制服跟清潔隊員一起收垃圾會引人注目，因此我記在心裡，回去要去領基本的制服和裝備，這樣手腳才安全，而且才能稍微融入一些。

二、遣詞用字很重要。根據清潔局的說法，收垃圾的卡車叫作「垃圾收集」車，清潔隊員把垃圾收進垃圾收集車，叫作在「收集垃圾」。這樣能稍微改變對這項工作的感覺。（「你有什麼嗜好嗎？」「我喜歡收集垃圾。」「哦，你把垃圾收藏在剪貼簿上或收藏盒裡嗎？你收藏的垃圾值錢嗎？是祖父母傳給你的嗎？」）

三、垃圾重得要命，我實在不知道怎麼搬才不會受傷。

垃圾袋堆成這樣的站點稱為「癟胎地點」(flats)。(Michael Anton 拍攝，紐約市清潔局提供)

挨家挨戶收垃圾的工線稱為「挨戶線」(house-to-house)。(Michael Anton 拍攝，紐約市清潔局提供)

四、垃圾車又吵又危險。第一天我就聽到有人因為受傷和意外而終身殘廢的故事。在垃圾車旁邊工作，我根本聽不見大麥克和布萊恩說話，除非他們稍微提高音量用喊的。看見後車斗裡的鏟刀把垃圾鏟進壓縮車箱，我不禁驚嘆鏟刀的力道好大，而且要鏟進去的垃圾經常還會猛力彈出來。

五、當我的工作是依照順序到各個地點清垃圾時，熟悉的景物就會徹底改變。我不再只是關注垃圾的人，現在我是收垃圾的人，看見的不再是高級住宅區，蓋著一排排美麗的住家和樹木，而是一堆堆數也數不完的深色塑膠袋、金屬罐、塑膠容器。我們今天在工線上沒遭遇巨型垃圾堆，但是即便只是幾趟中等距離的挨戶線，就已經讓我感到很沮喪，從垃圾可以看出人性毫無節制縱欲的一面，極度庸俗，令人不安，卻又令人著迷。

六、垃圾的存在能力極度頑強持久，我以前從沒徹底察覺，直到跟一組隊員一起工作的第一天才發現。垃圾會永遠存在。我們會死，文明會消失，我們都知道生命會消逝，但是垃圾卻能永存。街道上的垃圾是我們不斷豎立和破壞的紀念碑，紀念短暫存在的事物、分離和貪得無厭。

我問布萊恩和大麥克，他們是否曾經在轉過街角後抱怨眼前的工作。「有時候會。」布萊恩說。「從來不會。」大麥克說。

七、依照通則，到清潔分隊部的訪客不能待在清潔隊員專屬的場所，尤其是沒人認識的

哈林區正在塞「貨」的垃圾車。（Michael Anton 拍攝，紐約市清潔局提供）

訪客。我是從難堪的經驗中學到這一點的，有一次我逛到餐廳閒坐，有個沒報姓名的清潔隊員氣惱我待在那邊，不願意跟我說話，更不願意讓我聽他跟同事說話，要求分隊長把我請出去。分隊長只好這麼做，但是他感到尷尬，向我道歉。

我摸不著頭腦，心裡有點受傷，但是後來我才了解為什麼會這樣。我定時出現在分隊好幾個月後，我再到那間餐廳閒坐時，就受到歡迎了。我始終不知道一開始不歡迎我的那位仁兄是誰，但是我以前被攆出餐廳的故事總是惹得別人捧腹大笑。雖然同事熱情接受我的速度比我預料的慢，但是我跟他們同桌共坐，聽他們說故事、講笑話、發牢騷以及互相嘲弄時，仍然心懷感激，感覺就像在家一樣。

第二部　有牌清潔隊員

Part Two: In Title

4

身體與智慧

Body and Soul

身體永遠是清垃圾這項工作的關鍵。手掌抓緊垃圾袋綁好的袋口或垃圾桶的邊框，二頭肌和前臂鼓起；身體彎曲時，脊椎骨先分離，後又相連，股骨頭在髖臼深處轉動；扔垃圾袋或抬整捆的垃圾時，肋骨附近的旋轉肌群收縮伸展，帶動肱骨頭在肩關節裡轉動。❶尤其在夏天，汗水沿脖子流下，從手肘內側擠出，從眉毛、下巴、耳垂滴下，使汗衫的顏色變深，浸濕手帕和帽頂，使皮肉閃著水光。不論清潔隊員是瘦或胖，是高或矮，是白髮蒼蒼或一臉稚氣，是男或女，運動中的身體都是美麗的，不過很少人會從慢動作的角度來欣賞做這些工作時的身體運動。

清垃圾跟任何粗活一樣，竅門在於速度。清潔隊在午餐前能清除十二到十四噸垃圾，但是要做那麼快是得付出代價的。加快工作速度就會更常受傷，就算沒有肌肉撕裂傷或扭傷，疼痛也會更嚴重，而且恢復得更慢。

在紐約市，清潔隊員會學習如何彎腰與搬運才最安全、最有效率，但是這些技巧很難傳授，新隊員總是自以為早就會了。訓練期間，搬重物的課程有時候會變成靜態的問答，菜鳥詢問教官工作內容到底是什麼、怎麼爭取離家近的職務、哪些分隊絕對要避開、大約多久以後能去收垃圾。雖然這些問題既務實又重要，但是搬垃圾的物理學也是呀。很少清潔隊員會忘記第一天搬垃圾；而且最初幾個月，多數人從來不曉得的肌肉會酸痛不已。每個人都會養成自己感覺順手的搬重物方法，不自覺就沿用習慣的方法。「有些行政人員認為，」一九四一年一本談論清垃圾的巨著上寫道，「能獨自快速學會用最好、最輕鬆的方式搬運垃圾的人，就是值得留下的清潔隊員。」

一九三七年成立的美國公共工程協會寫了《廢棄物回收實務》這本書，提出解決都市公共建設問題的新策略，包括時間動作研究（time-motion studies）以及關於官僚效率的嚴肅見解。顯而易見，美國公共工程協會很快就關注起固態廢棄物，其在一九三八年首次出版刊物是《街道清潔實務》，第二本是《下水道租用費》，第三本才是《廢棄物回收實務》。《廢棄物回收實務》探討的範圍很廣，根據在美國與加拿大一百九十個城市進行的研究，提出建議。

搬垃圾的工作相當耗費體力，因此紛紛有人舉出自己認為最好的做法。「有些搬垃圾的人喜歡把裝垃圾的容器抬到肩膀或頭上，再搬到垃圾車。」作者寫道，「搬垃圾桶最輕鬆的方法……是快速平穩地把垃圾桶抬到大約膝蓋的高度，接著順勢再用膝蓋往上頂，在大約肩膀的高度，用一隻手托住垃圾桶底部。從這個姿勢，能輕鬆把垃圾桶放到肩膀或頭頂上，或繼續把垃圾桶推到垃圾車裡。」[2]

書上有一張說明照片，一名非裔美國男性，穿戴帽子、手套、靴子和長及膝蓋的工作圍裙，左肩上平衡著一個裝滿垃圾的高錫桶。旁邊還有一張照片，一名白人男性，穿戴帽子、手套和靴子，但是沒有穿工作圍裙，頭上平衡著一個寬大的洗衣盆，同樣裝滿垃圾。內文沒有說他有沒有在帽子裡放護墊，但是有解釋說有些人喜歡用這種方式，因為「用這種姿勢比較容易平衡寬大的容器」。

照片裡的桶子和盆子外形完好，沒有明顯的凹曲邊緣或鏽蝕破洞。那是用於說明的，裡頭八成也沒有長滿蛆，或滴漏發臭的汙水，也就是腐爛物質產生的「垃圾汁」。它們看起來有擦洗過，把裡頭的垃圾和廢棄物倒掉後，還是能放無害的東西，像是兒童玩具和換洗衣物。

然而，現代的垃圾桶大多不是那個樣子（我也不相信一九四一年的垃圾桶有那麼乾淨）。那兩張照片勾起我的記憶。某天下午，在市議會聽證會，一名政治人物提出強硬的要求。她代表下東區。下東區熱鬧繁華，過度擁擠，有許多高層國宅。在她的選區和紐約市的其他地區，當天報紙頭版都在報導老鼠的問題，❸那位議員指稱老鼠大啖國宅數百包垃圾袋裡的垃圾。老鼠讓那位市議員不悅，但是垃圾袋讓她更不悅。在聽證會中，她質問杜赫帝局長，有沒有東西可以取代垃圾袋，最後用幾乎是咆哮的音量要求局長，當場立刻在世人面前公開發誓，會用有蓋子的金屬垃圾桶取代所有垃圾袋。

接下來她沉默片刻，怒目注視著局長。杜赫帝說話，帶著鼻音的史坦頓島口音迴盪會議室內。局長告訴她，說自己任職數十年，對金屬垃圾桶瞭若指掌。垃圾桶比垃圾袋還糟，垃圾桶很快就會凹掉，然後蓋子就蓋不上，或不見，或根本沒人用。手把會斷掉。底面、側面和邊框會生鏽，生鏽的地方會破損、出現尖凸處，可能會傷到搬運的人。底面鏽蝕破損之前，水和垃圾汁會沉積發酸，導致滋生蛆蟲，臭氣加重。局長堅決地說，垃圾桶完全無法解決鼠害，而且得經常更換，這種更換相當耗費人力。他結束答詢時向市議員保證，絕對不會發誓把下東區國宅或任何地方的塑膠垃圾袋換成金屬垃圾桶。市議員氣呼呼踩著重步離開會議室。

金屬垃圾桶仍隨處可見，但是塑膠垃圾桶（清潔隊員都稱之為「容器」）比較受歡迎。不過多數人還是把垃圾裝在塑膠袋裡，放到屋外讓清潔隊員收，在收垃圾的日子，垃圾袋會堆成一堆堆。垃圾袋有許多尺寸，有小到幾加侖的小袋子，也有大到一百二十加侖的長袋子，這種長袋子被稱為「香腸袋」或「屍袋」，通常需要兩個人搬，但是有些特別強壯的清潔隊員愛現，喜歡自個兒抬。

清除廢棄物的基本工作，也就是把垃圾拿到街上，因為有了垃圾袋變得比以前更簡單省力。但是搬運垃圾袋要有技巧。抬和搬是這項工作的基本動作，不過把垃圾擱到身上的任何地方，尤其是頭上，實在討人厭。任何一個有自尊心或常識的清潔隊員都不會依照美國公共工程協會那本書建議的方式，把塑膠袋、桶子、箱子、麻袋，或任何裝垃圾的容器擱到身體上。我第一次嘗試用膝蓋頂起一個特別重的袋子時，我的搭檔立刻阻止我。

「別那樣做。」他嚴肅地說，「妳會被割傷。想辦法把袋子搬到垃圾車裡，但是絕對別讓袋子碰到身體。」

二〇〇一年，彭博首次展開市長競選活動，選民不確定他是什麼樣的人。他不像傳統政治人物那麼圓滑，他總是暢所欲言，前任市長執政時經常拒絕溝通，相形之下，彭博令人耳目一新。不過，偶爾他會欠考慮，講出聽起來愚蠢的話，像是那年六月在對曼哈頓西區商會的競選演講，他談論跟市政府工會的磋商時，就說了欠考慮的話。「我敢說我能找到統計資料，」他若有所思地說，「證明現在當清潔隊員比當警察或消防員還要危險。」❹

乍聽之下像候選人彭博嚴重失言，制服消防員協會的發言人說彭博「大錯特錯」。「我想他應該回去確認統計資料。」警察工會的一名代表附和。美聯社報導這則新聞，彭博很快就惹火了全國的警察和消防員。幸災樂禍的紐約民主黨還在名為「彭博出洋相」的網頁中加了評語。

或許是時機不對，才讓彭博的言論聽起來沒同理心；就在他說這番話的十天前，皇后區發生火災，三名消防員罹難。他分別去函向警察工會與消防員工會道歉（不過他歸咎於記者「在發生這種憾事的脈絡下」引述他的話），並向這兩個工會的會長再次保證，絕對無意低估警消人員面對的風險。❺

但是其實彭博並沒有失言，他說得對，當清潔隊員確實比當警察或消防員更危險。紐約市其他制服單位的職員不認同這一點合情合理，因為他們大多跟普通民眾一樣，不了解清潔工作的危險。不過他們生氣，覺得彭博的那句話侮辱了他們，正好凸顯我的論點：大家非常不了解紐約市清潔局的職務。彭博的競選發言人說，彭博完全沒有暗指把垃圾拿到街上跟面對槍或撲滅火災一樣危險。這樣的比較很常見，卻沒有意義。清潔隊員沒有把垃圾拿到街上，把垃圾拿到街上的是你和我，清潔隊員是負責處理接下來的工作，這才是真正危險的地方。

「長久以來，大家都知道清垃圾是骯髒的粗活。」經濟學家魯狄在幫勞工統計局做的研究中指出，「但是比較少人知道的是，清垃圾也是最致命的職業之一。」根據他的計算，跟被調查的所有職業相比，清垃圾這項工作的「總執勤致死率是其他工作的十倍」，因此被勞工統計局歸類為「高危險職業」。

清垃圾一定得上下垃圾車、搬運垃圾桶、行走在街道巷弄和停車場上。清潔隊員經常得在街道兩側清除垃圾，在經常停停走走的大型垃圾車附近工作。垃圾車有時候會擋住他們，導致他們無法看見來車，並且使來車的駕駛人無法看見他們。對清潔隊員造成最多致命傷的是車輛，這一點也不令人意外，比方說，被垃圾車輾過，或被經過的車撞，有時候甚至會在摔落垃圾車後被輾或被撞。❻

根據勞工統計局的統計，截至二〇一一年（只能取得到這一年的數據），「廢棄物與資源回收員」的工作是全國第四危險的，僅排在漁夫、伐木工與飛機駕駛員之後。[7]跟其他制服勞工的工作相比，數據同樣驚人，清潔隊員在執勤時喪命的機率比警消人員高了許多倍。[8]

很少清潔隊員在受僱時知道這一點，多數人能待得夠久到有資格享受完整退休福利，不會在工作中喪命，不過人人初期在街頭工作時就知道自己會受傷。跟我以為的不同，最可能受傷的不是背部，是腿。在許多工線上，清潔隊員必須在停放的車輛間移動，扭曲彎折的車牌邊緣會劃傷小腿，如果清潔隊員快速移動就更常造成這種傷，不過就算小心行走，還是會擦傷、刺傷、劃傷和撞傷。垃圾桶的邊框會鉤傷指關節，鉤破衣物和皮膚。破掉的玻璃會割斷肌腱、韌帶和肌肉，留下疤痕。拉直的掛衣架、頂部破掉的罐子、外露的釘子、有尖突的管子，會造成穿刺傷、刮傷和割傷。被針頭刺到更是特別令人緊張不安，許多清潔隊員曾經接觸到可能會感染的疾病，得痛苦等待到檢查結果出爐。[9]

能轉動和彎曲的身體部位也容易受傷，膝蓋會變僵硬，旋轉肌群和髖關節會磨損，椎間盤會突出，下背部會變得無法彎曲扭轉。只要扭傷幾次，清潔隊員肯定就會重視用正確的方法蹲下、抓舉和拋擲垃圾袋，抬起與傾倒簍子和垃圾桶。手套和靴子是不可或缺的保護裝備，

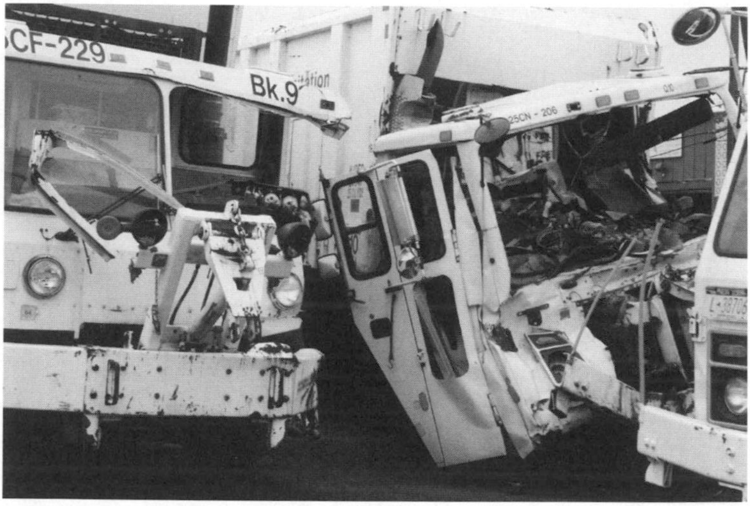

垃圾車事故造成清潔隊員喪命。根據美國勞工統計局2012年公布的數據，清潔隊員是美國第四危險的工作。（作者拍攝）

但是在潮濕的日子，清潔隊員通常戴的橡膠手套遇水就會變滑。只要問曾經在街上工作的清潔隊員，他就會告訴你，抓濕袋子時，就算牢牢抓緊，手還是經常會在用力一拉的時候滑掉，結果打到自己的臉。

有時候，壓縮鏟刀壓到硬物會把硬物壓得彈到車斗外。門栓、釘子、螺絲釘、塑膠罐、鐵罐、鞋子、吃剩的食物、床墊彈簧、斷木、玻璃碎片，都變成致命的發射物體。清潔隊員經常講胸部、頭部、背部、手腳被打到的故事，有一個跟我在史坦頓島工作的隊員告訴過我，有一次，有人丟棄一顆保齡球，他把球丟進垃圾車，拉動拉桿，結果球朝他彈回來，簡直就像從大砲射出來，打中他的肚子，把他打暈過去。他的搭檔駕駛以為他在後側階梯上，直到把車開過轉角才注意到他不見了。駕駛回去找，找了一會兒才找到昏迷不醒的他，因為他摔進路邊的長草叢裡。

有些更致命的危害物就不像彈飛的保齡球那麼明顯易見，這類危害物會影響呼吸系統和心臟循環系統。紐約州政府規定，紐約市清潔局的各個單位要張貼員工安全標語，嚴正提醒，但是無法強制落實：「各位有權知道！僱主必須告知各位，工作場所的有毒物質有什麼樣的危害，會如何影響健康。請各位儘量了解工作中會接觸到的有毒物質。」要列出清潔隊員可能會接觸到的有毒物質很難，甚至不可能。

最無法預測的毒物來自垃圾本身，車斗鏟刀經常壓破垃圾袋，導致垃圾彈出來。破碎的聖誕樹飾品、聖誕樹針葉、燈泡碎片、建築粉塵、房屋油漆、還沒凝固的烹飪油、吸滿尿液的貓砂……族繁不及備載，這些都可能會造成傷害。粉狀物質格外令人不安。有一天早上，我們把一包看起來無害的袋子丟進車斗，結果袋子被鏟刀壓破，噴出深綠色粉末，而且我們每丟進一袋垃圾，就會再攪飛粉末。我們不知道那是什麼，但是味道有點像化學物質，我們確定吸入那玩意兒絕對有害健康。這讓我想起了一名工作資歷十五年的工頭跟我說過，有一次袋子噴出煙灰，他吸入一大口，差點窒息。他轉身要跑開，急著想呼吸新鮮空氣，他的搭檔卻抱住他的肚子，在適當的位置用力一打，很像哈姆立克急救法，他痛得倒下，但是卻也恢復呼吸。

鏟刀運轉時，清潔隊員通常不會站在垃圾車的正後方，但是待在側邊也不一定安全。有一天下午，克茲讓我看他和費德利克的制服後側，上頭有神祕物質造成的大片汙跡。他猜是油。有一次，垃圾車快滿了，裡頭一個袋子破掉，內容物突然從車斗側邊噴出來，噴得他們一身。

那些汙跡只是難看，噴出來的物質不一定都是無害的。有一天，一名史坦頓島的清潔隊員在垃圾車後面，一包非法丟棄的垃圾袋，裡頭裝著汙水爛泥，爆了開來，噴濺到他的臉和嘴。他差點喪命，住院三週後才能回家。另一名史坦頓島的清潔隊員沿工線清垃圾時，太快從垃圾車轉向路邊，結果眼球被回收桶插出的一根長金屬叉刺穿。還有一名清潔隊員跌倒，垃圾車正好沿著路邊往前開，前輪壓到他的左腳掌，使他失去四根腳趾。還有一名隊員手掌纏在捆綁紙堆的繩子上，結果被車斗鏟刀夾斷兩根手指。

關於受傷的類似軼聞很容易找，人人都有。紐約市清潔局的每個同仁都會提到一件發生在一九九六年的事情，當時漢利和他的搭檔在布魯克林的班森賀，沿著平常的工線工作。漢利有二十三年的工作資歷，那天，在接近第八十四街的新烏特勒支大道上，他沒有特別提防他要去收的垃圾袋與垃圾桶，那堆垃圾看似尋常，在這個站點等著他去收，這是工線上的最後一個站點。他把一包垃圾扔進車斗，轉身背對垃圾車之際，鏟刀壓破一個袋子，弄破藏在裡頭的一罐液體，結果液體全噴到漢利身上，那是濃度百分之七十的氫氟酸。[10]全紐約市和整個地區，有將近兩千名清潔局同仁參加他的葬禮，電視新聞也有報導，但是沒人被指控謀殺。

漢利的死是駭人聽聞的悲劇，原因之一是死法恐怖，但是就算是比較普通的死法，也同樣令人心碎。

賈斯帝奇是皇后區西一分隊的男清潔隊員，容貌英俊，一頭深色頭髮，擁有舉重選手的健壯體格，年紀四十一歲，但是看起來年輕許多，其中一個原因是他留馬尾，不過更重要的原因是他充滿活力、熱情洋溢。

在阿斯多里亞的工線上，小孩子都期待見到賈斯帝奇，他幫一個還在學走路的小孩取了抱抱蜂的綽號，那個男孩每次見到垃圾車都會興奮叫著自己的綽號。喜歡賈斯帝奇的不只小孩子，他後來結識了工線上的一名男子，那名男子跟他一樣熱愛摩托車，於是賈斯帝奇便給男子取了馬龍白蘭度這個綽號，男子開心極了。

賈斯帝奇的熱心助人家喻戶曉，那一分區的每個年長婦人都會說，他曾經幫她們拿雜貨，或扶她們過馬路，年長的男子也會說，他曾經幫忙打開難開的大門，或扶他們爬上陡斜的階梯，或把沉重的垃圾從後院搬到垃圾車上。賈斯帝奇甚至關心只能從窗戶看世界的老人，對他們揮手微笑。這些身子虛弱的老人跟某些孩童一樣，總是開心期待見到他。

在通勤途中遇到他的人總是喜歡跟他打招呼聊天。「在我那一區服務超過四十年的清潔隊員我一個都叫不出名字。」一名住在賈斯帝奇的工線上的男子說，「但是我知道小賈的名字。」

他清垃圾桶時，不會只把垃圾桶裡的垃圾倒到垃圾車就開車離開。他還會順便清除老是彈到人行道上的垃圾，像是彎折的披薩盒子；還有壞掉的雨傘，雨天過後，壞掉的雨傘就像扭曲的藝術品，裝飾著路邊。

他隨時隨地帶著素描本。有一天早上休息時，他跟朋友在他們最喜歡的餐館，他畫了在十字路口協助行人過馬路的學校導護人員，接著把畫送給那名女士當禮物，女士把畫框起來。他也幫一家麵包店的老闆畫速寫，他經常到那家麵包店買麵包，在點名時跟大夥兒分享。

所有同事都有賈斯帝奇幫他們畫的畫像，有一位同事說：「他把我們畫得比本人還好看呢！」他還會用其他方式感動同事。「我記得二〇〇四年四月第一次到分隊時，」另一名皇后區西一分隊的清潔隊員回憶道，「第一天我跟他一起工作時……感覺像我們相識好幾年了。」

賈斯帝奇總是把他祖母的草坪修剪得整整齊齊，每次都會開車載她去給醫生看診，確保她不會把藥搞混。任何人問到他的孩子時，總是會看見他露出燦爛的笑容。他隨身攜帶兩個小女兒的照片，下午他回家時，兩個女兒總是喜歡抱著他的腿。他喜歡告訴別人，他喜歡跟四歲的女兒一起扮家家酒，在小桌子前面把下巴擱在彎起的膝蓋上。他也喜歡給別人看他和兩個女兒在小女兒一歲生日時打扮成海盜的照片。

賈斯帝奇不只沒有隱形，還受到大家喜愛。但儘管他充滿活力，儘管他受到認識他的人喜愛和尊敬，別人仍沒辦法清楚看見他。

二〇一〇年一月二十六日，他一如平常到星期二的工線工作。在阿斯多里亞，狄馬士大道和第三十五街交會的街角，海洋地中海餐廳附近，他把垃圾桶裡的垃圾倒進垃圾車，啟動壓縮系統，背對街道。一輛十八輪大卡車轉入那個街區，刺眼的陽光照進骯髒的擋風玻璃，導致卡車駕駛一時無法視物，沒發現卡車的轉動半徑太大。

那天早上快八點時，賈斯帝奇成了八年來在執勤時喪命的第十位紐約市清潔隊員。

2010年1月，賈斯帝奇於工作時喪命。幾個月後，皇后區西一分隊以他的名字命名。(作者拍攝)

5

尋寶與控制反制

Mongo and Manipulation

清潔工作的關鍵不只有身體，還有腦袋。清潔隊員必須精熟許多簡單與困難的知識，比方說，知道如何解決裝備問題、看懂地圖、理解清潔局內複雜的政治、了解複雜的法規、看透各個社區的近距離與遠距離的節奏。另外，還必須具備許多專業知識，像是如何根據操作舊型車輛的經驗來操作新型車輛；或平常卸載垃圾的路徑阻塞時，該走哪條替代道路；或如何從垃圾判斷誰住在紐約市的哪個區域、哪個街區、經濟拮据或富裕，或財富分配有什麼改變。

有時候清潔隊員會抱怨當天的職務，尤其如果他們是無法擺脫挨戶線的人。有些人對某些工作很不耐煩，認為無聊至極，像是清理菸灰桶。他們比較喜歡在收垃圾日到紐約市典型人口稠密的社區，清除在大型公寓建築外頭的大型垃圾堆放站點。❶清大型垃圾堆放站點時，一組人員只要到一、兩個站點收垃圾；挨戶線則得花上好幾個鐘頭，不過這項工作有其他好處，喜歡尋寶的人就特別喜歡這種工作。

「尋寶」的名詞形式是清潔局的行話，指從垃圾裡找到的寶藏，「寶藏」所指的範圍很廣，而且只包含私人物品。❷動詞「尋寶」是指尋找和搶救這類有價值的東西。費德利克不喜歡尋寶，但是他會容忍搭檔熱愛尋寶。克茲不是這一分隊公認的尋寶王，連第二名都排不上，他的分隊搭檔認同他是第三名，但是他搬起任何尺寸的垃圾袋就能判斷值不值得尋寶，準得嚇人。

不是每個人都會尋寶，嚴格來說，尋寶違反清潔局規定，但是要強制大家遵守規定很難。在紐約市每個清潔局分隊的更衣室和餐廳，裡裡外外都擺飾著從垃圾堆裡找到的燈具、長沙發、桌子、椅子、運動紀念品、電影海報、雜誌剪貼、魚缸（用於存放東西，或改裝成種植物的容器，有時候會修復一下用來養魚）。這類寶藏裡總是不乏古怪的雜物，像是固定在板子上的橡膠鱸魚，按下按鈕，就會拍動身軀，唱著〈帶我到河裡〉；或是一英尺高的滑雪聖誕老公公，不只會唱〈叮叮噹〉，還會像貓王一樣熱舞。

克茲會把許多找到的寶藏變成聖誕禮物或生日禮物，白色喀什米爾圍巾只需要送到洗衣店洗一洗就能變成全新的；兒童玩具能擦洗乾淨；就連電子設備有時候也能修好。有一次，克茲在一家乾洗店附近的角落發現一套三件式西裝塞在垃圾桶裡，於是他把西裝拿到車裡頭試穿，丈量該怎麼修改，兩天後再到那條工線工作，把西裝撿走。

許多清潔隊員不屑尋寶，認為不該撿拾被丟棄的東西。但是在紐約市的許多地區，不尋寶似乎很蠢。曼哈頓第七分隊服務富裕的社區，有些清潔隊員認為那裡被丟棄的東西那麼多，撿回來是天經地義。有一天，一名新到這個分隊的菜鳥從微波爐撿到一個玻璃盤，拿進餐廳。他告訴一名比較資深的同事，玻璃盤乾淨無瑕，似乎覺得丟掉可惜。資深同事滿嘴三明治，坐在撿回來的桌子前面，用一隻手打開一個很深的抽屜，裡頭裝著十幾個完好的微波盤。他指著抽屜聳聳肩，菜鳥一臉困惑，接著也聳聳肩，把自己找到的盤子放到那堆盤子上。

喜歡尋寶的清潔隊員認為，不是隨便就能在街上找到意想不到的寶藏，還要許願才行。曼哈頓第七分隊功力第二高的尋寶高手發誓這是真的。為了舉例說明，他給我看兩台空氣清淨機，功能完好，跟新的一樣，只不過上頭有一層薄薄的灰塵。有一天早上，他在固定工線工作時找到那兩台，把它們收到寶藏箱；寶藏箱固定在垃圾車的車體側邊，用來裝小工具或其他雜物，但是最常用來存放在街頭找到的寶藏。他告訴我，他最近才搬到新家，想在新家放空氣清淨機，因此向街道許願，皇天不負苦心人，三個星期後終於如願找到寶藏。「只要跟街道說你想要什麼，街道就會給你。」他微笑著說。我本來以為他的意思是說，向他知道可能有那種東西的人許願，但是他解釋，他只是專心想著他需要的東西，最後就真的能找到。這位仁兄完全不是新時代學說的信徒，但是他說得好像他能施展某種神祕力量似的。

克茲證實許願尋寶的方法確實有效。他比同事更不挑，只要吐口水擦一擦，看起來值得收藏的東西，他幾乎都會撿起來。他會把一些小雜物，像是領帶、串珠手環、聖誕飾品，短暫收進垃圾車，固定在壓縮系統拉桿上，不過不會放很久（拉桿上不能放裝飾品）。有些尋寶者會把尋寶變成一門專業，撿到空氣清淨機的那位仁兄把主要焦點放在電子設備，創立穩定的小型副業，賣起整修過的電腦。他的客戶完全不知道他賣的商品是從路邊撿來的。有位仁兄告訴我，他專門尋找還能穿的衣物和鞋子，洗乾淨後捐給教會義賣。有時候清潔隊員會把寶藏拿到拍賣網站 eBay 或舉辦庭院舊貨特賣賣掉，接著把所得捐給有經濟困難的同事，或支付醫藥費，或解決家庭問題。

克茲整個職業生涯都在曼哈頓第七分隊工作，即便如此，他還是會覺得不可思議，這個分區的居民竟然一直丟棄那麼多好東西。有一次我們發現一件輕薄的亞曼尼黑金色女性彈力褲，狀況完好，沒有汙跡或破損，也沒有異味，標籤還在褲子上。看到價格後，我目瞪口呆。「你猜多少錢。」我問克茲。看到我的表情，他推測褲子的價格可能超出他的預料，因此猜三、四百美元。我搖搖頭，於是他提高猜測的價格。最後我給他看標籤，他也看得瞠目結舌：一千三百二十五美元。沒錯，真的是一千三百二十五美元，我們竟然在垃圾堆裡找到這種褲子。

克茲說我應該把褲子收下，但我說那件尺碼太小了，他聽到大吃一驚。(「確定嗎？」)我們半開玩笑考慮把褲子拿到亞曼尼專賣店，跟店員說我們本來要把那件褲子送人當禮物，但是現在想要退回換現金；如果成功，我們再平分現金，但是我們都不敢拿去退。克茲最後決定把褲子送給一家餐館的女服務生，他偶爾會在回家途中到那家餐館用餐。他說女服務生收到後開心死了。

克茲尋寶的功力眾所周知，但是他的真正才華是工作知識，他精熟深奧的基本技巧，知道什麼時候要用什麼方法依照規矩工作；不過依照規矩的工作方法跟最有效率的工作方法可不一樣，兩者天差地別，經驗老道的清潔隊員懂得靈活運用兩者，無往不利。

該用什麼方法完成工線上的工作就是一個例子。大部分的小隊長會在點名時發放三五〇卡，指示隊員沿著三五〇卡背面寫的工線工作。❸每位小隊長多少需要隨時知道自己管轄的垃圾車和掃街車在哪裡，隊員依照小隊長寫下來的工線工作，比較容易追蹤。這樣也能讓小隊長在值班中和值班結束時估算還剩多少工作，向分隊長呈報相關資訊。

小隊長如果熟知自己管轄的分區，就能規畫出面面兼顧的工線，像是配合換邊路邊停車管制（明定一週每一天的哪些時段路邊不能停放車輛），這樣不僅能讓掃街車清掃道路，垃圾車也方便進出街道，不會像平常那麼窒礙難行，不過沒辦法總是面面俱到。特殊事件（大型喪禮、街頭市集、學校遊行）、時段（哪些街道在哪些時段交通很亂）、各組隊員的整體工作態度（他們喜歡「加速」還是「倒退嚕」？是工會裡的強硬派或壓根不甩工會？），諸如此類，都是有經驗的小隊長會考量的變數。

克茲和費德利克沒有受到嚴格管控，因為小隊長知道他們倆不論決定用什麼方法，都能在值班結束前把工線清得乾乾淨淨，收到達到目標重量的垃圾。他們只能在規定的時段休息和吃午餐;工頭要找他們的時候,都找得到人(清潔局在每輛垃圾車安裝全球衛星定位系統後就沒有這個問題了);他們必須依當天的規畫,到所有站點清除垃圾。但是只要遵守這幾項規定,他們幾乎想怎麼樣完成工線上的工作都行。

比方說,如果工線包含第一小區遠西側的大型豪華公寓建築,他們很少第一站就到那裡,反而會等到最後,在垃圾車快滿時才過去收垃圾。對於橢圓區,他們也是這樣做;橢圓區位於一條死胡同的終點,在多棟國宅建築的中間,用柵欄圍起來。就算夜班人員把垃圾收得乾乾淨淨,日班人員抵達時,橢圓區仍會看起來像是垃圾車很久沒來收垃圾一樣。這還不算很糟,因為許多大型垃圾堆放站點堆積垃圾的速度本來就幾乎跟收垃圾的速度一樣快。最糟的是,第一小區向來以垃圾乾淨聞名,唯獨橢圓區例外,橢圓區裡有大量的丟棄食物,成為鼠輩的四星級用餐地點。沒有清潔隊員喜歡到那裡工作。

克茲和費德利克工作可靠,眾所周知,只有偶爾會被耽擱,例如克茲被點名接受PAP時,兩人就會晚一點出門。PAP是「政策與措施」的縮寫,其實就是清潔局的隨機藥物酒精檢測規定。PAP車是一輛小型的廂型休旅車,裡頭有一間辦公室和一間廁所,會在早點名前抵達。有些人在勤務板前查看自己的勤務時會發現自己的名卡垂直豎立,像書脊一樣,這表示他們必須接受吹氣酒測和尿液檢測。

清潔局對藥物酒精檢測的政策並不複雜,到職未滿十八個月的新聘人員仍在試用期,試用期內如果被檢測出體內有藥物或酒精，就會被解聘。清潔局會反覆告誡新聘人員這一點，然而，總是有數量驚人的新人無法徹底理解事情有多嚴重，或者認為自己不會被逮到。如果被逮到，沒有第二次機會，不能上訴，不能請人辯護，工會不能介入說情。試用人員如果被檢測出喝酒或嗑藥，就得走人。

就算是一時糊塗犯一次錯，都可能會斷送大好前程。比方說，有一名平常生活檢點的清潔隊員，在告別單身派對上吸了幾口大麻菸，除此之外從來沒碰過大麻菸或其他任何毒品，連酒都不喝。如果隔天檢測車到達後，他被點名接受檢測，進行吹氣檢測或尿液檢測時由於大麻殘餘物過多，檢測呈現陽性反應，那他就得捲鋪蓋了。

護士麥可菲莉講話強悍，但是為人寬大慷慨，跟紐約市清潔局合作超過二十五年了，負責告知噩耗。她告訴過我，以前有個年輕人很驕傲自己能在清潔局工作，很開心能有固定收入扶養新婚妻子和小嬰兒。但是他任職第七個月時，麥可菲莉找他坐下來談，告知他被解僱了，他聽到後哭得跟小孩子一樣。還有一個隊員，再三天試用期就結束了，但是他決定提早慶祝，隔天上班他開垃圾車時，擋泥板擦撞到車庫入口，這就算是意外事故了。根據紐約市清潔局的規定，清潔隊員發生任何意外事故，不論多麼輕微，都必須接受PAP。那位仁兄被檢驗出陽性反應，因此遭到解僱。

他被解僱的原因是吸食古柯鹼，但是就算是喝走味的啤酒也會被解聘。不論週末或幾天前吸食什麼，早點名時體內最好不要有一絲殘留物。清潔隊員，尤其是新聘人員，到分隊時，還因為前一晚的派對而帶著醉意，或一大早最後吸了幾口毒品還有點亢奮，或前一天才因為週末喝得酩酊大醉，結果發現自己被點名接受檢測，肯定心驚膽戰、寒毛直豎，這是可想而知的。如果清潔隊員服用抗組織胺藥物、或肌肉鬆弛劑、或止痛藥，但沒有告訴任何人，也一樣會心驚膽戰。基本上，服用藥性強過阿斯匹靈的藥物，就最好向小隊長報備，小隊長會通報清潔局醫務所，如果醫務所認為有必要，會禁止你上垃圾車，改派內勤工作給你，讓你在辦公室裡或在分隊附近工作，直到你不再服用清潔局醫護人員認為可能導致危險駕駛的藥物。如果新聘人員不給醫務所機會決定適不適合開車，一旦在吹氣檢測或尿液檢測中被驗出非法物質，那就得丟飯碗了。

清潔隊員通過試用期後就比較不會因為吃藥或喝酒而立即被解僱，會有三次改過的機會，接著才會被炒魷魚。第一次藥檢出現陽性反應，會被停職停薪三十天（復職後才能再享受原本的福利）。還要接受諮商，上級會強烈建議並推薦到哪裡尋求協助。接下來一年，每次PAP車來到分隊，他都必須接受檢測。如果第二次檢測沒過，就得停職停薪四十五天（同樣無法享受福利），上級會用更強烈的語氣警告他尋求重要的協助，像是到「農場」，也就是勒戒中心。此外，他還須要簽署名為「最後機會同意書」的文件，上頭寫明，如果他再一次進行藥物或酒精檢驗呈現陽性反應，就會被開除。

如果他第三次被驗出髒東西，就完蛋了。有時候工會會幫他再爭取一次機會，比方說，他第二次違法是在剛入行時，乖乖遵守規定二十年後才第三次觸法。但是局方會駁斥，說工會無法證明他有努力戒除很久以前就該被開除的惡習。管理階層不想要冒險讓他駕駛十九噸重的垃圾車。

有些清潔隊員會動歪腦筋，不擇手段避免讓社交生活的化學興奮劑毀掉自己的職業生涯。有一次，一名隊員第三次被檢測出尿液裡有髒東西，出席懲戒審判，有可能會永遠失去工作。他堅稱尿液樣本沒有髒東西，這句辯詞很常聽見，但是他格外固執。法官最後問他為什麼那麼確定尿液沒有髒東西，他朗聲說：「因為那不是我的尿！」

也有人是因為不想被同儕瞧不起而避免在檢測中被逮。有些清潔隊員認為本來就應該盡情參加派對狂歡，「像男子漢一樣」大口喝酒，認為開懷喝酒和縱情嗑藥是理所當然的行為，但是絕對不能危及工作。他們認為，在檢測中被逮到的人只是偽裝成男子漢，被逮到，揭露了其實他們只是小孩子，犯了不負責任的疏失。如果在檢測中被逮到，不管怎麼拚命保密，壞事終究會傳千里。PAP車出現，某個人被點到名接受檢測，接著就消失一個月，實在不難猜測發生什麼事。

講明了，根據這個觀點，犯的錯並不在於喝酒或嗑藥，在於被逮到。過了試用期後，要丟掉工作的方法並不多，但是三次沒通過藥物檢測絕對會被掃地出門，那為什麼還有人笨到要搞丟退休金（工作二十二年後就能退休，終身領半薪，享受所有福利）、升遷機會（有些人認為升遷是非常誘人的報酬）和一群關係緊密的朋友呢？

藥物檢測政策在一九九五年推行，有些老職員說這項政策使清潔隊員的工作變糟。但是實施檢測之前，在工作中喝酒和嗑藥是嚴重的問題。我聽過有人會帶著六罐裝的啤酒上垃圾車；或在前往工線起始點的途中先到酒吧（連日班的人也會）；或不論在工作地點或任何地方，從來沒有完全酒醒。不過後來國會立法規定，強制要求駕駛超過若干噸位的卡車，必須攜帶州政府發放的商業駕照；而且擁有商業駕照的人，如果要在用聯邦經費建造或維修的道路（基本上，全美的街道都是）駕駛卡車，就必須接受藥物檢測。紐約市清潔局依法使用PAP車進行檢測，工會反對，說這樣會侵犯隱私，造成過度的壓力，但是反對無效。[4]

PAP車來後，一旦名字被點到，就很難拖延檢測。吹氣酒測很簡單，但是尿液檢測就難了。收集尿液時，小隊長依規定要看著受測者尿到杯子裡，然而，有些人尿尿時被人看會不自在，就算沒人看，也很難在被要求時尿出來。

工會針對這種情況訂定了規則，清潔隊員如果被點名接受檢測，能有三小時讓膀胱蓄尿，以及解決各種導致尿不出來的問題。克茲很清楚這項規定，他會帶著半滿的水瓶，在分隊閒逛，不時喝一小口水，分隊長盯著他時，他就聳聳肩，露出搞笑的笑容，說：「抱歉，老大，尿不出來。我很努力了，應該快了，不會太久的。」就這樣，他和費德利克就一個早上不用去收垃圾。

我喜歡跟克茲和費德利克一塊工作，他們倆彼此相處融洽，跟他們在街上工作很自在。兩人工作資歷都夠久，遇到狀況能夠泰然處之，不會像菜鳥一樣容易緊張，就算小隊長發火大吼大叫，他們倆都不會被惹毛。雖然克茲偶爾會惡作劇，像是拿著水瓶喝水，拖延尿液檢測，但是兩人通常都會乖乖爬上垃圾車，認真工作，直到收工。

我很喜歡跟他們在一起，也很感謝有那麼多機會了解紐約市清潔局，然而，我終究只是觀察者，不是參與者。我要如何才能知道開自己的垃圾車環視紐約市是什麼感覺？每天那麼早起是什麼感覺？在眾目睽睽下穿著上頭有我的名字的制服是什麼感覺？

紐約市行政服務局給了答案；行政服務局負責幫紐約市政府的官僚處理官僚事務，主管數千項職務，其中一項就是公務員考試。行政服務局的傳單上寫說：「即將開放登記參加清潔隊員考試。」

6

成為正式清潔隊員

Being Uniform

規定很簡單，只要有高中畢業證書或同等學歷證明、居住在紐約市或距離最近的六個郡、年滿二十一歲，就能應徵清潔隊員的工作。要成為清潔隊員不會管你用意多良善、心胸多寬大，也不看應徵者的高中以上學歷、年齡、性別、宗教信仰、前科、政治關係。要取得這項工作，我只要依規定的步驟做，達到錄取標準即可。

規定或許簡單，但是成為清潔隊員的旅程竟然曲折而且充滿不確定性：有一百種方式會偏離或被驅離這條道路，失去工作機會，甚至有可能永遠失去。清潔隊員經常說，被錄用就像贏樂透一樣難，我始終不懂他們的意思。不過我即將了解到底是什麼意思。

二月時，我寄出應徵信，幾個星期後收到通知，詳細說明考試內容。五月初的一個星期六早上，天色暗淡，我前往下東區的喜活公園高中。街道滿地垃圾，天空烏雲密布，曼哈頓第三分區的這個小區，一百多年來都是紐約市最骯髒的區域。學校被兩條人龍圍住，隊伍起點在西側入口，沿著人行道向南北兩路蜿蜒，活像兩路螞蟻部隊，要回去向蟻后通報消息。窗戶上有窗門，牆上滿是塗鴉，看得出來這所學校的鼎盛歲月已經過去了，階梯老舊，形狀很像親切的微笑；教室裡有擦亮的木質地板，日光灑入高高的窗戶，照得地板閃閃發亮。❶

每位應試者和我都坐到各自的桌子前，四周的男生個個面無表情，肩膀向前垂，只有我一個女生。儘管天氣溫暖，但是每個人卻都穿深色服裝，沒人看著別人的眼睛。監考人員穿著襯衫和卡其褲，告知我們有兩小時回答七十五題複選題。

「你在前面公寓的路邊看見一袋垃圾、一個破掉的懶骨頭沙發椅、一個塑膠醃漬桶和一個木箱，」其中一題寫道，「在這些東西中，哪一個最容易被你滾動到垃圾車？」但是……這些東西有多大啊？懶骨頭是要保持原狀，還是丟成一坨？裡面的填充物會掉到人行道上嗎？我得滾動這些東西嗎？不能用搬或拖或丟的嗎？醃漬桶竟然是塑膠的，真可惜，如果是木頭的或許就能留下來。這讓我不禁想到，那個木箱裡會不會有很多寶藏？

「你在住宅區收垃圾時，一名男子走到你身旁說，清潔隊員沒有權利組織工會。清潔隊員只要把工作做好，不需要組織工會，要求公平待遇。他接著又丟一包垃圾到他的那堆垃圾上，然後回到屋子裡。你支持工會，你應該怎麼反應？」

蛋洗他家肯定大快人心，但是沒有這個答案可以選。我可以「到那個人的家按門鈴，禮貌向他解釋為什麼需要工會」。對，沒錯。我也可以「呈報小隊長，要求改派別的清潔隊員來這條街」。不過如果這個小區向來不只垃圾乾淨，而且居民在聖誕節時很慷慨，還有我是好不容易累積足夠的年資才取得這個差事，那我就不會要求調職。如果我不喜歡某些居民的政治立場，我會請求調離那裡嗎？不太可能吧。我可以「不理會他的見解，用平常心收掉他的垃圾」。顯然這是豁達的反應，但是我知道許多清潔隊員脾氣浮躁，會「拒收那個人丟的垃圾，好教訓教訓他」。

我思索片刻，要是我依照街上的實際情況來答題，會發生什麼事。那樣答題有創意，而且能揭露在清潔隊工作的內幕，但是我最後還是認為那樣做不明智。

一個月後，我收到通過筆試的消息，不過我漏答了兩題。（「妳怎麼沒答完？」一位局裡的熟人嘲諷說，「那個考試裡的問題就跟『喬治・華盛頓的白馬是什麼顏色』一樣簡單耶！」）考試成績另外加五分，因為我住紐約市，那是居民加分。根據總分，我取得了八九六的編號，這個編號將影響我接下來取得工作的每個細節。這個編號代表四千五百個人筆試考得好，能進一步應試，而我是有資格繼續應試的前一千名。我能比編號大於八九七號的人優先考試，但是得等編號小於八九五號的人考完。❷

體能測驗排在隔年一月進行，測驗地點在皇后區一間又大又空的倉庫。清潔隊員體能測驗區裡擺放許多垃圾桶、粗麻袋和各式各樣的木製品。監考人員解釋說，體能測驗就是要測量搬運重物的時間。第一關是用拖和抱的方式搬運垃圾桶，把垃圾桶倒空後再放回原位；第二關是用扛或拖的方式，搬運數個重量漸增的袋子，穿越與繞過各種障礙物，最後拋過一個擺得跟垃圾車車斗一樣高的障礙物。

他說明完袋子後，停了一下。「注意第四個袋子。」他降低音量對我說，「那個有六十五磅重。妳搬運時就算淚水狂流或鬼吼鬼叫都沒關係，使盡渾身解數把袋子搬到垃圾車裡就對了。」聽到他這麼說，我嚇了一跳，但是向他保證我會使盡吃奶的力量。

他問我準備好了沒，接著便說開始，並且計時。我搬完垃圾桶時，時間綽綽有餘。接著搬袋子，有些袋子我能搬著從起點走直線到垃圾車，有的則得繞過障礙物。要搬第四個袋子時，我蹲下身子，雙臂環抱袋子，用力呼氣，雙腿使勁打直，模樣看起來好笑極了。但是我順利抱起袋子，沒有發出咕噥聲，腳步沒有踉蹌，順利把袋子搬到終點。

測驗監考員微笑跟我握手道賀，我問有很多女生接受過體能測驗嗎？他說目前只有六個。他告訴我，前一天，有個女生敗在那個六十五磅的袋子，正因為這樣，他才會預先提醒我。他說那個女生哭了。「她當然會哭囉，她在紐約市清潔局的前程還沒開始就結束了。」我心想。

從一九四〇年起，想當清潔隊員的人就得接受體能測驗，那一年筆試吸引將近八萬五千名為經濟大蕭條所苦的應徵者，這個數字不僅是當時紐約市史上最高的公務人員考試報考人數，也是美國史上第二高的。約四萬五千人通過筆試，取得錄用資格，但是只有兩千五百個

職缺，清潔局沒料到竟然有那麼多人通過筆試。為了淘汰多餘的人，一名紐約大學的體育教授設計了一系列體能考試項目。❸

或許他有虐待狂傾向吧，清潔局局長自己也說新的體能測驗太過嚴苛，馬上被戲稱為「超人考試」。應試者必須躺在地板上，把八十磅的啞鈴高舉過頭；爬過七英尺高的圍欄；跳過一系列的障礙；把幾個一百磅的桶子抬到跟腰一樣高的平台上；雙手各拿五十磅的重量，全速奔跑一百碼。❹這些測試項目跟工作需要做的活動很少相似，但是確實淘汰了許多人。

這些年來，測驗有所調整，應試者不用再爬圍欄、跳越障礙或衝刺百碼；但是在一九八〇年代之前，體能測驗一直沒太大的改變，是在一九八〇年代才開始出現幾次修改。通過早期考試的僱員能指出其嚴苛之處，證明自己很強悍，但是比較新的僱員就沒辦法這樣說了。「以前的考試是男子漢的考試。」比較資深的清潔隊員解釋說，「現在的考試是兒戲。」

這要怪誰呢？

自然是怪女人囉！

有些男人有偏見，認為女人當「垃圾人」實在是……不成體統，就像會說話的狗，或會跳舞的熊。他們認為，女人不應該當制服清潔隊員的理由再明顯不過了，連解釋都覺得痛苦。

但是我好不容易說動他們清楚解釋給我聽後，卻發現他們的邏輯竟然是這樣。

清潔隊的工作是給男人幹的——有男子氣概的男人。強健的體能和發達的肌肉是最重要的條件。真正的清潔隊員要會開黃腔和講粗話，才能在清潔隊贏得一席之地；而且要有自信、男子氣概和韌性；能輕鬆駕馭垃圾車；就算面對奇臭無比的垃圾也不會退縮，這樣才能勝任街上的工作。

女人的理想工作是打理家事，讓有男子氣概的男人去冒險，面對世界的危險。如果女人必須工作，那應該選擇教書和護理之類的職業，比較適合女性與生俱來的柔弱體能和溫柔天性。但是現在卻出現女清潔隊員，自認為比得上從一開始就幹這項工作的男清潔隊員。拜託，女人手無縛雞之力，不僅槌子敲不好，丟球也軟綿綿。這樣女人每天應該收多少噸的垃圾呢？拜託，女人根本不知道垃圾車運轉的時候有多吵。女人會換輪胎嗎？女人太敏感嬌弱，連分隊的黃腔粗話和潛藏在垃圾裡的恐怖東西都無法承受，竟然想要跟男人一樣，面對街頭的考驗，拜託。真不知道第一次老鼠爬上褲管，或蛆掉到頭髮裡，女人會怎樣？

除了這些關於能力和特質的刻板印象，還有對行為的偏見。有男子氣概的清潔隊員不會逃避艱苦的差事，總是會克盡己職、會犧牲自己保護朋友，甚至會忍受某些不公平待遇，沒有怨言。女性清潔隊員則會要求在辦公室工作，或是其他的輕鬆差事（以前輕鬆的差事都是給受傷復原中的人員做的，現在仍然應該是那樣）。女人光是出現在分隊就會讓原本自在的場所變得跟教堂一樣緊繃。女人每個月一定會有幾天派不上用場；還有，女性會需要男性搭檔幫忙；女人會捏造性騷擾的指控，報復憑空臆測的輕視，或報復男主管沒有讓她升遷，或報復男人回應她的挑逗時冒犯了她。

就算有些男人沒有抱持這樣的偏見，認為女人跟男人一樣，工作可靠、對同事忠誠、善於操作設備、聽到粗話黃腔不會感冒，但光是女人在清潔局的地面部隊能掙得一席之地，就會改變每個男清潔隊員的形象：強悍的垃圾人不見了，被溫柔的清潔隊員取代了。現在這個工作誰都能做，連手無縛雞之力的人也行。

上述這種或許有些誇張的想法雖然沒有像以前那麼普遍，但是仍有人堅信事實確實如此，如同許多文化觀所展示的，對女性「合宜」角色的理解屬於對生命和更廣大世界之安排的信仰中。反對女人當清潔隊員的男人不是在表達不滿或憤怒，而是在反對世界秩序出現重大瑕疵。但是他們沒注意到，世界秩序幾十年來一直在變遷。

一九六〇年代和一九七〇年代初，在許多因素催化下，文化轉變橫掃美國和全球許多地方，其中一項因素就是長久以來被拒於分享國家豐碩成果之門外的各個族群憤怒了，女性正是其中一個族群。女性要求平等的工作權、同工同酬，以及享受基本權利，像是以自己的姓名開立銀行帳戶。換句話說，女性想要本來就屬於她們的公民權利。

批評者說女權分子是激進分子，但是立法者無法無視女權分子。一九七二年，國會通過

《平等就業機會法》，規定以前全由男性擔任的職務必須開放給女性。一九七四年，清潔局規畫「清潔隊員」考試時，不甘願地允許女性應試。當時局長保證，倘若真的有女性被錄用，會叫她們穿白色衣褲套裝去掃街。❺有一名女性通過筆試和體能測驗，不過最後沒辦法被任用，因為市政府陷入財政危機，清潔局下令暫停招聘，許多年後才又舉辦考試。

一九八〇年代初，清潔局開始把三人工作小組改為兩人，幾年來經歷多次協商，最後才達成雙方都滿意的結果：清潔隊員增加薪餉，市政府則獲得空前的工作效率。清潔隊員因為讓步而獲得讚許，使清潔隊的名聲如日中天，結果這成了女性最後加入清潔隊的重要因素。

長時間凍結聘僱，使得清潔隊成為紐約市最後招收女性的制服單位，清潔局的領導階層密切觀察消防局和警察局招收女性的過程，藉此了解一些值得仿效的做法和許多應該避免的錯誤。一九八六年，清潔局終於宣布招考清潔隊員，局長史德碩開辦訓練課程，協助女性應試者準備考試。❻筆試維持不變，但是體能測驗則有所修改（應試者仍得在短時間內搬運超過一噸的重物）。他聘請顧問，主持性騷擾研討會讓高階主管參加；高階主管再籌辦類似的研討會讓下至小隊長的所屬幹部參加；而小隊長再把新學到的知識傳授給清潔隊員。史德碩局長親自跟清潔隊員溝通，提醒他們，三人小組變成兩人的政策幫他們贏得大好名聲，他們真的要為了排擠女性把自己弄臭嗎？

那一年，四萬五千人參加筆試和體能測驗，四萬四千人通過考試，其中有一千三百五十七名女性。清潔局抽籤把一百三十七名新進人員湊成一個梯次，每梯次有兩名女性。工會強烈抗議。「錄取率超過百分之九十八，」國際卡車司機工會紐約市八三一號地方分會的幹部爭論說，「這表示考試太簡單，會降低目前清潔隊的工作能力和成效。」[7]他們提出訴訟，阻止任用考取人員。他們也反對兩個分隊正在興建新的女性專用更衣室和浴室，爭論說紐約市各地的男清潔隊員也應該要有新設施，許多男隊員忍受破舊的設施好多年了。一九八六年夏天和秋天，雖然官司纏訟各級法院，但是清潔局仍逕自任用創局一百零五年來首次任用的兩名女清潔隊員。山德森，二十一歲，來自皇后區；帕邦，三十歲，來自布魯克林，兩人因此成為當地的名人。

我加入清潔隊時，女性擔任清潔隊員已經很多年，甚至有女性擔任要職，多數男性已經欣然接受女性擔任清潔隊員，但是偶爾還是會有男性故意找碴。

有一次，值班快結束時，我們幾個人坐在餐廳，現場只有我是女的。當時可能整個分隊也只有我是女的。我正在想該怎麼解決眼前的窘境。

五顏六色的衣物櫃和櫥櫃沿著牆邊擺放，每個門都被打開，裡面都用膠帶貼著衣不蔽體的裸女圖，可以看見她們性感的屁股、豐滿的乳房和噘起來的豐脣。那些雖然不是赤裸裸的春宮圖，但絕對是色情圖片，故意要貼給我看。

有一張從書上撕下來的摺頁格外顯眼，圖裡的模特兒一頭金髮微微飄離臉龐，身上一絲不掛，只穿紅色細高跟鞋和一件黑色摩托車夾克；夾克拉鍊沒拉，稍微往後垂落肩膀，露出完美的胸部。她蹲得低低的，雙膝打開，盯著相機，一臉驚訝，也可能是驚慌吧。我知道為什麼，因為她的鼠蹊部跟嬰兒的一樣，一根毛都沒有。顯然這個成年女子少了普通女性發育的第二性徵，我從沒見過這樣的圖，我得用意志力控制自己才能不去盯著那張圖。

餐廳裡的男生大多安靜沉默，只有一個我以前沒見過的男生在講話，講得又快又大聲。我實在不想被裸女圖包圍，但也不想露出裸女圖令我不安的跡象。我走到外頭待了片刻，回到餐廳後，衣物櫃和櫥櫃的門關上了，男生都恢復正常，只有剛剛那個大聲講話的人除外。他獨自靜靜坐在角落，一臉不爽的樣子。

二〇〇四年一月，女性融入清潔隊的明確跡象出現，不過卻是悲劇。巴里安托斯，工作資歷九年，爬到E-Z Pack全自動化垃圾車頂部清除垃圾，她的搭檔不知道她在上面，升起垃圾車的機器手臂，結果機器手臂打到她的頭，她因而成為第一位因公殉職的女清潔隊員。她的喪禮使布魯克林紅鉤區的一間大型羅馬天主教教堂擠滿了人，紐約市長和清潔局局長都有出席，清潔局儀隊和翡翠協會風笛鼓樂隊也有到場。靈柩上蓋著國旗，一名號角手吹奏〈安息曲〉，一架警方的直升機低空飛過。她的同事，不論男女，都放聲哭泣。幾個月後，布魯克林北四分隊變成第一個為了紀念女清潔隊員而命名的分隊。

第三部　清潔改革史

Part Three: Species of Reform

7

遍地髒汙

Tubbs of Nastiness

如果男性清潔隊員深入了解以前是誰在清理垃圾，以及如何清理垃圾（其實應該說為什麼沒有清理垃圾），或許就不會那麼強烈反對女性來做清潔工作。在大部分的紐約史中，保持街道乾淨和有效清除垃圾似乎是辦不到的事，就算在紐約市遍地垃圾的時代也一樣。❶政治人物和金融家認為街道日趨骯髒是紐約市發展繁榮無法避免的結果，這種心態令紐約市居民人人都身陷險境，甚至可能會害死許多人。這也意味負責幫紐約市處理垃圾的人始終被忽視。

一六二四年，約莫一百一十名男人、女人與孩童從歐洲移居荷蘭在北美的殖民地，定居長島的西側、哈德遜河流域以及曼哈頓島的南端。❷一六二六年，另一群移民加入他們，但是這十一個人來自荷蘭在加勒比海和非洲西岸的殖民地，並非自願前來；後來還會有許多奴隸來到這塊殖民地，而這十一人是最早到的。

非洲人有時候會跟歐洲人一起工作，但是大多聽從歐洲人的命令工作，充當這座小鎮的工人，負責清除樹林、把沼澤地弄乾、鋪設道路。❸他們挖了兩條運河，分別是君主運河和比較小的海狸運河，並且在島上築了一道牆；數百年後，那道牆將成為舉世聞名的華爾街。他們的例行工作包括清除歷代原住民留下的巨大貝塚，接著燃燒貝殼和石灰石，拿來建造屋外廁所和墓地。❹此外，他們也負責清除垃圾。❺

一六五七年，這座城鎮頒布第一部維護街道清潔的法規，禁止居民把「垃圾、汙物、牡蠣殼、動物屍體等物體」丟到街道上或運河裡。當時主管機關也預見必須選定都市固體廢棄物處理設施的地點，因此用法律明文規定，垃圾只能丟到五個指定的垃圾場，❻包括「東河的繩串、市政府附近（現在的珍珠街和同進巷）、絞刑台附近（珍珠街和白廳街）、亨利威廉麵包店附近（大橋街和百老街的西北角）、丹尼爾．李斯科的家附近（牆附近的珍珠街）」。我很好奇，住家附近變成鎮立公設的垃圾場，麵包師傅亨利．威廉和丹尼爾．李斯科不知道有何感想。❼把垃圾丟在別處會被處以罰金，累犯的罰金則會逐漸提高。❽

當時大家肯定覺得這條法令很怪，因為直接把垃圾丟到河裡很輕鬆啊。在這塊殖民地的西岸，北河（當時還沒改稱哈德遜河）水流強大，加上容易進入東河附近的沼澤窪地，新阿姆斯特丹的居民能輕易把想丟棄的東西丟進河裡。垃圾有時候不單是廢棄物，也可以變成容易取得的建材，居民能拿來填築海岸線、建造堤岸和穩固碼頭地基。荷蘭人從沒擴張到離曼哈頓島南端太遠，但是他們引發一股趨勢，數百年來被熱烈仿效。他們往外造地，尤其是往東河裡造。下曼哈頓的珍珠街取名自閃閃發亮的珍珠貝殼，珍珠街以前其實是紐約市的東海岸線，遍地珍珠貝殼；但是現在珍珠街在內陸，離海兩、三個街區。[9]

就算殖民地居民遵守新的衛生清潔法規（有證據顯示他們沒有），還是有另一個同樣普遍的街頭垃圾來源。殖民地總督史岱文森發現，閒逛的豬和牛不僅再度毀了他的花園，也破壞了要塞的新建設施，而他剛好住在要塞裡。於是他下令關好所有牲畜，但是命令卻沒有被貫徹執行。這可能是因為不是人人都了解這道命令，當時新阿姆斯特丹的居民「有十八種不同母語」。[10]儘管報導說史岱文森火冒三丈，豬還是很快就又到處遊蕩。[11]

不僅街道骯髒和豬隻亂闖的問題日益嚴重，此時君主運河和海狸運河也令人頭痛。這兩條運河幾乎從起點開始就很吸引人往裡頭丟垃圾。[12]法律禁止居民丟任何種類的廢棄物到街上或運河裡，但是居民經常無視法律，尤其到處都有人傾倒「髒臭盆」，也就是尿壺和糞桶。運河裡有汙水、腐爛的動物內臟和腐敗的垃圾，退潮時就會發出惡臭。運河會定期清理，幾乎都是奴隸工人在做，然而總是徒勞無功。每次清潔隊員清理到晚上，隔天回去就會發現，昨天清理過的地方又有新垃圾。[13]

一六六四年四月，一名鎮上的治安官詢問該怎麼處理「街上幾個地方」的幾具豬屍體。他想「避免那些地方傳出惡臭」，上級叫他派「城裡的黑奴去把豬的屍體收掉埋了」。[14]但是，沒過多久，荷蘭人就不用再為分派工作和街道清潔操心了。八月，四艘英國戰艦出現，火砲瞄準新阿姆斯特丹，史岱文森不僅兵力輸人，火力也輸人，甚至沒有足夠的飲用水撐過圍攻。[15]他原本打算背水一戰，但是城裡的商人，包括他的兒子，苦苦懇求，力勸他拱手投降。

這座原本乾淨的村莊現在不再乾淨了，也不再屬於荷蘭人，但是居民仍聚居在牆的南側，也持續吸引來自歐洲各地的移民。英王用胞弟詹姆斯的頭銜「約克公爵」(Duke of York)來為這座新港口命名，稱為「新約克」(New York)，也就是紐約。

歷史並沒有記載，新阿姆斯特丹（也就是紐約）的居民，比後來遷入其他美洲殖民城鎮的居民還要骯髒成性，「隨意把各種垃圾和廢棄物丟到街上」是常見的做法。[16]英國人鋪了一些路以減少塵土飛揚，也挖了更多井，不過井水只適合用於滅火。[17]一六七六年，君主運河和海狸運河被填起來，可能是派奴隸工人填的吧，無疑，這讓順風處的居民都感到寬心。[18]有居民抱怨屠宰場和皮革工廠傳出「惡臭」，於是那些業者便搬出市區，搬到牆的北側。[19]

當時跟現在一樣，運送垃圾是一大難事，一群貨運車夫取得運送各種貨物的壟斷權利，但是有條件，他們必須停止「說髒話」，還有答應幫忙載送垃圾，[20]包括住家前面本來應該由居民自行每週至少清除一次的垃圾，不過「街上的居民必須把垃圾搬運到馬車上」，[21]車夫才肯收。換句話說，跟現代的做法不同，當時居民必須自己把垃圾放到馬車上，否則到街上載送垃圾的車夫就不收。收垃圾不是受歡迎的活兒，因為車夫幫當地商人工作獲得的報酬遠高於收垃圾的報酬。所以那群車夫排了輪值表，共同分攤這項苦差事。[22]

一六八四年，每個行政區派駐一名治安官，依令執行街道清潔法規。就這樣，治安人員開始正式協助維護公共衛生，這種做法從此一直維持下去，不過歷經多次變革。一六九四年在紐約的衛生史中相當重要：第一次徵收特別稅，支付街道清潔監督員的年薪。十年後，清道夫出現在市政府的發薪名單上，每個清道夫都被賦予特定街區的管轄權。[23]

幾十年來，紐約市嚴格禁止居民讓糞桶溢出，或把尿壺倒到街上（不過冬天晚上十點過後與夏天晚上十一點過後，可以把糞便倒入河裡）。但是這類法規的頻繁通過，可見夜間汙物，也就是糞桶與尿壺裡的屎尿，始終是個問題。儘管以前法令就規定屠宰場、皮革工廠、釀酒廠、蒸餾酒廠和化製廠必須遠離人口稠密的地區，但是業主仍舊想蓋在哪就蓋在哪，因此這些工廠會跟住家、酒吧、教堂蓋在同一個街區。染房、澱粉漿製造廠、鞋匠、獸脂蠟燭製造者，被列為所謂的公害行業，會把廢棄物丟到街上、沿岸和水道。

十七世紀結束時，有將近五千人擠在曼哈頓南端，都市垃圾不僅數量越來越多，種類也越來越奇怪，有人類和動物製造的、固態和液態的、有毒和無毒的，居民、貨運車夫、治安官、清道夫、奴隸勞工、契約勞工、市府參事、市長，都似乎永遠無力處理。此時，不論達官顯要承不承認，公共衛生和紐約市大街小巷的清潔確實休戚相關。紐約市無法或不願保持潔淨這一點將會變成催化劑，引發持續超過一百年的災難。

這場災難從黃熱病開始。一七〇二年，黃熱病初次出現在紐約。患者會感覺不適，臥病在床，大約一天後會感覺好轉，接著併發黃疸，因此這個病最後被稱為黃熱病。併發黃疸不久後，患者會開始劇烈嘔吐「黑色」嘔吐物，接著很快就會死亡。思想陳腐的人認為這個駭人的疾病是天譴，懲罰犯下滔天大罪的人。被指稱有罪的人通常是新來乍到的移民，也是最窮的居民，他們早已背負恥辱。當時的人認為是他們自己招來這種天譴的，不過儘管許多正派誠實的居民確定自己沒有罪愆，認為自己不會染病，還是逃離了紐約。

原本充滿生氣的街道，變得荒涼寂靜。農夫不敢入城，因而可能導致饑荒。恐慌的家庭紛紛把患病的母親、孩童、祖父母丟進水溝；每天都會有人用推車收幾趟屍體和垂垂將死的人；掘墓工一次得在公墓埋葬數十具屍體，罹難者沒辦法告解，靈魂無法獲得赦免。這波黃熱病肆虐，造成市長、幾名市議員和其餘五百七十人患病死亡。[24]

在整個十八世紀，黃熱病數度肆虐，瘧疾、天花、百日咳和痲疹也是，侵襲男女老幼。市政府為了緩解瘟疫，增加鋪設街道。不論是泥路還是鋪了石子的道路都有糞桶裡的穢物（糞桶的穢物不應該倒在街道上），來自豬、狗、牛、雞、羊、馬的各種排泄物，以及大量各種常見的廢棄物。因此，一七〇三年，新鋪卵石的街道中央會挖溝渠作為疏通用的水溝，讓各種垃圾能流到河流，進而漂入海洋。然而，潮水卻無法沖走垃圾，最糟的是，垃圾反而漂流在垃圾堆之間，不知道要漂到什麼時候，圍繞著停泊碼頭的船隻，味道活像餿臭的湯。

一七四〇年，一名本職是醫生的政治家，名叫柯登，對紐約進行調查，指出泥濘地區和沼澤地區向來骯髒潮濕，鄰近地區的疫情最為嚴重。他刊登的論文論及要全面防止疾病侵襲紐約，尤其是黃熱病，就要改善環境衛生。郡議會和市議會害怕未來會再爆發流行傳染，認真參考柯登的見解，通過了紐約第一部涵蓋範圍廣泛的公共衛生法規。[25]

舊的街道清掃法規經過增修後重新提出，最後實施；禁止不當傾倒夜間汙物的法規也「再次」增修施行。會破壞環境衛生的行業不得設置在住宅區，這是最早的都市區域劃分政策。（於是這類行業加入已經聚集在市區北部的其他行業，堆積池〔Collect Pond〕就在附近，水很深，原本水光粼粼，但是迅速變得汙濁。）他們不得在天氣溫暖時，將廢棄物傾倒到市區街道上（在冬天仍可以）。汙水爛泥堵塞的碼頭水道進行疏浚或填土；肉品市場被遷出，舊地經過清理；肉販和魚販必須遵守新規定，注重銷售獸肉、禽肉、魚肉的品質。所有外來船隻都必須嚴格隔離（因為或許不是每一種疾病都是在當地發展出來的）；沼澤、泥塘和濕地進行填土，水不流動的池子得到清除。主管機關不僅「再度」下令豬、牛、馬和羊必須關起來，也「再度」下令狗必須拴好。

正如柯登所料，黃熱病和其他疾病變得比以前和緩。接下來數十年，他的公共衛生改革或多或少繼續推行，居民也繼續遵守，但是還有其他問題。街頭仍遍地都是灰燼、動物內臟、汙水和其他穢物；在君主運河填成的百老街底下和其他地方，排水溝經常淤積堵塞，發出難聞的惡臭，引來大群蒼蠅。[26]

美國獨立戰爭導致紐約陷入停頓。一七八三年，英國人終於離開，當時紐約有約莫一萬兩千名居民，差不多是戰前人口的一半。這舒緩了某些長期的公共衛生壓力，但是戰後人口暴增，殘存的都市基礎建設很快就不敷使用。

一七八四年，三名市府行政首長被派去執行街道清潔法規，但是起不了什麼作用。一七八八年，市長抱怨私營承包商使用「罪犯和遊民」清潔街道，「使勤勞的窮人失去生計」。[27]那一年，還有一七九二年和一七九五年，發臭的排水溝、發霉的地窖、一堆堆沒人清理的街道塵土、一堆堆糞肥、屠宰場發出的臭味、腐爛的動物屍體，引發大陪審團起訴市議會，可惜沒有造成什麼改變。[28]

可怕的黃熱病難以捉摸，在幾個夏天裡奪走數百條患者的生命，不過仍舊是推動改革的動機。[29]一七九八年又爆發大流行，市政府大感驚恐，這次疫情造成的災難直比一百年前的那次。一名目擊者寫道，這次黃熱病絕對是「當地引發的瘟疫。居民堆積排泄物、發出惡臭的糧食和各種髒東西，徹底汙染了紐約」。[30]

缺乏乾淨的水使情況雪上加霜。其他城鎮會用水來做各種事，包括沖洗街道，但是紐約沒有。紐約最後的可靠水源是私人擁有的茶水泵（Tea Water Pump），數十年來都是在抽取堆積池底下深處的泉水，但是就連這個水源也「已經被排泄物、蛙卵和爬蟲類汙染了」。[31] 有資料指出，「茶水泵的水很噁心，喝了非常容易生病」，並且警告說，「紐約發展得越大，這種災害就越嚴重」。[32]

一八〇〇年，紐約有六萬名居民。[33] 住宅、公司行號和心懷抱負的人們擠滿曼哈頓島南端，建築密集擁擠，街道錯綜複雜，居民生活緊繃，而且街道比以前更骯髒。因為紐約市的許多垃圾，包括糞肥和其他有機廢棄物，可以賣給農民，政府有意讓清潔街道成為財政能自足的事業。然而，貪官汙吏有許多機會貪贓枉法，導致市政府不僅難以維持街道清潔，也難以維持財務清白。用清道夫的監督員為例子就能說明問題所在。這個職務是在一八〇三年設立，由希區考克擔任，他當過量穀員。他無所不騙，欺騙收糞肥的清潔工、運送糞肥的船夫、收購糞肥的農民，還有負責監督他的上級官員。

紐約人仍然在河邊造地，不過並非人人都贊同這樣做，有一群居民就反對在格林威治街和海狸巷填地的計畫。「慘痛的經驗證明了，擁擠的人口居住在**人造地**上，必然會增加惡疾侵襲的機率。」一八〇四年，請願人威爾金斯提出這樣的論述，希望防止「致命的黃熱病再次爆發，因為黃熱病曾經造成莫大的苦難」。無奈地最終還是被填起來。[34]

紐約也往北擴展。紐約主管當局樂見這股風潮，但是想要擴展得井然有序。他們認為：

「還有比這更好的辦法能促進經濟穩定繁榮嗎？」他們也認為，理性成長絕對有助於導正市民的心靈與精神，甚至產生管束的作用，因為市民似乎長久以來都沒有規矩。[35]

曼哈頓有許多高地、谷地、裸露的岩地和窄長的峭壁，其中又分布著溪流、地下水泉、沼澤濕地、草地和森林。要審慎考慮這些地形，才能周密規畫街道，以前的規畫人員這樣認為，但是政治家卻有不同見解。

仔細調查數年，確切詳盡記錄曼哈頓島後，一八一一年，有人在一張超過八英尺長的地圖上公布一項計畫案。[36]地圖上畫著橫擺的曼哈頓島，島的南端就像一根粗短的手指，指向左邊。那個地區用紅色顯示，彷彿那根手指和相接的手掌有太多居民擠在太小的空間，被擠壓到紅腫。從曼哈頓島的南側起，往北橫畫十二條水平大道，跟數條垂直大街相交，一直畫到遠處標為第一百五十七街的地方。[37]這些街道在一萬一千英畝的土地上畫出超過兩千個街區，呈現連續格狀，每個方格面積平均，裡面不得有任何障礙物或特殊地形。

這項計畫被稱為「格狀計畫」，不僅大膽無比，而且規模浩大，不過連支持者也認為近乎古怪。下曼哈頓的居民住在擁擠的狹窄樓房，肯定認為這項計畫打算建造的都市是無法實現的天方夜譚。[38]不過由於當代第二個大膽的計畫，這座看似不可能實現的巨城竟然快速建成，快得出乎所有人預料。

一八二五年，伊利運河開通，紐約的命運徹底改變。一噸麵粉在水牛城價值四十美元，經由陸路運到紐約需要三週，價格增加到三倍；但是若是經由運河運送，同樣一噸麵粉八天就能運達，運費只要約六美元。[39] 原料和農產品由西往東運，人們則由東往西移，定居運河沿岸以及更遠的城鎮，往返紐約市。紐約疾速成長，每年遵照「格狀計畫」建造十英里街道。雖然街貌擴展，經濟繁榮，但是都市生活的汙染問題也日趨嚴重。到一八四〇年代初期，紐約臭得令人作嘔，船員說離岸六英里就能聞到臭味。[40]

8

官員貪汙腐化

A Matter of Spoils

一八五〇年有超過五十萬人住在紐約，比一八〇〇年增加將近十倍，幾乎都是透過移居。新移民疲憊下船，或從蓄奴的南方自行前來，卻發現支薪的工作很少，就算找到工作，工作條件也很不人道，而且基本必需品，像是健康的食物和乾淨的水，都是無法取得的奢侈品。許多人抵達時極度病弱，根本沒辦法找工作或住所，但是私營醫院拒絕幫他們治療。❶最倒楣的下場就是橫死街頭。街頭遍地腐爛物體和糞便，在這些被稱為「市政府布丁」（Corporation Pudding）的垃圾中，有時候很難辨識出屍體。❷

一八五一年，一項研究指出，如果落實基本公共衛生措施，該年紐約的死亡人數可以減少整整三分之一。❸一八五三年，大陪審團展開調查，想查明為什麼街道仍舊那麼骯髒，尤其因為有許多經費可以清潔街道。但是清潔街道早就被發現是項容易貪汙的工作，令人無法抗拒。監管清潔街道的人會捏造有名無實的虛職，收受取之不盡的錢財，這些錢用途很多，不過不是用於清潔或打掃。大家都知道，清道夫首要忠於當局，打掃工作是其次，甚至不重要。這樣的情況導致災禍：到一八六〇年，紐約每年死亡率高達三十六分之一，全球數一數二。❹紐約的垃圾雖然害死了無數人，卻讓許多商人大發利市。❺

有些比較低層的階級也會善用無限的垃圾，不過運用的規模小多了。如果知道該到哪裡找什麼樣的垃圾，而且有耐心，在足夠的天數撿足夠的垃圾，多少能賺取穩定的收入。撿垃圾是少數始終有女性的工作之一。深陷貧困的女性，如果善於尋找、評估與私賣垃圾，就不用去救濟院，甚至不會早死。❻她們的孩子也會學習類似的專長，有些小孩還在學走路時就開始學撿垃圾了。❼紐約比較有錢的居民不喜歡這些小孩，管他們叫小乞丐、拾荒小鬼、碼頭老鼠、河流小偷和街頭頑童。❽

住在五點區、拾荒區和其他東區貧民窟的婦女和孩童，會一起或獨自到街頭撿垃圾，「拿著鉤子，抱著籃子，背著麻袋，走遍貧民窟，搜查菸灰桶和菸灰盒，仔細查看裝垃圾的容器」，尋找骨頭、魚頭、破布、紙、鐵線、繩線、皮革、釘子、馬蹄鐵、瓶罐、棉花、羊毛、木塊、金屬塊、煤渣，簡單說就是「還有價值或沒壞還能用的東西」。❾他們經常到貯木場、屠宰場、磨坊、奶製品農場的入口。在市立垃圾場能盡情撿垃圾，不過婦女和孩童只能找契約僱用的男清潔工找過的垃圾堆。❿有些婦女會跟在垃圾船上工作的男人結婚，生活比較穩定。丈夫站在船上，閃避推車從上方碼頭傾倒下來的垃圾，接著撿出有價值的，婦女則負責分類與捆綁。[11]一家子都投入這個工作，有時候住在碼頭底下。環境很糟，「但是還是有人能習慣，」一名憤世嫉俗的評論家寫道，「就像據說鰻魚已經習慣被剝皮一樣。」[12]

婦女會把能賣的東西賣給中間人，經常賣給掌控紐約貨運生意的愛爾蘭移民。[13]一八五〇年代中期，貨運車夫比以前還要多，在紐約街頭賣命工作，不過四輪貨運馬車和其他大型運輸工具也變成運送貨物到紐約各地的常見選擇。這些運輸工具需要比較大的力量才能拉動，得由兩頭以上的馬來拉，因此需要技術和力量能操控馬的人才能勝任。[14]這些車夫被稱為貨車駕駛（teamsters）。不同於貨運車夫，貨車駕駛很快就取代了貨運車夫的大部分工作，貨車駕駛不全是白人。[15]然而，他們的知識和技能都無法幫他們贏得別人的敬重，跟貨運車夫一樣，貨車駕駛被認為是低下階層（鄙視他們的人說這是因為他們身上有馬臭味）。[16]紐約經濟欣欣向榮，貨車駕駛能找到穩定的工作，但是貨運車夫仍在很多年以後才徹底消失，因為他們的貨運車大小適中，仍是收家庭垃圾的最佳選擇。

在社會光譜的另一端，聯邦衛生委員會成立於內戰期間，負責改善北方聯邦軍營和醫院的衛生環境，親眼目睹基本的個人清潔和簡單的公共衛生確實影響軍人的復原和健康。[17]許多衛生委員都來自紐約，他們認為，如果軍營能改善衛生，都市裡的貧民窟也行。不過那些貧民窟的衛生有多糟呢？紐約市民協會著手尋找答案，展開空前耗時費力的衛生調查。[18]紐約被劃分成三十一個分區，每個分區派一名醫生，到每個街區的每棟建築詢問每戶人家同一套問題。畫家會陪同醫生前往，將所見草繪下來。調查結果彙整成十七本書（最後濃縮刪減成五百頁）。[19]

《紐約市民協會個人清潔與公共衛生調查會全市衛生條件報告》提出嚴厲批判，指出完全可以遏止的疾病卻猖獗肆虐，像是天花（超過三千兩百個病例）和斑疹傷寒（兩千個病例，但是真正的數目可能是兩倍），每個死亡的人大約都平均生過二十八次病，在某些住宅區，隨時有百分之五十到七十的居民正在生病。[20]撰文者指出，這些生病的人都是無法去工作的工人，如此必然能讓商業界意識到問題有多迫切需要解決。[21]撰文者也想清楚告訴上層紐約人，疾病可不會管貧窮地區和富裕地區之間的界線。[22]他們認為，紐約市必須設立「有效能的衛生委員會」，由「精熟疾病知識」和「習慣處理緊急事務」的人組成，最重要的是，必須不受政治或黨派影響。「我們相信大家會肯定這種改革。」他們堅定地補充道。[23]

然而，官員始終不理會這份報告，直到一八六五年十一月，一艘乘客感染霍亂的船從歐洲來到紐約。醫生和政治家都知道，冬季的寒冷天氣只能暫時延後疾病肆虐，一八六六年二月，州議會不僅批准設立紐約市衛生委員會，並且授予實權。警察強制執行健康衛生法規，要求清潔整個社區：公寓、街道、巷弄、茅廁都經過清潔與消毒。在有些住宅區，居民甚至被強制搬離住家，送到診療所。那年春天，霍亂侵襲，只奪走幾百條人命，不僅比預期少了許多，也少於其他城市的死亡人數。[24]美國各個城市旋即仿效國內第一個市立衛生委員會。對紐約人而言，不幸的是，衛生委員會剛好成立在坦慕尼協會（Tammany）最貪婪的歲月。

坦慕尼協會創立於十八世紀末，目的是要對抗大多由貴族組成的紐約聯邦黨，它有兄弟會組織的特質，[25]最初的目標可能是結交同好，但是內戰結束時，協會的核心集團（Ring）掌控了空前的權力。坦慕尼協會幾乎掌控紐約政府的所有層級，下起紐約市和紐約郡，上至司法系統、州長和審計委員會，而審計委員會又監管紐約市的財政，方便上下其手。[26]編列用於清理街道的預算不斷激增，有很大一部分落入當地官員的口袋；清理街道的工作變成人人垂涎的閒職，虛有其名的清道夫定期給上司和行政主管回扣。企業支付大筆酬金收買內線消息，非法取得合約。市民抗議這種詐欺行為，內部政客視而不見，無能為力的觀察家也只能表示無奈，骯髒的街道變成全國的醜聞。公共衛生改革人士眼睜睜看著自己在一八六〇年代取得的成果消失殆盡，紐約市繼續髒下去，許多窮人死亡，一八七〇年嬰幼兒死亡率為百分之六十五，高過一八一〇年。[27]

一名心懷不滿的低層職員協助鬆開坦慕尼協會的魔爪。一八七一年，他把帳冊交給《紐約時報》，揭發核心集團貪贓枉法、罪大惡極，不能再視而不見。新聞界也沒有隱瞞，如實報導。核心集團的首腦特威德，綽號「老大」，被捕後又逃脫，不過最後仍然被緝捕歸案，情節宛如戲劇，成為轟動社會的新聞。[28]

成功推翻坦慕尼協會的首腦讓新聞界士氣大振，繼續挑戰其他問題，像是街道清潔。街道清潔科收到的經費越多，做的工作似乎反而越少。許多地區的商人指出一堆堆臭烘烘的證據，抱怨好幾個月沒看過清道夫或貨運車夫。一八七四年四月，一連串報紙報導提出貪汙舞弊和其他濫權行為的證據，州議會出手干預，建議街道清潔科改變實際做法，但沒得到任何回應。[29]「多數閱歷豐富的紐約居民感到無奈絕望，」《紐約時報》感嘆道，「認為主管機關不可能會徹底清潔街道。」[30]

一八八一年，獨立的街道清潔局終於成立，但是擁有的權力非常小，[31]合約隨時會未經監管或審查而被授予或取消。街道清潔局、公共工程局、衛生局、警察局，這幾個機關和市長辦公室共同負責街道清潔，結果一點也不令人意外，沒有一條街是乾淨的，不然就是不常有人清理。「這年春天的整個清潔街道工作，」一名時事評論家寫道，「強而有力地證明，許多人在胡搞，把公共工程當成是在分贓。」[32]

「紐約市居民應該想辦法了解，為什麼一個專責部門每年花市民的錢遠超過一百萬美元，但是市民卻沒辦法擁有能夠忍受的街道。」另一名評論家怒道，他怪「街道清潔局沒有睿智的方法，沒有適任的專家或適當的支援，只有腐敗的地方政黨在破壞局內的一切力量」。[33]

「您知道您居住的這座大城，市區街道長久以來髒亂不堪，令人作嘔嗎？」一八九〇年，一名氣憤的居民寫信給市長，「為什麼街道會如此髒亂，活像豬圈呢？掃帚、鋤頭、清掃工具、馬、貨車和工作人員不夠嗎？還是街道清潔局被大財閥行賄收買了？」[34]

衛生改革人士因為抗爭而感到疲累，開始認為就算激烈抗議，就算全心全力投入改善衛生的紐約市民努力不懈，也永遠無法產生影響力。改善衛生亟需新辦法，結果竟然來自出人意表的地方。[35]

到美國城市歷史的這一刻，紐約名門望族的妻女已經熟悉「居家衛生」；這個領域最早在幾十年前就有人提出，但是《婦女家庭雜誌》（一八八三年創刊）之類的出版刊物最近積極宣傳。[36]婦女們何不利用在家中練就的管理智慧，改善整體大環境呢？[37]婦女認為，婦女天生就有責任照顧家庭，可以把照顧街道當成延伸責任。「婦女關心如何處理垃圾、清潔街道，甚至每一項市政。」一名上流婦女表示，「完全合情合理。」[38]一八八四年，婦女健康保護協會便以此為宗旨，在紐約成立，全國各地擁有特權的婦女也紛紛成立許多這類的衛生協會。

婦女健康保護協會的會員受過教育、有自信而且悟性高，為了引人注目，她們把目標設定為解決美化清潔環境問題，而不是解決科學和政治問題。[39]該團體的第一個目標是一大堆糞便，它堆放在第四十六街和東河交會處，發臭好幾年了。儘管法律禁止在那裡堆放糞便，儘管那堆糞便汙染三十個街區的空氣，那堆糞便的主人有政治人脈，可以不遵守法律，不理會鄰居多次抗議。該協會花了六年，最後才成功使馬廏主人被起訴，並且移除四萬噸腐爛的糞便。[40]

該協會和其他城市的那些姊妹會很快就獲得肯定，在許多都市改革計畫中發揮影響力，尤其是紐約總會，更成為國內最具影響力的公民團體之一。[41]後來調查單位對市政府貪汙進行大規模調查，揭露貪汙惡習有多嚴重，連徹底厭倦的觀察家都大為驚愕，該協會的理想因而獲得支持。[42]醜聞在某個選舉年期間爆發，一個又一個目擊證人指證歷歷，坦慕尼協會的領袖無法挽救權力，他們的市長候選人被一名卸任銀行總裁徹底打敗。那名總裁是血統純正的紐約市共和黨新教徒菁英，名叫史壯。

史壯信守承諾，籌組清廉的政府，其中一個做法是選擇沒有受惠於民主黨或共和黨的人擔任局處首長。[43]只有一位候選人獲得婦女健康保護協會支持，該協會力勸史壯市長，任命華林二世上校擔任街道清潔局局長。華林是內戰退伍軍人，自稱是衛生工程師。

史壯會見華林，問他是否願意考慮接下職務。華林答說必須答應他一個條件。

「必須讓我依自己的想法辦事。」

「法律賦予你很大的權力那樣做啊！」史壯回答。

「我指的不是法律，我指的是你。」他要把這點說清楚，「你可以把我免職，但是不能干涉我。」[44]史壯答應，於是華林便接下這份職務。史壯市長肯定不知道這次任命有多重要。

一八九五年一月十五日，華林接管飽受指責的街道清潔局，發誓清理街道，保持街道乾淨，紐約從此徹底不同。[45]

9

推動清潔改革的先驅

Apostles of Cleanliness

可想而知，有些紐約人對華林上校半信半疑。只有愚蠢的門外漢，才會像他那樣發誓要扭轉乾坤。他說起話來信心堅定，但是聽起來比較像自以為是，天真無知。費城數年前就成功把街道清理乾淨，歐洲各個城市也早已經解決相同問題，不過不用管這些，任何人都看得出來，就算沒有坦慕尼協會為非作歹，紐約這裡的情況仍舊不一樣。紐約市太大、太擠、有太多不同族群。唱反調的人暗自認為華林沒辦法成功。

唱反調的人說對了一件事，華林確實自以為是，有時候自以為是得令人火大。但是他的偶爾過度自信卻贏得了重要的良師益友，包括歐姆斯泰德，一八五〇年代兩人合作建造中央公園時，歐姆斯泰德是華林的上司。❶華林的大膽不僅使他在內戰期間獲得快速升遷，戰後也打造成就斐然的職業生涯。❷

華林上校喜歡別人預言他會失敗，尤其喜歡證明別人預言錯誤。華林不顧街道清潔局長久傳承的欺騙和故意辦事沒有效率，他跟職員挑明，只要願意腳踏實地認真掃地、裝貨車、倒垃圾，都能保住飯碗。❸「我無意間想到的清潔街道政策，竟然奏效了。」他任職三個月後告訴紐約市的好政府俱樂部，「我的辦法就是留任清道夫時，只看工作態度，不管選舉立場……大家現在都知道了，不論政治立場是什麼，只要認真工作，就能留任。」❹他估計會有八分之五的職員能留任。❺

華林利用戰時經驗，把局裡的階級制度編寫成法規，並且建立軍事風格的嚴明紀律。已經分割成分區的紐約市，又進一步劃分成小區。清道夫和貨運車夫必須每天參加點名，接受分派到各個小區的特定街道工作；他們必須向工頭回報工作進度或遭遇的問題，工頭必須向分隊長回報，分隊長必須向更高階的主管回報。職級高於清道夫或貨運車夫的人都算是幹部，幹部必須能做決策、下達命令與讓下屬服從。

為了展現自己是認真想要清潔全市的環境，華林從最髒的社區開始做起。「我當時說我們從清潔五點區開始做起，當作考驗；如果我們沒辦法清潔那個區域，那乾脆放棄好了。」他後來回憶道，❻「我派兩名年輕人負責五點區，指示他們把那裡的街道清乾淨，讓他們自己判斷，需要怎麼辦，就怎麼辦。」❼他們花了兩個星期完成任務，「現在不論白天或晚上，他們單獨到那裡，都會受到熱烈歡迎。那裡的居民現在很驕傲能自己保持街道的乾淨。」❽

華林認為紐約市的廢棄物問題很嚴重，必須請最優秀的專家來解決，因此任用從大學畢業不久的人才來擔任領導職，包括技術專員和小隊長，他的廢棄物處理分隊長才二十五歲。

他改善清掃與收除垃圾的方法，以前是清道夫把垃圾掃成一堆一堆，放在路邊，貨運車夫接著去收掉，但是有時候會拖延好幾天才去收。華林要求清道夫掃完後，貨運車夫馬上收掉垃圾，不准讓一堆堆的塵土或垃圾停留在街道上。他的妻子也設計工具，為清潔市容的目標貢獻心力。她把一個金屬桶固定在裝了輪子的小平板上，用手把推動，平板夠大，能夠載運掃帚、垃圾袋和鏟子。這項新發明叫作載送桶車，在紐約使用到一九八〇年代中期，而且跟華林的許多創新發明一樣，全國各個城市爭相模仿。[9]

雪讓以前的每一任市長都手足無措。惡臭的街道，原本就有堆到小腿那麼高的灰燼、糞便、內臟和其他各種垃圾，再加上雪之後，意志再堅定的行人都沒辦法通行。「街道上有大量泥漿，」暴風雪過後總會有這樣的報導，「泥漿跟融雪和雨水混在一起，經常引人謾罵和弄髒衣物。」[10]

華林上任才兩週，那天晚間就降下四英寸的雪。隔天早上五點三十分，清潔隊員就在清除街上的雪。全員出動，三千八百個人或鏟、或拋、或搬，拚命清雪。「街道清潔局的員工一大清早就被派去清雪，」《紐約時報》驚嘆道，「大把大把拚命鏟除剛落下的雪。」[11] 過一段時間後，華林開始誇耀，一八九五年前五週清除的雪，多過他上任前五年間清除的雪。[12]

不僅如此，自一八八一年街道清潔局設立起，法律就規定清潔隊員必須穿制服，但是從來沒有人認真遵守規定。華林堅決要求清潔隊員遵守規定，但是方式極其古怪。他就像表演者一樣，亟欲獲得公眾矚目，要求清潔隊員清掃街道、倒菸灰桶、運送垃圾時，要穿厚粗棉布做的白色褲子和外套，戴著白色高頂頭盔。他知道乾淨的街道能立即促進民眾的健康，想要民眾把街道清潔局的工作團隊跟衛生與清潔聯想在一起，因此才要清潔隊員穿白色制服。[13] 清潔隊員清潔街道時，有權力採取各種必要行動，因此才戴模仿警察頭盔的高頂頭盔。而且清潔隊員如果想偷溜去喝啤酒或到貨車底下打盹，就會發現穿著這一身顯眼的制服，實在難以混水摸魚。[14]「白色制服……能讓每個人明白，自己被注意著。」華林在布魯克林向一群聽眾解釋。[15] 他的妻子說他瘋了，但是其實這招可高明了：清潔隊員不再隱形，民眾無法再對他們視而不見。

從現代的角度來看，華林的某些改革聽起來像簡單的常識，但是在紐約還在使用煤氣燈的時代，那些改革措施簡直就是革命。他不僅要求街道清潔局的清潔隊員長時間待在街上，直到完成工作；也要求堪用的工具和設備。他堅決要求局裡的馬必須是能勝任工作的品種，而且馬夫必須維持馬匹健康。他翻新或興建必要的基礎設施，像是馬廄和垃圾傾倒碼頭；他也想辦法跟清道夫、拖船主人、垃圾載運船公司重談合約。這些事都需要花錢，華林花得毫不猶豫。有資料估計，紐約市的預算有將近百分之八用於清潔街道的開銷。「現在的政府花錢跟以前坦慕尼協會的政府一樣多，」撰文者指出，「但是兩者有差異：現在的政府花了大筆經費後，街道乾淨了；坦慕尼協會的政府花一樣多錢，街道卻仍舊骯髒。」[16]

1890年代後期，街道清潔局的清潔隊員。白色的制服表示公眾健康和衛生清潔，頭盔反映的是那個時代的警察形象，象徵權威。當時的清潔隊員被暱稱為「白翼大軍」(White Wings)。(紐約市清潔局提供)

1895至1898年的紐約市街道清潔局局長，華林二世。

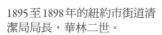

華林認為，乾淨的城市需要全體市民合力打造。他推動一項以紐約年輕人為目標的計畫，成立名為少年街道清潔聯盟的社團，教導孩童成為街道清潔局的耳目，協助教育有時遲遲無法改掉亂丟垃圾等舊習慣的民眾。華林任期結束時，全市共有四十一個聯盟，將近一千名孩童參加。[17]

為了提升員工的忠誠度，預防勞工被煽動，華林不僅設立檢討委員會，聽取申訴，也組成「四十一委員會」解決勞工不滿。之所以取名為四十一委員會，是因為紐約市有四十一個街道清潔分隊，委員會由各分隊派一名代表組成。華林不僅把薪水增加到每個月六十美元，比非專業技能勞工的薪水多將近一倍，同時規定每天工作八小時，比標準工時短了許多。[18]

這些政策產生驚人的結果。「紐約長久以來就有街道清潔局，」《哈潑新月刊雜誌》評論道，「但是首次發現可以命令與運用該機關清潔街道的是華林上校。」[19]紐約人自有記憶以來，第一次可以看見、聞見和走過乾淨的街道，肯定感覺紐約市彷彿重生。街道路邊不再處處深埋在垃圾中。以前有時候垃圾會堆到膝蓋那麼高，處處都是腐爛的蔬菜果皮、髒亂的木屑、腐爛的牡蠣殼、發臭的魚骨、填充物外露的床墊、破損的傢俱、亂飛的破布、滿出來的菸灰桶，還有一堆堆層層堆疊的馬糞，浸泡在數百萬加侖的馬尿中（附近經常還有長蛆的動物屍體，像是死了幾天或幾個禮拜的馬、狗、貓）。載人馬車、貨運馬車和公車經過，會把它們全壓成一條條交錯的小徑車痕。[20]

HARPER'S WEEKLY
A JOURNAL OF CIVILIZATION

Vol. XXXV.—No. 1781.
Copyright, 1891, by Harper & Brothers.
All Rights Reserved.

NEW YORK, SATURDAY, FEBRUARY 7, 1891.

TEN CENTS A COPY,
INCLUDING SUPPLEMENT.

KING GARBAGE REIGNS.—(See Page 102.)

這張1891年的《哈潑週刊》封面，總結了那個時代對該市街道清潔單位的看法。(《哈潑週刊》提供)

行人過馬路時再也不用乞求好運降臨，擔心水溝裡有雪太久沒人清理，變成又滑又臭的爛泥。就連在酷熱的夏天，住戶也不用再整天緊閉窗戶，阻擋街上吹來令人作嘔的塵土。（以前下雨時，塵土會變成膏狀的爛泥，味道令人作嘔。最好別讓鞋底或裙襬沾到，不論什麼東西沾到那爛泥，臭味都永遠不會消失。）

紐約人看見的不再是這麼多恐怖的垃圾，反而目睹穿著白色制服的人認真清掃街道。是**所有**街道喔，不只是有錢人家住的街道，而且一天掃好幾次，還有垃圾運送車緊跟在後面把垃圾收掉。市民看見菸灰桶定時清空，乾淨的街道邊線和鋪設整齊的石塊數十年來第一次露臉。

為了慶祝，華林舉辦遊行。一八九六年五月，在一個豔陽高照的下午，整個街道清潔局的工作團隊，超過兩千兩百人穿著令人稱奇的白色制服，在第五大道遊行。清道夫保持隊伍整齊，把掃帚當步槍一樣扛在肩上；貨運車夫駕馭著馬拉的灰燼運送車和水管運送車，馬匹刷洗得身子發亮。馬匹看起來好極了，像是用來拉私人的載客馬車，不像是用來拉簡陋的垃圾運送車。有頂篷的鋼製運載車被光線照得發亮——本來一般都是使用垃圾會掉漏的木製運載車，經過大幅改善，製作出這種鋼製運載車。遊行隊伍中散布著十個行進樂隊，包括知名的第七軍團行進樂隊，不僅能激起觀眾的情緒，也能保持隊伍步伐一致。

遊行隊伍全部展開後，遊行人員、花車和樂隊從第六十街延伸到第二十三街的轉彎點，

NEW YORK CITY'S STREET-CLEANING DEPARTMENT ON PARADE.—[See Page 559.]
1. Going through Thirty-fourth Street. 2. Passing the Metropolitan Club, Fifth Avenue. 3. Colonel Waring. 4. Ash-Carts that competed for the P
5. Platform Trucks to show the Processes of Street-Cleaning.

1896年的首次「白翼大軍」遊行，清潔隊員們從中央公園沿著第五大道一路走到麥迪遜廣場。(《哈潑週刊》提供)

整個隊伍花了一小時二十分才通過校閱台，校閱台搭設在第四十二街蓄水池的巨牆前面。㉑校閱台的各個角落都有旗幟在微風中啪啪拍動，正準備頒獎給隊伍最整齊、制服最乾淨、馬匹刷洗得最亮的分隊。華林跨騎在高大的棕色母幼馬上，穿著軍禮服，跟清道夫一樣戴著白色頭盔。「幫他把鬍鬚上蠟的理髮師，」有資料寫道，「是一位藝術家。」㉒

在某些街區，觀看遊行的群眾有六到八層，其中許多人「似乎不常到第五大道，幾乎站在路邊的每個人都有朋友在遊行隊伍中」。㉓這些特地來看遊行的觀眾有理由感到驕傲，他們穿著整齊漂亮的丈夫、兒子和兄弟，完成了艱鉅的任務。遊行一開始時唾罵遊行人員的觀眾很快就發現，他們的嘲諷奚落過時了；那天，遊行人員聽見一開始的嘲笑變成喝采時，他們知道為什麼。

華林的任期才維持三年，核心集團就開始謀畫返回市政府，但是他的繼任者們再也無法說街道清潔局的預算不夠或人力不足。以前許多坦慕尼協會的人老是說，一星期沒辦法打掃街道數次，像紐約這麼大的都市沒辦法保持乾淨。現在沒有坦慕尼協會的人敢再這樣說了。「華林上校的掃帚首次讓光線照進骯髒的紐約市。」攝影記者李斯寫道，「他的掃帚在人口擁擠的地區救了許多人命，勝過一群醫生，不僅如此，也掃掉了市民腦袋和良心裡的蜘蛛網。」㉔

然而，華林雖然成就斐然，卻有一項承諾沒有兌現。他就任時，紐約市把許多垃圾倒入

MARCH, 1893. RIDGE STREET, LOOKING NORTH FROM RIVINGTON STREET. JUNE, 1895.

MARCH, 1893. IN FRONT OF 299 EAST THIRD STREET. MAY, 1895.

街道清潔局局長華林的改革讓紐約街道在短時間內有了極大的變化。左邊兩張為1893年的照片，右邊兩張則是兩年後在同一地點拍攝的照片。當時華林上任才六個月。（《哈潑週刊》提供）

海裡，從許多論點來看，這種處理廢棄物的做法都很糟，因此上校說要停止這個做法，但是始終沒提出可行的替代方案。如果他有跟實際把垃圾倒到海裡的人談過，或許就會早一點處理這件事。他們有許多關於工作的悲慘故事，像是有一次六艘垃圾載運船離港，但卻只有一艘回來。

10

怒海

An Angry Sea

一八九二年一月底某個星期一深夜，有一群人在第十七東街的街道清潔局碼頭工作，準備讓兩艘拖船和四艘垃圾平底船出航。❶尼可拉斯號和韋布斯特號這兩艘拖船載著二十噸的煤和大量的水，以及船長、大副和船員要吃喝的食物和咖啡。四艘平底船以編號為名，分別為三號、五號、十六號和十七號，每艘載運幾千立方碼的垃圾，各配置一名船長和一名大副。

拖船是要拖平底船沿東河往下游航行，經過上紐約港，通過韋拉札諾海峽，進入海洋。氣候溫暖時，目的地應該是距離洛克威半島十七海里，但是在這個時節，船會開到比較近的地方，大概離微風岬十海里。到底要把垃圾倒在哪裡？這總是造成紐約市和鄰近地區激烈爭吵，天氣、拖船船長的心情、港口主管搖擺不定地要求船長們遵守規矩，都會影響船長決定倒垃圾的地點。不論是十七海里、十海里或更短的距離，清潔隊員必須把平底船上的垃圾倒進海洋，接著再由拖船把平底船拖回碼頭。

這項工作眾所周知。幾世紀以來，紐約市都把垃圾倒進海裡，從最早的歐洲殖民時期，垃圾就被丟在沿岸，一開始是滿不在乎隨便亂丟，但是很快就變成刻意造地。最後，這座港口城市的碼頭被垃圾填滿，導致船隻無法停泊。一八五七年，州政府下令把垃圾倒到更深入港灣的地方，❷結果造成垃圾漂到紐澤西州沿岸。一八七二年傾倒地區再次改到史坦頓島東南方的一個區域，骯髒的垃圾破壞了原本可以賺錢的漁場和牡蠣養殖場，沒沉入海裡的垃圾仍舊漂到海岸（被越來越火大的紐澤西州和史坦頓島的居民料中），❸沉入海裡的垃圾則開始阻塞船運航道。一八八三年，超過九艘遠洋輪船駛入或駛離紐約時擱淺，有人說垃圾「徹底毀了美麗的港灣」。❹

傾倒垃圾的地點又被往遠處移，移到遠於洛克威半島。這樣的距離絕對夠遠，垃圾不會再漂回岸邊，也不會阻塞船運航道，也不會殺害甲殼動物，但是水流和風向都不配合。「在最容易到達的海灘，經常會遭遇動物屍體和腐爛的蔬菜，」一名氣憤的泳客說，「許多挑剔的人老早就不到康尼島、洛克威半島和鄰近的度假勝地衝浪，游泳時撞上漂浮的馬屍體，或撲到碎浪底下時臉被貓屍體打到，實在很掃興。」❺

官員們承認這個問題，但是卻苦思不出對策。「現在流行的垃圾與街道廢棄物處理方法……粗簡極了。」紐約市長吉羅伊說，「無論如何，把大城市的街頭垃圾胡亂丟棄到鄰近的美麗港灣，實在令人無法忍受。」❻

這樣做也是非法的：《一八八八年聯邦港灣監管法》明文規定將垃圾傾倒海中是非法行為。確定其他處置辦法不方便、不適用或太昂貴時，紐約人就會規避、無視或鑽法律漏洞，這種情形經常發生。市政府主管說，海洋只是暫時的解決方法。不過把垃圾傾倒海中施行已久，主管的保證聽起來空洞不實。市政府偶爾會暫時禁止將垃圾傾倒到海中，但是每個重要的替代方案總是會出現嚴重的問題，導致市政府仍舊屢屢求助海洋。❼

星期二一大清早，晴空萬里，空氣濕度三十六，在街道清潔局的碼頭，船員趁著退潮解開船纜出航。韋布斯特號由克拉克指揮，拖著五號和十七號平底船，一前一後。搭檔的拖船尼可拉斯號由戈夫船長掌舵，拖著三號和十六號平底船。船上的垃圾堆成小角度的錐形，在深色的水域航行，被微弱的西北風吹著。

平底船的船員們覺得自己很幸運，因為他們搭的是巴尼公司的自動傾倒船，這種新型的平底船有六個分隔區，底部以鉸鏈開關。要把自動傾倒船上的垃圾倒掉只要解開鏈條，分隔區的底部就會打開，垃圾就會滑落海裡。❽自動傾倒船只需要兩名船員，反之，在傳統垃圾平底船上，數十名工人需要手腳並用，又跌又滑地爬到垃圾堆上，花數小時用耙子和鏟子把垃圾往船外拋到海裡，但是風浪經常把垃圾又吹打回船上。工人在斜度不斷改變的垃圾上難以平衡，有許多工人摔落水中，屍體永遠消失在布滿垃圾的海裡。在新型的垃圾傾倒船上就很少發生那樣的悲劇。據說巴尼公司高價將船隊租給市政府，但是平底船船員很高興自己的工作比較沒那麼危險了，而且每艘平底船的甲板室裡都有雙層床、暖爐和煤炭。

船抵達垃圾傾倒場時，風勢開始增強，雲使早晨的光線變暗，空氣感覺變冷了，但是船員並不擔心。大部分船員都有多年的出海經驗，對天氣突然變化已經習以為常。平底船船員倒完垃圾後，這批小船隊便準備打道回府，但是此時天氣不再是稍微改變，而是劇烈改變。溫度驟降，比他們離開曼哈頓時低了攝氏十四度以上；隔天報紙頭版也有報導氣溫如此巨幅的改變。風勢增強成強風，雲層裡降下令人無法視物的大雪。

在這種情況下，艄艉吃水等高的船隻已經很難航行；拖船拖著空的垃圾傾倒船，在高漲的海浪中航行，八英尺高的乾舷活像堅硬的船帆，更是嚇人。[9]尼可拉斯號緩慢前行，但是韋布斯特號就沒辦法了，拖著平底船發出吱嘎聲，引擎隆隆轉動，煙囪冒出大量蒸氣，卻反而看似被往後推。在沙鉤岬外海，風速每小時六十四英里，綁住韋布斯特號和平底船的鋼纜突然斷掉，斷掉的鋼纜在水裡胡亂擺動片刻，然後便纏住螺旋槳，導致船突然停止。接著，把五號和十七號平底船綁在一起的纜線也斷掉了，[10]韋布斯特號的船長克拉克發出求救訊號。

尼可拉斯號的船長戈夫把自己的三號和十六號平底船用錨固定在洛克威半島的淺灘安全處，前去解救克拉克。他闖過重重險關，不顧自己的煤量和水量都低到危險的程度，仍然跟船員拚命拋纜線，但是驚濤駭浪使他們無法順利把纜線拋給受困的夥伴，最後只能放棄。克拉克知道救援行動失敗後，放下錨，但是錨沒有碰到海底。

在戈夫的平底船上，船員們以為戈夫會回來找他們，結果他們大為驚愕，戈夫竟然把船就這樣開了過去，沒有去找他們。他們聽到他好像喊說要去史坦頓島，他們不知道他需要補充燃料，否則沒辦法回去。戈夫不知道自己的平底船有危險。十六號的錨有碰到海底，但是三號的沒有，接著十六號的錨鏈斷掉。兩艘平底船仍綁在一起，三號平底船擺盪的錨能稍微穩定船身，但是現在十六號沒有相當的重量幫忙在狂濤駭浪中穩住船身，兩艘平底船開始搖晃，互相碰撞。這兩艘平底船漂向韋布斯特號和它的垃圾傾倒船，五艘船一度看似要撞在一起，還好風和海流把那兩艘平底船帶向海洋，遠離其他三艘船。到中午時，他們就再也看不見海岸了。

當時他們沒人知道，其實來襲的是近來最強烈的暴風之一，⑪ 整個東北沿海地區和北大西洋的船隻都遭到吹襲。在藍點救生站外海、火燒島附近，英國雙桅帆船哈利與奧柏瑞號沉船失蹤，不過船員有獲救，而且長島帕喬格附近的居民撿船上運載的椰子撿得可樂了。還有一艘載著五名船員的漁船在沙鉤岬附近沉沒，船員同樣獲救。在長島海灣，三艘載玉米的平底船拖著錨被吹到海崖附近，遭到強浪破壞。星期二下午，德國輪船富爾達號抵達沙鉤岬燈塔船，「看起來像一艘玻璃船，整艘船徹底被冰覆蓋」。來自西印度群島的安地斯號遭到重創，所有貨物都跑到右舷，進港時船身傾斜，活像個醉漢。在卡爾德納斯註冊的輪船古巴號，欄杆和甲板都遭到破壞。來自巴西東北部的輪船希望鎮號，所有救生艇都遭到破壞。在來自布魯克林、紐澤西和史坦頓島的渡輪上，乘客被海浪拋得像爆米花一樣。[12]

至於街道清潔局的官員何時和如何得知五艘船不見了，相關報導分歧，但是星期二下午，幾名拖船船主回應了求救訊號。他們無疑想去救船員夥伴逃離死劫，但是他們的動機不單只是救人。找到船的人能夠獲得一半船價的酬謝金，每艘平底船價值介於一萬兩千到一萬五千美元之間，有人估計那艘拖船價值兩萬五千美元。[13]就算搜救隊只找到一艘船，也能獲得豐厚的酬謝金。

遠洋拖船威廉沃斯堡號比韋布斯特號大許多，也堅固許多，星期二下午前往大西洋。船長和船員本來打算儘量待久一點，待到物資用完，或找到一艘街道清潔局的船，但是卻在星期二深夜就打道回府。船員們沒看到平底船和韋布斯特號，船長回報說，大量浮冰在強風中快速流動，造成碎浪，差點把他們的船打翻。拖船的煙囪頂部結著鹽和冰。

另一艘大型遠洋拖船大神力號也加入搜救，往東南東航行將近三十英里後，也被暴風打敗。右舷牆「像被劈爛的木材一樣」，整艘船看起來「像剛在北極過完冬似的」，星期三午夜過後，大神力號緩緩駛回第十七街的碼頭，那裡有超過五百人焦急地等待著消息。[14]

「希望永遠不會再經歷這種事。」大神力號的船長精疲力竭地說，[15]「這天氣實在可怕，冷得要死，風又強得不像樣。海水打到拖船的甲板上，還沒流回海裡就結冰了。船頭的冰開始變得非常重，船漸漸往下沉，我們開始擔心自己，所以決定調頭回港。」[16]

失蹤人員的家屬有理由做最壞的打算，尤其在看過每天報紙的頭版後。「能對這件意外發表看法的人，全都異口同聲說在暴風中失蹤還能生還的機率是千分之一。」《太陽晚報》寫道。「街道清潔局漂走的小船隊音訊全無！」《紐約晚間電訊報》悲嘆道。「這是殘酷海洋傳來的最新消息，在這種情況，沒消息真的是很壞的消息。」《紐約世界報》專訪一位被認為是專家的人。「平底船很輕，很可能沉了。」他說，「甲板室也可能會被風吹走，如果是這樣，船上的船員就會曝露在這恐怖的氣候中。如果沒有遮蔽，他們沒辦法活很久，會凍死的。」[17]

報導說有一艘船的殘骸散落在洛克威半島，沒有生還者。大家認為那是其中一艘平底船。還有一艘船的殘骸在火燒島附近被發現，專家猜測可能是韋布斯特號。但是這兩則報導都沒有獲得證實。

星期三黎明時，街道清潔局五艘漂走的船早已看不見彼此，但是遭遇相同的命運。海浪把它們舉到陡斜的水牆上，拋進滿是泡沫的浪底，反覆沖濕，用不斷變厚變重的冰層包覆起來；強達時速一百英里的風則把它們吹向更遠的海洋；暴風雪把能見度降到只剩幾碼；小浮冰撞擊韋布斯特號的船身，船身很快就進水了，所有人都趕緊用唧筒抽水和拿工具舀水。在五號平底船，船長和大副拿一條繩索把自己綁在船上，以防甲板室真的被沖走。十七號平底船上的船員每人輪流站哨十分鐘，在嚴寒中他們只能忍受那麼久。

三號和十六號垃圾傾倒船仍綁在一起，船員倒插旗幟，表示在海上遭遇危難，並且向經過的船隻揮手大叫。他們的甲板室似乎很牢固，三號平底船的人準備移到能抓穩的地方，但是馬上開始懷疑船身能否保持完好。每次兩艘船互相碰撞，就會發出尖叫般的聲音，他們知道那個不祥的聲音表示船開始破裂。

接著，在星期三下午，離沙鉤岬約五十英里，盧肯巴克號拖船上的警戒人員發現三號和十六號平底船「在波濤洶湧的海上航行，顯然是要漂向海洋的另一邊」。⓲「平底船上四名遭遇船難的人聽到拖船傳來呼叫聲，趕緊從甲板室跑到濕滑的甲板。他們看見一百三十英尺長的拖船就在近處時，高聲歡呼，從歡呼聲聽得出來他們原本有多麼絕望。」《太陽晚報》報導。盧肯巴克號的船員拋過去幾袋糧食，接著依序拋過去一條鉛繩和一條十英寸鋼纜，十六號平底船上的人員把纜繩綁在船頭。

他們花了十三小時才回到家，通過康尼島海峽時，海峽稍微緩解強風，接著他們在無人察覺的狀況下進入上紐約港，星期四一大清早抵達布魯克林大西洋盆地的碼頭。眾人欣喜若狂迎接他們，但是仍有十四人和三艘船下落不明。盧肯巴克號補充物資後，隨即在黎明前的黑暗中返回海上。

那天早上十點左右，在沙鉤岬燈塔船外海約一百英里處，盧肯巴克號的一名甲板船員看到地平線上有一艘船。那是十七號平底船。雙方相會過程跟上一次救援大同小異，最後渾身發抖的船員在接近星期五半夜一點時被送達大西洋盆地的碼頭。他們實在難以相信自己竟然逃過死劫。「海浪每次撞擊平底船的側邊和尾部，我就覺得好像又有泥土落到我自己的棺木上。」十七號平底船的船長說。[19]

只剩那艘拖船和五號平底船仍下落不明。

韋布斯特號一八六五年在巴爾的摩建造，初期時很堅固，但是到了用於拖運垃圾的時候，已經不確定適不適合航海了。評論者說韋布斯特號只能在極度溫和的氣候中拖運平底船，絕對沒辦法撐過「星期二晚上那種驚濤駭浪」。[20]

船員拚命用桶子舀水和用唧筒抽水，使拖船保持漂浮，度過星期二和星期三，但是星期四午夜過後不久，水位升得更快，快得船員來不及舀水。「一名船員大罵髒話。」後來報導寫道，「另一名把水桶丟到甲板上說：『再見了，兄弟們，我倒完最後一桶水了。』……那名船員說的話，似乎在每個人的心裡敲響了喪鐘。有人哽咽啜泣，開始禱告。」[21]

但是就在此時，一名甲板船員注意到一道光線。

「那道微弱的光線起起伏伏。」克拉克船長回憶道，「我衝到駕駛室，搖動提燈。那艘船旋即改變航向，駛向我們……他們發現我們遇難，我們立刻看見他們從吊艇柱放下一艘小艇，那艘小艇前來救我們。」那艘船是三桅帆船，從費城出航，要前往波士頓。帆船船長後來說，他會巧遇韋布斯特號，純粹因為暴風迫使他改變航線。最後一人離船後，不到一小時，遇難的拖船就下沉了，船主人是住在布魯克林的何內希，不小心讓船的保險在三天前到期了。

五號平底船仍杳無蹤跡，巴尼垃圾傾倒船務公司的一名高階主管不相信那艘船會沉，但是船上的人只有能維持一、兩天的物資。他說，船員就算沒有餓死，也絕對會冷死。搜救人員繼續不斷往返海上，但是過了星期五和週末，仍毫無消息。到星期一，五號平底船和兩名船員似乎篤定葬身大海。

但是星期二早上，意外發生整整一星期後，一艘載著鐵礦砂的輪船在從英國前往費城途中發現那艘失蹤的船，船長和大副雖然凍傷脫水，但是仍充滿活力。兩人漂流了一百六十英里。救援人員把兩人送到俗稱「友愛之城」的費城，費城的航海交易所提供兩人食物和住宿一晚，隔天雷丁鐵路公司讓兩人免費搭車回家。

兩人抵達紐約時，一名目擊者隨口提到兩人「完全沒有露出受到風吹雨打、挨餓受凍的模樣，看起來像習慣吃苦的人」。

康乃爾的妻子可不會這麼認為。康乃爾是五號平底船的大副，最後跟家人重聚時，他用雙臂抱住妻子，兩人跌坐到地上哭泣。他一一擁抱他的三個孩子，接著擁抱每位鄰居，街坊鄰居擠在他家位於下曼哈頓富蘭克林街的單房小公寓。「一瓶威士忌保持完好，直到康乃爾拿起來喝，接著他又大喊說要啤酒。」《太陽晚報》寫道，「他臉腫得厲害，眼睛充血通紅，耳朵凍傷長水泡和破皮，手掌腫脹無力，行動困難。」[22]

康乃爾受僱到平底船工作只有兩星期，他說他不會再回去了。

第四部　清潔工作的大小事

Part Four: Sending It Up

11

清潔隊員的祕辛

You Are a San Man

清潔工作最難受的不是垃圾，不是垃圾很重、很臭、沒完沒了、危險。最難受的不是在惡劣的天氣中工作，或很少連續休兩天假，或輪調一天的各個班次（有時會長達好幾年不斷輪調），或跑無止盡的接力，或上夜班，或是在工作時被民眾嘲笑。清潔工作最難受的甚至不是偶爾莫名其妙被局裡的官僚罵得狗血淋頭，一肚子火。

清潔工作最難受的部分簡單易懂多了。

清潔工作最難受的就是起床。

或許是因為一大早就要開始工作，而且極度耗費氣力；或許是因為人天生不適合天天在三更半夜起床；或許是因為工作經常一成不變，無聊乏味。

你永遠想不通為什麼清潔工作這麼難，就算工作多年，仍會討厭工作，永遠會咒罵鬧鐘。

你穿上牛仔褲、T恤、連帽外衣；刷牙，梳頭，離家出門，爬進車內。

上班途中，你想到自己只有一次是雀躍著下床去工作，也想到康乃爾的故事，慶幸自己不曾遭遇多年前他和他的夥伴承受的苦難，但是也了解為什麼幾乎還沒真正開始工作，就有想放棄的念頭。

那是你第一天工作。你緊張，驕傲，開心自己能做這份工作，到街上後活像想清光全紐約的垃圾似的，拚命工作。搭檔是老鳥，提醒你稍微放慢速度，但是你充耳不聞。接近中午時，你仍覺得渾身是勁，動作迅速，用力拖一個特別重的桶子，裡頭有液體攪動。那個桶子很古怪。你聽到搭檔大喊，轉身看見桶子裡裝滿死鴿子，浮在滿是蛆的液體上。你也大聲驚叫，想要躲開，但是拖得太用力，反應太慢，幾加侖臭烘烘的液體和幾隻浮腫的鴿子屍體，弄髒了你全身。

你跳離穢物，拚命憋住呼吸，但是你也開始乾嘔。那股味道強烈，甜甜的，令人倒胃，你這輩子從沒聞過那麼臭的味道，而且你渾身都是那股臭味。搭檔試著表達同情，建議你脫掉你的T恤，穿他的長袖運動衫，但是這樣對你濕答答的褲子沒有幫助。還有，一開始他捧腹大笑，沒辦法講話。他提醒你，沒有東西能除去那股臭味，你的服裝、手套、靴子，全毀了。在垃圾車上，在你旁邊跟你開了一會兒玩笑後，他開始說他受不了你整天香噴噴的。接著他又放聲大笑起來，笑到眼淚都流下來了。最後他把你趕到腳踏板，就算開始下雨，也不讓你回到車內。[1]

那天晚上，你丟掉整套制服（那套制服新得連T恤袖子都還有摺痕），暫時向同事借一套來頂替。你先後在分隊和家裡用燙得快受不了的熱水洗澡，洗了好久，把熱水都用光了，接著想在床上躺著休息，卻發現沒辦法。那可怕的臭味在鼻孔裡逗留，惡臭難聞，臭得你想剪光鼻毛，以防臭氣分子殘留在鼻毛上。但是現在你卻發現無法躺平，背部肌肉變形，脊柱早上還很正常，現在卻覺得像扭曲了似的。你以為是熱水澡緩解了疼痛，其實是現在才開始發痛。你翻身趴著，但是就算趴著仍無法打直身子。接著你試著側躺，同樣沒辦法緩解疼痛。

你對著空房間大叫：「我沒辦法做這工作，我無法勝任，肏，我沒能力當垃圾人，天呀！」你的聲音粗厚，帶著絕望，你很慶幸沒人聽到你說話。

你深吸一口氣（連深呼吸都會痛），稍微冷靜下來後，你就要起身去告訴老婆。你需要閉上眼睛片刻，接著再到隔壁房間，當著她的面說你不要再回去幹那個爛差事了。

但是你卻睡著了，後來老婆告訴你，說你睡得很沉，整夜一動也沒動。早晨一眨眼就到來，快得你都忘了你沒辦法勝任工作。於是你踉蹌去工作，被同事戲稱為「鳥人」好長一段時間。

接下來幾週和幾個月，你學會一些必要的技巧，像是搬重物時用腿出力，而不是用背部（你肯定會發誓說你早就知道要那樣做）；學會搬重物時會等搭檔一起搬，不再逞強自己一個人搬；學會調整速度，完成工線上和一天的工作。你會養成良好的習慣，小心處理街道上待收的每個袋子、桶子和罐子。你仍然至少每星期會說一次要辭職，不過沒有人會當真。老鳥只會微笑說你會辭職才怪，就像他們多年來也天天想辭職。他們會告訴你再堅持一段時間，發誓情況會好轉；你會告訴他們，他們吸柴油廢氣太多年了，腦袋壞了。

不過一旦撐過第一年，你就會認為或許能堅持到第二年或第三年，直到過了五年你竟然不知不覺。到那時候，你的背已經恢復正常，你結識真心好友，再也沒遭遇到「死鴿子湯」。

你把車子開進分隊，倒車停到空車位上，下車走入涼爽的黑暗中。你注意到一名清潔隊員同事將他的休旅車換上復古白邊胎和旋轉輪框外蓋。你自己的車則是最新款式的。你工作夠久了，領取最高薪資，能在垃圾車上工作，因此偶爾能領到垃圾車錢。

第一次得知市政府會發額外工作津貼時，你著實無法相信；這項津貼規定於一九八〇年到一九八四年期間敲定的協議中，當時正在推行三人一組改成兩人的政策。市政府省下龐大經費，為了獎勵工會，在協議中將部分省下的經費發給協助提高工作效率的清潔隊員。這背後的理由很合理，但是你仍會感到驚喜，領取固定薪水之外，竟然偶爾還能獲得額外津貼。固定薪資、「垃圾車錢」（truck money）、上個冬季小區分工後派值夜班多拿的「夜差」（night diff）、除雪加班費，你計算無數次後，今年年薪大概在八萬美元左右，甚至接近九萬，這樣的年薪對老鳥而言很正常，跟你同期到職的同事也領同樣範圍的薪水。

多數人認為這樣的薪水對區區垃圾人（民眾仍叫你垃圾人）而言太高了，你則經常認為市政府應該推動「一日清潔隊員」計畫，規定每位紐約居民必須跟當地的清潔隊員一起工作一天，清掃街道、疏導交通、搬運垃圾。你十分確定，如果普通市民知道清潔工作有多艱苦，就絕對不會羨慕你和同事賺的任何一塊錢。同事會向你保證，民眾絕對不會樂意付慷慨的薪水給清垃圾的人。此外，同事也會認為「一日清潔隊員」的白日夢絕對不會實現，因為你能想像市政府必須提出什麼樣的免責條款嗎？

走進餐廳時，你仍認為那是個值得試試的點子。在餐廳，大夥通常聚在桌子附近，你帶了甜甜圈和咖啡，給想要的人隨意拿取。大夥親切地對你開玩笑，說「為什麼突然這麼慷慨，你這摳門的混蛋？」和「希望你不是幹這工作幹到腦子壞了！」。接下來的這句話讓你露出微笑：「你傻了啊？我只喝加牛奶的咖啡！這些都是黑咖啡啊！」

幾年前，你曾經擔任「分隊長書記」(super's clerk)，由不斷輪換的「RO」分隊長領導。讓RO領導通常就像讓小學代課老師教課，幾乎總是意味著一天會過得漫長又艱苦。但是這名RO了解工作，似乎是個好人。因此，你到辦公室後側給自己沖一杯咖啡時，順便問他需不需要幫他沖一杯。他說：「好呀，謝囉。」你問他要喝什麼樣的咖啡，他咧嘴而笑，斜眼看著你，說：「跟我一樣。」

你嚇了一跳，那位代理分隊長是黑人，所以他要喝黑咖啡嗎？其實，他的皮膚不是深色的，但也不能說是淺色的。他中等體型；不是耳根軟的人，但也不是嚴厲的人。所以他要喝的咖啡是……濃的？淡的？大的？小的？甜的？濃淡大小和甜度都適中？你緊張不安，不敢問，索性端三杯給他，每杯都不一樣。他問為什麼給他三杯。你笨口拙舌解釋，覺得自己像個傻瓜。他開懷大笑，告訴你他是指普通咖啡。[2]

你本來心裡想著那名分隊長現在不知道是不是仍在職，還是已經退休了，不過走進更衣室後，思緒馬上移轉到柯里安卓和麥菲（皆為化名）這兩名清潔隊員身上。柯里安卓俯身壓著麥菲大吼：「肏！你這個王八蛋！你再那樣做**試試看**！」

「我肏你的。」麥菲低聲回罵。

兩人在繼續昨天爆發的爭吵。柯里安卓和麥菲都工作二十二年了，但是兩人的工作風格截然不同。兩人對彼此完全沒有敵意，應該說在昨天之前兩人對彼此沒有敵意，但是也始終不是朋友。柯里安卓是高大的白人，頭髮濃密，愛講話，動作非常溫吞；麥菲是非裔美國人，個子小，肌肉發達，動作非常迅速。

手腳慢和手腳快的人一塊工作，通常由手腳慢的人決定速度，除非手腳快的人願意多做點，不過這樣一來，手腳快的人就得收遠多於自己本來應該收的重量。通常像柯里安卓和麥菲這樣的清潔隊員絕對不會一起工作，因為分隊長書記和小隊長知道他們作風不同，分配班次時不會把他們配成一組。昨天一名剛從別的分隊調來的分隊長書記把他們分配在一起，而分隊長又拒絕重新分配，分隊的其餘同仁馬上打賭兩人多久會吵起來。

柯里安卓雖然看似只要稍有挑釁行為就會揍人，但是人人都知道，他不會真的出手打人。麥菲脾氣比較好，確實，大家都知道他不會輕易生氣。昨天他絲毫沒有顯露怒氣。麥菲看著柯里安卓做事拖拖拉拉、徹底毀了那天後，做了人人都認為有創意的決定。他坐上垃圾車把車開走，就這樣自己離開。柯里安卓得走五十個街區才能回到分隊，每走一步，火氣就更大。他渾身大汗回到分隊後被大夥取笑，使他更加惱火。不過麥菲已經離開了，所以柯里安卓得等到今天早上才能出氣，他的咆哮聲迴盪在更衣室的牆壁間。

他讓你想起試用期遇到的一個老鳥。當時你被派到郊區，到史坦頓島偏遠處的一個分隊跟一名老鳥搭檔，他做事老是慢慢吞吞。一開始你只是討厭他，但是後來發現他根本就是王八蛋。

那是你第一次跑「挨戶線」。前一天，你才到曼哈頓和布朗克斯工作，完成幾趟少於八到十線段的工線後，收了堆積如山的垃圾袋，裝滿幾輛垃圾車。在這郊區，一條工線就有幾頁地圖那麼長，而且每條街道看起來都一模一樣。這個地方讓你做得特別痛苦。你把垃圾車倒車開進一條短死巷，把兩側的垃圾收掉，一直收到盡頭。接著開過一個街區，倒車進入另一條跟第一條一模一樣的死巷，沿路收垃圾收到盡頭，這裡的垃圾看起來跟剛剛在上一條巷子收的垃圾一樣。接著又開過一個街區，倒車進入另一條死巷，你發誓這條死巷跟上一條一模一樣。你開始懷疑自己是不是陷入時空錯亂，注定要永無止境地進入同一條小巷，到相同房子前面收數量一樣的相同垃圾。你心慌意亂，開始問搭檔這是怎麼一回事，但是他卻完全不理會你說的話。

在一條都是高級住宅的街道，你在後照鏡中看見他悠哉地翻搜一個塑膠垃圾桶，想尋找寶藏。他沒有找到很多寶藏，他告訴你，他一點也不喜歡尋寶，但是他很開心尋寶能放慢速度。接著你看見他打開路邊的信箱，往裡頭看。到下一棟住宅，他又那樣做，你才赫然明白他其實是在查看這條街的每個信箱。

你跳下垃圾車。「你在幹嘛？」

他聳聳肩。「他們會留信封給我。」

「什麼？」

「你知道嘛，他們會留……信封給我。」

受訓期間，檢察長辦公室派來的講師離開教室時雖然被噓，但是你和一百多名新聘人員都了解他那簡單明瞭的重點。清潔隊員執勤時，如果收受任何形式的小費、賄賂或其他酬勞，是會丟飯碗的，就算是餐飲店送的一杯咖啡或美女送的一瓶水也不行。還有，如果清潔隊員收受任何種類的賄賂，搭檔雖然沒有收，但是知情就必須呈報，否則將被視為同罪。如果在試用期被發現對這類非法行為知情不報，絕對會被開除。

「你是要我們告發搭檔？」教室後側有一名隊員用難以置信的語氣發問。

「你必須守法，你的搭檔也必須守法。如果你知道搭檔不守法，就得舉報他。」那個講師語氣強硬，「如果你不舉報他，你就會丟飯碗。」教室裡的學員發出噓聲。

「那不用遵守禁止舉報同仁的緘默規則嗎？」有人大聲問。

那天在史坦頓島，跑挨戶線的工作實在糟糕到極點，你看見當天搭檔在討小費，你心裡想著你花了多久收本來兩小時就收得完的垃圾，而且回想起受訓時學到的另一件事：別以為老鳥會照顧菜鳥。

「你這混蛋。」你心平氣和地說，「你去開車。」

他一邊嘲笑你，一邊爬上垃圾車。剩餘的工線，你一邊在心裡咒罵他，一邊加快速度收垃圾。

柯里安卓停止咆哮了。你把注意力轉到著裝，該從普通笨蛋變成清潔戰士了。

清潔局很驕傲地自稱為類軍事組織，你格外喜歡聽別人說清潔局是「準軍事組織」，你會想像自己和同仁在臉上抹偽裝顏料，穿戴城鎮迷彩裝備，佩戴夜視鏡，悄悄逼近垃圾袋，或從直升機上跳下來，像拿步槍一樣拿著掃帚。但是你確定清潔隊是史上最不像「軍隊」的組織，再說，哪個軍隊的阿兵哥有強大的工會啊？不過清潔隊員穿鈕扣襯衫和新上衣，參加清潔遊行或清潔局同仁的喪禮（呸呸！烏鴉嘴）時，看起來確實很帥氣。幹部穿著A級禮服也很帥氣，只是很多幹部嚴格考驗上衣鈕扣的極限，肚子漸漸變大，似乎升官調離街頭後就難逃這樣的命運。

你會檢查手指甲，用衣物櫃門內側的鏡子查看頭髮。你仍滿心怨憤，清潔局現在竟然規定這些細節；據說是因為局長發現一名清潔隊員的耳朵、鼻孔、嘴脣和眉毛都有穿洞，才訂定儀容規定（這個故事越傳，穿洞的數量和地方就越多）。他的臉和理光頭髮的頭刺滿了圖案（其實應該沒有這麼誇張，一開始的說法是，他只有前臂有一個刺青圖案）。不論是誇大還是真實的版本，據說那個人的儀容讓杜赫帝大發雷霆，不久後，二〇〇二年秋天，一套叫《個人儀容規則》的新規定便出現在清潔局全市的每個單位，規定詳細得令人為難，像手指甲長度、可以戴哪些耳環、可以留哪些髮型，都有具體規定。

基層同仁氣瘋了。突然間，自從多年前受僱時就留長髮的清潔隊員被命令把頭髮剪短，或戴帽子藏好，不然就會吃「火箭」被投訴。後梳油頭的老隊員感覺受到侮辱，鯔魚頭髮型的偽老粗們怒不可抑，留了幾十年辮子的猶太人試圖指控宗教歧視，女性則得把閃亮的配件留在家裡。

這整件事如果不是那麼令人火大，應該會很有趣。紐約居民又不會因為你把帽子戴得歪歪的，就衝出家裡阻止你收垃圾。而且誰會看見你的手指甲？你從走下垃圾車那一刻起就一直戴著手套，拜託，很多人連開車時也戴手套，因為方向盤很髒。手套是僅次於靴子的第二重要裝備。

你花了一陣子才了解戴手套的正確訣竅。先戴上醫護人員用的那種乳膠手套，接著在外層再戴上一雙五角美元、手掌部位塗抹藍色或紅色橡膠的棉織手套。但是手在乳膠手套裡很會流汗，而棉織手套無法提供足夠保護，下雨時更是毫無用處。在一個潮濕的早晨，你戴上一雙亮橘色的橡膠手套，許多同仁喜歡在潮濕或寒冷的天氣戴橡膠手套，但是橡膠手套肯定是做給鐵人二十八號戴的，因為就算是小尺碼的也太大。橡膠手套能保持手溫暖乾燥，但是很難抓緊垃圾袋的兩頭。你上一次戴著橡膠手套時把自己打出一個超大的黑眼圈，從此以後就不再戴了；那種職業傷害是最丟臉的，出那種糗，跟被蛆水濺到一樣，搭檔會大笑到你以為他要尿失禁了，而且會幫你贏來「洛基」的新綽號。

12

開垃圾車的資格

Road Worthy

清潔隊員必須持有B級商業駕照，才能駕駛總重超過兩萬六千磅的單體車（這是指相對於聯結車之類的組合車）。駕照上不能有L或L2限制（意思就是我們必須會操作氣動煞車）和K限制（這樣我們才能開到別州），而且要有N核可，這樣我們才能開油罐車或載運液體的卡車（在某些州，垃圾車符合油罐車的規定）。

先不管這些規定，總之，我們得能駕駛又大又吵又重的卡車，穿越市區車陣，行駛狹小街道和高速公路，通過收費站和橋樑。因此，我們裡頭的多數人都需要上清潔局提供的駕訓課程，學費從最初幾次的薪資扣除。但是上駕訓課程之前，我們必須先取得商業駕照上課許可證，而要取得許可證，就得通過三個筆試，必須讀《紐約州商業駕駛手冊》。這項苦差事我拖延了好幾個星期才去做。後來有人要我跟第一批新人一起上春季商業駕照駕訓班，我只能延到下一個班次，因為我還沒讀手冊。

最後手冊終於打開擺在面前時，我感覺自己無知極了。

我盯著懸吊系統零部件的列表，把我不曉得的專有名詞圈起來：齒輪箱、扭力桿、油箱蓋。我必須搞懂垃圾車的各種機械裝置（有一個線條圖我實在看不懂），知道疊板彈簧或U形螺栓有沒有裂開。排氣系統如果少了垂直排氣管或托撐固定片可就糟了。

手冊裡也有些內容簡單易懂。駕駛垃圾車前，我必須進行所謂的行前檢查，確定所有系統（請看上一段列出的一部分）是否運作良好。如果要徹底檢查，就得在車子旁邊走動，有時候得把車停在車來車往的街道上進行檢查。手冊內嚴正提醒：「請注意，以免被來車輾過。」我在這行字底下劃線。

也有用幸運餅乾字條風格寫下的、令人安心的提醒，像是「如果兩邊都阻塞，最好向右行」和「隨時準備依計畫採取行動」。所謂的行動就是應變危險，而危險可多著了。手冊提醒我，危險源包括孩童（**我就知道！**）、講話的人（講話的人怎麼會危險？）、工作的人（所有工作的人都危險嗎？）。冰淇淋車也是危險源，書中還特別警告，「賣冰淇淋的人可能引發危險」（或許富豪雪糕車的銷售人員會被反覆不停的隨車音樂逼瘋，開始把香草巧克力雙色冰淇淋抹到車身上）。購物的人也是危險源（完全不意外），最後列的幾項危險源是慌亂的駕駛、開車慢的駕駛、開車快的駕駛、有身心障礙的駕駛和車輛碰撞事故，這使我腦海不禁浮現一個畫面：交叉路口被一群混亂的汽車駕駛搞得交通阻塞，他們的駕駛技術介於笨手笨腳的啟斯東警察（Keystone Kops）和藝高膽大的骯髒哈利（Dirty Harry）之間，他們確實是危險源。

最後參加許可考試時，我竟然全部通過，實在讓我萬分驚奇。

不過工作還不算唾手可得。

紐約市政府讓我開垃圾車服務市民之前，必須先確認我不會引發異常的危險或情況。面對醫務所的時間到了。醫務所那條街原本是一條小溪流，後來建成海狸運河，但是紐約這塊殖民地的良民不肯停止用動物內臟和排泄物破壞這些中型運河，於是運河便被填了起來。現在那裡是一條短距離單線道路，穿越下曼哈頓，兩側多層辦公大樓林立，使它永遠籠罩在陰影中。

在醫務所沉悶的等待區，螢光燈照得人人看起來都像得了輕微黃疸似的。我們到那裡是要接受檢查的，絕對難逃針扎。檢查結果將決定我們的未來。如果出任何差錯，我們就只能到這個地方，沒辦法繼續往前。如果我們通過健康檢查，市政府就能確定，我們雖然有自己的個性、令人惱怒、無法預料、沒沒無名，但是只會對民眾造成極小的威脅，而且身體健康，能勝任這項工作。通過檢查後，我們就朝真正受僱又走近一步了。

接下來幾小時，我們填表格，等待，對管子吹氣，尿尿到杯子裡，再填更多表格，等待。我們接受視力檢查；接著平躺在檢驗台上，連接線路，進行心電圖檢查；接著再填寫更多表格。一名醫生輕敲我的膝蓋，請我蹲下、站直身子高舉雙手、彎下腰摸腳趾。我們被帶到別的地方進行更多檢查，填更多表格。有些人被帶到布魯克林，讓精神科醫師檢查精神狀態是否穩定，服用抗憂鬱藥物的人都必須檢查精神狀態，這群人裡有許多是退伍軍人。我們到住宅區抽血，接著到東區檢查聽力。又填了更多表格後，到另一名醫生的診療室照X光；在那裡，一名護士看到我跟其餘應徵清潔局工作的人在一起等候，於是親切地告訴我，要進行乳房攝影檢查的病患應該到那邊的座位等，到那個比較安靜的角落。我再三向她保證我沒走錯地方時，她一頭霧水。

最後我通過檢查，這表示我可以繼續去辦理接下來的文書手續，這些手續安排在百老匯大道三百四十六號的清潔局人事部門辦公室辦理，分幾個階段。❶這棟麥金米德懷特建築事務所蓋的大樓，儘管較低的幾個樓層多年來都被建築鷹架圍住，但是建築線條的優美仍明顯可見。金屬探測門雖然分隔了大廳，但是弧形樓梯和像主教座堂的天花板並沒有因此失色。我停下腳步欣賞大理石裝飾品時，保全人員卻大聲叫我繼續走。

我們在十樓的一個小房間等待指示，房間裡有金屬摺疊椅，天花板到處都是螢光燈。一個三十幾歲的男子，皮膚灰黃，頭髮油膩，大聲說清潔工作沒有女人能幹得久，他並沒有特別對著任何人說。「確實，女人能獲得僱用。」他說，「但是女人幹不來，沒有女人幹得久。」我坐在他附近，房間裡就只有我是女的，我不曉得他為什麼在那邊胡說八道。「從一九八六年起幹到現在的那些女人可能不會認同喔。」我平靜地說。他沒有回答。

我們很快就把注意力轉向那天的例行工作，也就是填寫證明表格。公用事業帳單、護照、社會安全卡，最高學位證書要影印與核實，影本收到檔案夾裡，我們就繼續辦理文書手續。「只能用原子筆寫。」一位穿著優雅的職員指示我們要怎麼寫其中一份表格，「而且要寫得用力點，表格裡有複寫紙。」

我們在走廊排隊按指紋時，另一名女性抓著我們的手，把每根手指壓到打印台上，接著印到一張表格的小方格上（不然能有別的嗎）。為了這樣的服務，我們可是付了一百美元（不好意思，只能用匯票付款喔）。「指紋採集女」頭髮短，身材矮，脾氣暴躁。如果有大約兩千個應徵工作的人到達這一關，她就得採集兩萬根手指的指紋。雖然同情她，但是她大聲叫我把手放鬆時，我還是很不爽。她拉過我的手，再次衝我大嚷，又用力拉了一下，最後挫折得臉色發紫。「你們這些人有什麼毛病啊？」她當著我的面咆哮，「把手放鬆啦！」

那天之後，我們又回去那裡幾次，辦理更多文書手續。我納悶勃根人（Vogons）是不是接管紐約市了，如果要他們去救自己的祖母，「命令必須簽成一式三份，呈交上級，取回，提出疑義，遺失，找回，請民眾提出疑問，再次遺失，最後埋在軟泥炭三個月，回收做成火種」。根據《銀河便車指南》，勃根人是宇宙中最可怕的怪物之一。[2]

不過就在我以為一切努力要在某個不起眼的檔案抽屜裡失敗告終之際，我收到通知，叫我到駕訓班報到。無邊的水平線、遼闊的天空和巨大的引擎在召喚了。

「早安啊！」一名穿著清潔隊制服的男子動作俐落地大聲問候。「老莫」拉古薩簡直就像高大版的電影明星魯尼。他站在我們面前，在一間煤渣磚蓋成的長型教室裡，平時照射的螢光燈把黃色的牆變得更黃。聽到我們回應得含糊無力，他用蔑視的目光看著我們。

此時是初夏某個天氣溫和的星期一，六點剛過不久。班上有七十七個男學員和兩個女學員，依姓名的字首字母坐到九列桌子旁，昏昏欲睡，但也心情緊張。如果教室有窗戶，我們或許能感覺到牙買加灣吹來的柔和微風。到外頭，我們就能看見海灣對面的甘迺迪機場成天有飛機起起落落。

佛洛伊德．班奈特駕訓場曾經也是機場，❸現在雖然飛機跑道有裂痕，有些地方長草了，但是空曠的直道和寬廣的練習場實在是清潔隊學員練習操控各種重機具的好地方。在蓋機場之前，這塊地原本屬於荒蕪島（Barren Island）的一部分，聚集全球最多的化製廠，將馬和牛的屍體加工製造成各種商品。把清潔局的駕訓場設在另一個年代也有工人在處理城市廢棄物的地方，似乎再適合不過了。

「咱們再試一次。」老莫說完後旋即用充沛的精力朗聲再問候一次，「早安！」我們也扯嗓對他大聲說早安，他聽到後露出微笑。「各位緊張嗎？」他問完不讓我們回答旋即繼續說，「很好！我也很緊張吶。我從沒看過那麼多醜人待在同一個房間。」我們笑得有氣無力。

有一組清潔局的職員被派到安全與訓練科，老莫是其中一人，他負責教B級和A級商業駕照課程、拖吊車課程（學習操作用拖吊車把垃圾車翻倒和吊正）、除雪車課程、掃街車課程。在安全與訓練科教課的人都經過精挑細選，用人單位會確定一個人對工作有耐性，積極進取，才會考慮讓那個人擔任教練。

因為老莫是教練，我自然認為他對工作很在行，然而，其實不只是在行，在我這輩子遇過的各種老師裡，老莫是數一數二的優秀。他活力無限，總是仔細聆聽。老莫會用古老的紐約腔鼓勵、斥責和規勸學員。「我可不會對任何人心慈手軟喔。」他警告說，「如果各位以為我會**放水**，死了這條心吧！」他戴著鏡面上有反射映像的太陽眼鏡，樣子有點神氣活現。他是我們的巴頓將軍，見到他才短短幾個鐘頭，我們就願意追隨他出生入死。我們對他的注視又怕又愛，我們想要取悅他，我們自願回答他的問題，即便我們知道，至少在這個星期剛開始，我們會答錯。「這答案爛透了」是他的標準回答，但是後來，我們在訓練場上放輪胎枕木或鬆開氣動煞車時，他會捏捏我們的肩膀，溫柔地向我們保證，我們犯的錯誤教會了全班不再重蹈覆轍。

我們用砂石車來訓練，不是用垃圾車；據說是因為車輛管理局的監考員不容許開垃圾車進行訓練。我們得在一星期內學好多東西。我們必須認識行前檢查時必須檢查的所有部件，包括車燈、反光板、煞車以及每一面鏡子。「把鏡子拿掉，」老莫說，「我就不能開車了。」實際駕駛時，我們得學習如何操控感覺難以捉摸的大型車輛在擁擠的公路上行駛，以及轉過狹小的街角。每項技術都會被仔細分解成幾個小步驟。教練教我們，倒車時，要小幅度轉動方向盤。「相信雙手。」老莫告訴我們，「只要小幅度轉動，千萬不要像轉披薩皮一樣卯起來轉。」在公路上，必須調整擋風玻璃跟道路標線的相對距離，駕駛時看到標線出現在左後輪外側附近就對了。雖然教練偶爾會講錯話，像是把「專業術語」講成「裝夜視椅」，但是教課還是教得挺清楚的。

我本來為了自己缺乏關於引擎馬達的知識而感到難過，而且我以為那些知識男生一生下來就懂了（同時發現這個想法可笑極了），直到我發現身邊都是在紐約市長大的年輕男女。那些年輕男女如果不是來這裡，什麼時候才需要開車呢？我雖然開卡車會緊張，但是開車對我並不是新鮮事，反倒是許多比我年輕的同事，包括二十幾歲的同事，是在取得商業駕照上課許可證前的一星期左右才考到普通駕照，完全沒駕駛過任何東西。我的緊張跟他們的相比根本微不足道。

商業駕照訓練結束約一星期後，我回到佛洛伊德．班奈特駕訓場跟七位同班學員會面。我們擠進一輛清潔局的廂型車，兩名教練開車載我們到布朗克斯進行道路駕駛考試。安全與訓練科的主管喜歡誇耀說清潔隊的商業駕照考取率高過任何一家民營公司，高得其他市政府機關的職員如果需要商業駕照訓練都會來清潔隊上課；不過吹噓的音量會因為每次道路考試成績而有高低起伏之別。如果我們通過考試，教練就會很高興，而我們則通過了最後一道障礙，取得工作。如果有人沒通過考試，所有教練都會受到懲處，而沒通過考試的人就會被淘汰，功敗垂成。清潔局教我們開垃圾車，帶我們去進行道路駕駛考試，不過沒通過考試的人就得靠自己囉。他可以再到民營公司參加駕訓課程，接著再參加考試，如果通過了，就能重新獲得工作機會；只不過額外訓練和第二次考試都得自行安排。

我們抵達布朗克斯後，等了一整個早上，一名嚴厲的車輛管理局監考員叫我們一個個輪流跟他一起坐上一輛清潔隊的砂石車。我們一個個輪流轉過街角消失，表情緊繃，稍後我們一個個輪流重新出現，臉色明顯比較放鬆，因為我們通過考試了。到下午兩、三點，幾乎所有人都考完了，正當我們開始欣喜雀躍之時，我們注意到對面街道上有爭吵聲。一名年輕女子站在人行道上啜泣，一名年輕男子在她附近來回踱步，兩名車輛管理局監考員站在隔一段距離的地方低聲談話。

一名教練離開片刻後回來告訴我們發生什麼事。那名年輕男子參加清潔隊的商業駕照課程，但是沒通過路考，於是再到民營公司上課，今天回來參加第二次路考，但是又沒通過。這無疑令人沮喪，但本來還算不上災難，直到他掏出一張一百美元的新鈔賄賂車輛管理局的監考員竄改成績。這可是滔天大錯。他不僅沒機會取得商業駕照，更糟的是，現在連普通駕照也會被撤銷，而且還得面對刑事控告。

在哭的那個女的是那個年輕男子的新婚妻子，那個男的看起來很氣。雖然不曉得是什麼情況逼得他做如此愚蠢的抉擇，但是我知道同班學員跟我通過路考，通往清潔隊的門終於為我們打開，我們即將要做的工作，不論在紐約或美國任何地方，能取得的人都越來越少。薪水雖然一開始微薄，但是卻相當穩定，而且我們享有福利、可領退休金、擁有具有實際影響力的工會。我們一輩子都被教導應該以中產階級生活為目標，現在突然變得可能實現。

我永遠不會知道為什麼那個年輕人認為行賄是好主意，但是我了解為什麼他老婆會哭。

13

碰碰車

Bumper Cars

兩個月後，我終於被叫去開始工作，跟另外一百二十名新進人員編成一個班級，回到佛洛伊德．班奈特駕訓場受訓三週。第一天剛開始，老莫把頭探進教室，大家突然主動鼓掌，反覆大叫他的名字，跟他打招呼。我們在休息時間和午餐時間去找他，請他提供意見，詢問應該爭取哪個分隊、應該爭取哪種工作、應該怎麼請求才能討好哪個主管。老莫天生就是有魅力的領導者，但是他初入行時被派去清潔局的掃街車隊。換句話說，老莫是個「掃街人」(broom man)。

聽到這件事我大吃一驚。偏好在垃圾車後面工作的人說，掃街人並不是很聰明。幹像清潔隊員這種吃力不討好的工作，誰不想賺多給的垃圾車錢？而且掃街人怎麼能完全了解清潔工作？清潔工作辛苦的地方是在街頭幹粗活，掃街人只不過是開車在街頭逛，他們沒有**親手清理**街頭。

掃街人對這些指控微笑以對，指出清潔隊的單位名稱是「垃圾**清除**與收集」。請注意，清除與收集哪個在前面？他們說，在垃圾車上工作的同事才沒有真正了解清潔工作，而且不是很聰明。他們指出，開垃圾車和操控掃街車，哪個比較難？

開垃圾車的人說開掃街車的工作是給娘娘腔幹的，因為女性開掃街車多過在垃圾車上工作，真正的男子漢才不會去爭取開掃街車。但是有許多鐵漢樂於駕駛掃街車的事實駁斥了這種說法。

在垃圾車上工作的人說，掃街人出身的主管比較多，這證明了主管對清潔工作一無所知，講得好像還需要更多證據似的。反之，掃街人反駁：掃街人擔任主管的人數較多只是證明了最初的論點，也就是掃街人比較聰明。

此時我心裡想著垃圾車，還有我是否能勝任挑戰，搬完我應該搬的垃圾（可能是十噸、十三噸或十八噸，取決於分隊的目標重量和當下的情況）。我雖然身強體健，但是我很清楚把垃圾收到垃圾車上需要多大的體力和耐力。其實我暗地裡想開掃街車，然而，我認識的人大多在垃圾車上工作，因此認為有自尊心的清潔隊員絕對不會要求開掃街車。

但是老莫是個掃街人，這個事實改變了一切。

效能佳的掃街車在都市清潔工作中就像聖杯一樣寶貴。十九世紀的專利文件有記載精心製作的新奇裝置，雖然在現代人眼中看起來可笑，但是卻頗具創意，而且可能有用，或許能解決棘手的街道髒汙問題。在那個年代，那類的發明也被認為是失業的前兆。一八六三年

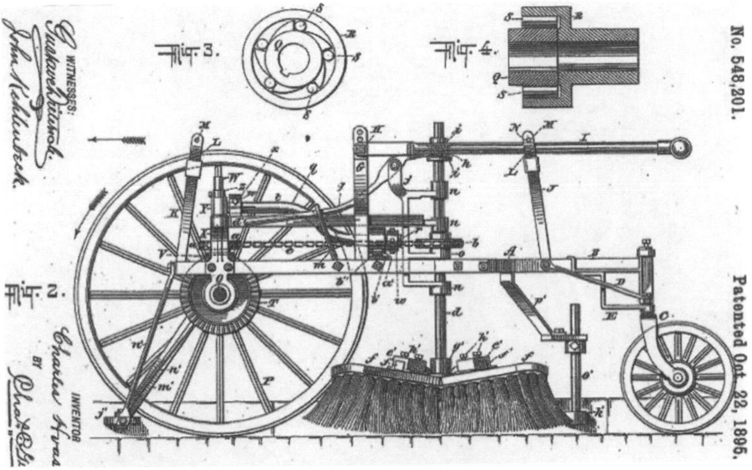

這輛1896年掃街車的設計預現了現在的掃地機器人。

早期的掃街車，一輛接一輛正在掃街。（紐約市清潔局提供）

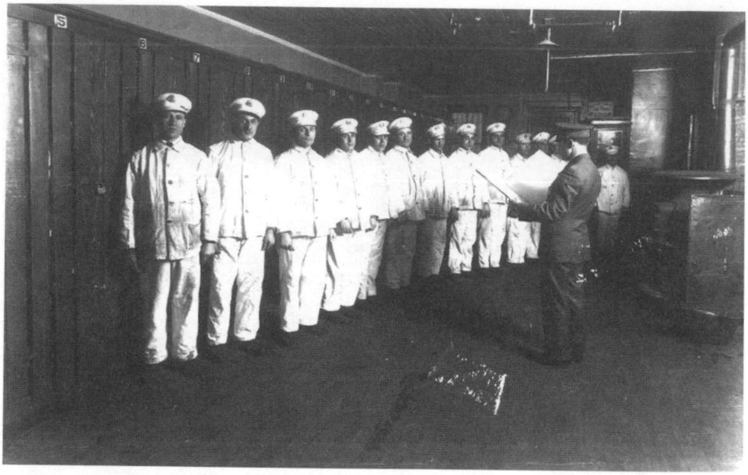

1920年代的街道清潔局（白翼大軍）。右側的工頭手上拿著一本工作時間紀錄簿，清潔局一直到2010年仍用類似的分類帳來計算出勤時間和總工資。（紐約市清潔局提供）

1920年代，一位街道清潔局的「白翼大軍」在城市車陣中掃街。（紐約市清潔局提供）

夏天，紐約爆發徵兵暴動，絞刑、謀殺和破壞持續四天，暴動的起因有好幾個，包括市政府試圖以掃街機取代使用掃把的清道夫。今日，使用掃把的清潔隊員在紐約市清潔局裡仍有工作，確實，有些工作其他工具無法完成，但是掃街車是解決許多問題的優先工具。

掃街車的前保險桿側邊有像梯子的踏板，爬三階就能進入駕駛艙。只有一扇門，從前面往後打開，後面是乘客座。坐在掃街車裡感覺就像坐在加高的福斯金龜車裡，是舊款的，裡頭有舒適的黑色坐墊，會發出像汽車的噗噗聲，啟動和停車時有時候會晃一下。主管機關限制最高時速為三十五英里，不過即便用這麼慢的速度行駛，掃街車在潮濕的街道上突然停下來的時候，車身也會稍微打滑，彷彿魚尾擺動似的。

紐約的掃街車是強斯頓掃街車公司製造的，有三支掃刷。左右兩側的掃刷叫作側掃刷，是個像大披薩盤那麼大的圓盤，傾斜一個角度，上面有刷毛。側掃刷會向外伸，清掃街道可以只動一個，也可以兩個都動。沒有運轉時會上收到車底下，活像上聳不動的雙肩。視情況和操控者的技術，側掃刷能以不同快慢的轉速轉動，能施加各種大小的壓力，把車邊的垃圾掃到車底。

垃圾被掃到車底後，就會碰到回收掃刷，一個質地粗糙的大型絨毛滾筒。被側掃刷掃到車底的垃圾會被回收掃刷掃到叫作梯子的移動階板上。梯子斜置於兩個弧形輸送帶中間，會把垃圾送到垃圾斗。垃圾斗在駕駛艙的正後方，能裝大約一噸的垃圾。整個過程中，數個噴嘴會噴水到前保險桿前面不遠處，把塵土和垃圾噴濕，目的是要提高清掃效率。

側掃刷的刷毛固定在四個形狀像圓餅的瓣片上（事實上，刷毛就叫做「瓣片」〔segments〕）。刷毛的磨損率不一定，取決於刷毛清掃街道的壓力和角度，還有街道的狀況。分成四個可以交互替換的瓣片，維修員就只要更換磨損的那個，不用把整個側掃刷換掉。兩側的側掃刷如果完美平衡，停紅燈空轉時會在柏油路面上留下掃痕，看起來就像有人在地上畫了一對對稱的弦月，每個大約一美元鈔票那麼寬。

掃街車每天都會清掃紐約市街道，但是在大型慶祝活動結束後，像是新年前夕在時報廣場的降球儀式，掃街車在清除垃圾上扮演的角色格外重要。那天晚上，十二點前的幾小時，尋歡作樂的人會被廣告策略吸引聚集，許多贊助企業都想要群眾拿自家的宣傳品，好留下印象。而這群熱愛群聚尋樂的人則喜歡在降球儀式後把宣傳品隨手丟棄街道上。

以前，全市各個街角都有小販在賣彩帶、會發出聲響的玩具和類似的小玩意兒。現在，這些小玩意兒上頭印著形形色色的精細商標，免費發送給數十萬個落入圈套的群眾。時報廣場商業促進區的工作人員穿著紅色連身衣褲，發送帽子、圍巾、彩球、氣球、眼鏡（有特殊光學效果，用於觀看時報廣場的燈光），每個東西上頭都有各家贊助企業的名字。還有贊助商會定時對聚集的群眾灑五彩碎紙，有時候還會拋紅色金屬小卡，上頭印著新年祝詞（希望！和平！歡樂！）。

最近一次新年前夕，清潔局分兩組人馬展開清掃工作，這種策略經常用於大型公共活動結束後。晚上十二點過後約一小時，一組人馬從南移向時報廣場，由鬆散的車隊組成，包括掃街車、垃圾收集車、警車，以及一輛白色巴士，載著分派到使用掃把和後背式吹葉機的人。另一組的編組相同，從北邊南下。

在時報廣場南方附近的第七大道，街角許多人成群聚集，懶洋洋看著我們，彷彿我們在遙遠的地方似的。他們霸占街道好幾小時了，還不願交出路權。我們隆隆推進，掃除袋子、紙杯、紙牌、罐子。罐子實在令我擔心，罐子被側掃刷捲入後，如果沒被回收掃刷接住，就會飛出車底，快速射向路邊。我們會拉一條叫遮擋帶的長帶子，與掃街車的車體平行，遮擋可能會飛出去的罐子，但是還是沒辦法擋下每個罐子。我們接近人潮最擁擠的街角時，我們的噪音變得更難假裝沒聽到，人們再次把臉轉向我們，但是他們看起來仍然有點恍惚，滿不在乎。或許等到他們被飛出去的罐子打到，就會真的徹底放鬆到無法注意我們。

時報廣場被稱為「世界的十字路口」，這真的是紐約自吹自擂的好例子，其實真正的十字路口是指百老匯大道與第七大道的交叉點。百老匯大道從西北到東南貫穿整個曼哈頓，在第四十四街與第七大道相切，切出兩個三角形，被稱為蝶形領結區，南邊以第四十一街為界，北邊以第四十八街為界。這個區域是新年前夕慶祝活動的中心，我們那個晚上大部分的時間都在那裡清掃。

蝶形領結區沐浴在廣告看板照射出來的白色泛光中，數十個華麗的廣告看板裝飾著紐約市的這個區域，照得街道跟白天一樣亮。霓虹燈照出混亂的燈光，跟裝在拆裝式高桿上的燈具爭奇鬥豔，燈具發出強光向下照著臨時搭建的舞台，舞台工作人員一邊大聲叫嚷，一邊拆卸舞台。在第四十四街和百老匯大道，路透社的金橘色跑馬燈一個字一個字橫向跑出，報導新聞。下面的那個跑馬燈則以綠色顯示運動賽事的比分。空氣中瀰漫著雪茄的味道。

皺摺的彩帶、紙袋、塑膠袋、塑膠罐、玻璃罐、寫著祝詞的閃亮紅色卡片，全跟一堆堆碎彩紙混在一起，在街道上積到腳踝那麼高。突然刮起的風把屋頂和窗台附近的更多碎彩紙吹得四處飄旋；地面的地鐵通風柵呼呼吹出氣流，吹得碎彩紙像龍捲風一樣短暫飛旋起來。一堆黑色和白色的氣球來不及參加派對，緩緩從一棟辦公大樓升起。警察成群站在路邊，像時報廣場降球儀式這種慶祝活動的現場緊張氣氛時時刻刻都很明顯，不過現在只是在清掃，警察比較放鬆了，一名警察獨自站在沒人注意的地方練習揮舞警棍。

掃街人新手很容易認，他們的側掃刷清掃著人行道外緣，一下子就卡滿碎彩紙，小瓣片像舊牙刷一樣，被擠壓得刷毛外翻。他們開太快，想一口氣清掉太多垃圾；引擎原本穩定的噗噗聲一下子就變成比較不穩的節奏；梯子則會被彩帶和塑膠袋卡住。他們打開垃圾斗，拉扯卡住的垃圾，拉出氣球的破片和被軋爛的塑膠小玩意兒。經驗豐富的駕駛會移動得比較緩慢，維持適度的清掃速度，一次掃除微量的垃圾。他們的掃街車最後也會卡住，因為垃圾數

清潔隊員正在清理遊行過後的彩帶。（作者拍攝）

清理遊行彩帶有時會動用到清除積雪的設備。（作者拍攝）

遊行後的街道。（Michael Anton 拍攝，紐約市清潔局提供）

量這麼大，卡住是無法避免的，只不過不會卡得那麼快和那麼嚴重。

毛毛雨使得清掃工作稍微容易些，不過半夜三點三十分左右，細雨變成豪雨，導致垃圾貼在人行道上。用掃把掃的清潔隊員大多掃不動垃圾，背吹葉機的人比較容易清掃，不過吹葉機很難操控，跟割草機一樣用拉繩發動，會排放汽油廢氣，發出巨大噪音。很快地，吹葉機就成了唯一還能把垃圾從人行道掃到街道上的工具。

然而，進展到這裡就停住了。掃街車把濕垃圾攪得像濃湯一樣，而且垃圾被早就裂解成糊糊狀的紅色金屬小卡染成粉紅色，看起來活像加了胃鉍牌胃乳的燕麥粥。掃街車可沒辦法清除燕麥粥啊！使用手持工具的隊員把垃圾清到街溝裡，然後掃街車開過，又把垃圾攪回人行道上。拿掃把掃和背吹葉機的人再把垃圾清回街溝，然後掃街車又把垃圾攪出來。在時報廣場各處，掃街車和清潔隊員為了粉紅色的粥狀垃圾往來交戰。我們的靴子、褲管和外衣下襬開始看起來像抽象派畫家波洛克試畫完的油畫布。掃街車沒辦法應付這樣的情況，但是除了大型汙水泵，我實在不確定什麼東西有效。

隔天，負責清理工作的主管們遭到上級嚴厲指責，因為小街巷弄在夜晚結束前沒有徹底清乾淨，而且新年早上七點開始的那個班次必須把蝶形領結區清掃完畢。但是我看見我們所有夜班人員都盡全力了。我認為，如果上司們要氣，應該要氣下雨；或者氣舞台，和後來聯結車開進來搬運舞台，害我們到值班快結束時，才能去清掃幾段很長的路邊；或者氣碎彩紙和垃圾多得超乎任何人意料；或者氣雨水把垃圾全變成黏糊狀；或者氣黏糊狀的垃圾簡直就像燕麥粥。我有提過嗎？掃街車沒辦法清除燕麥粥。

掃街人新手會由老手訓練，學習關於掃街車的大小事和工作的細節，優秀的老手會了解自己服務的分區，就像鎮長了解自己的鎮一樣。我主要由吉兒．貝利（化名）訓練，吉兒是一位安靜文雅的女性，從一九九〇年開始任職，在布朗克斯六A掃街車隊工作。幾乎人人都稱她為貝利小姐，但是這並非她主動要求的。她散發著高貴的氣質，沉著文靜。很快我就發現她是很棒的導師。

到六A時，我已經了解掃街人跟掃街車的關係比普通清潔隊員跟垃圾車的關係複雜許多。清潔隊員在六點到兩點的班一開始把垃圾車開出去，載滿垃圾，倒掉垃圾，接著開回分隊，加滿油料後停好。實際開車上路前，隊員應該對車進行行前檢查，也就是概略檢查，檢查輪胎、煞車、鏡子、車燈、反光板、油量。如果忽略這個步驟而出了問題，而且問題是行前檢查能發現與預防的，隊員就會受到責罰。有一名隊員從東皇后區遠端的一個分隊要到紐澤西州卸載垃圾，路程遙遠，八小時的班只能來回兩趟。出發前，他不僅沒有檢查油量，其他東西也都沒檢查，結果三更半夜在紐澤西州的高速公路引擎熄火。大夥兒費了好久才把他和車子帶回來，垃圾車的引擎必須整個換新。離開分隊前，他沒有注意垃圾車的油量過低，這是他應該檢查的，所以他因為損壞裝備而受到懲處，不只如此，他也因為沒完成工作而受到責罰。

清潔隊員駕駛垃圾車裝載與傾倒垃圾後，把車加滿油料停放好，就算功行圓滿。垃圾車必須進行PM，也就是定期保養（periodic maintenance），每兩週一次，維修員會確保氣動煞車狀況良好，液壓系統功能正常，潤滑點有加潤滑油，引擎完好。但是垃圾車必須清洗過，維修員才會碰。清洗垃圾車的工作由在分隊擔任洗車員的一名清潔隊員負責，洗車員會用強力清洗機，以攝氏一百度的肥皂水清洗垃圾車的裡裡外外。強力清洗機是一根外形像劍的水管，一端有扳機，另一端有鐘型噴水口，雖然噴水力道沒有像消防水管那麼強，但是噴出來的水柱比較集中，而且熱很多，有點像會噴水的光劍。盡責的分隊洗車員會用強力清洗機把車徹底洗乾淨，甚至會爬到垃圾車的車體內，清洗間隙和隱密的地方。但是垃圾車駕駛員完全不在乎洗車員有沒有洗得徹底，而洗車員也不關心駕駛員怎麼開車。

掃街人跟掃街車的互動複雜多了。首先，駕駛員不能忽略行前檢查。有太多部件經常會故障，駕駛員必須確定平常就得注意的事項，像是機油箱和起重潤滑油箱是不是滿的、垃圾斗能不能上舉、油箱煞車是否正常、煞車燈會不會亮。除此之外，駕駛員還必須確認左右的側掃刷能不能下放、外伸、旋轉、停止、內轉、收回、上升。在駕駛艙裡，駕駛員必須知道如何判讀與調整林林總總的儀表。儀表板上有許多旋鈕與開關，我第一次坐在掃街車裡時，感覺彷彿在一架慢速小飛機的駕駛艙裡。

駕駛員必須確認掃街車後面有反光三角架和閃爍的警示燈，頂部有黃色閃光燈。駕駛員必須攜帶工具，包括掃把、鏟子、消防栓鑰匙、消防水帶；經驗豐富的駕駛員也會帶著小刀和破布。如果掃街車剛好在冬天有暖氣，在夏天有冷氣，那再好不過，但是不能因為沒有就拒絕駕駛。如果掃街車沒有這類舒適的設備，駕駛員在駕駛時可以打開窗戶，不過就我所知，即便只是往返工線，也沒人會這樣做，因為掃街車掃掉的塵土跟激起的塵土可是不相上下。就算窗戶緊閉，駕駛艙裡也總是有沙塵。

一個掃街車隊負責清掃許多分區，因此，在街道執勤的掃街人必須熟悉許多街道，遠多過普通分隊的清潔隊員。在任何一天，駕駛員都必須到行政區的數個完全不同的小區，必須熟悉它們，因為工線的時間經過仔細安排。駕駛員必須在街道清潔法規禁止停車的時段到達大街道，通常只有短短半小時，接著在沒有車輛停放時到達小巷弄。如果遲到，尤其在商業街道遲到，駕駛員當天就沒辦法工作，因為車輛會停回路邊，把垃圾壓在輪胎下。

我們一起待在掃街車的小駕駛艙時，貝利小姐容許我坐在她旁邊的摺疊式座椅，耐心教我如何從掃街車隊部到每天的工線。把工作做好令她感到驕傲，尤其在掃街車運轉極度順暢時。不過她會用保養不是那麼好的掃街車來教學，教我如何修好卡住的地方，以及如何依街區和情況把難以操控的側掃刷調到最佳位置。比方說，下過雨後，大量泥土淤積在路邊，不適合用側掃刷的最大力道清除，最好用稍微輕一點的力道，反覆清掃幾次。她教我把掃街車的許多鏡子調到最佳角度，這樣我就能知道小瓣片是在街道上，而不是跑到人行道邊緣上。

她也教我掃街車很挑剔，沒辦法清除重物（像是磚塊與石頭）或體積大的物體（像是木材和硬紙箱）。側掃刷和回收掃刷都很難清除布料；衣架、電線、危險警示帶、塑膠袋、壞掉的雨傘、繩索或粗線，都會瞬間造成掃街車故障。駕駛員看見這類障礙物應該停車，下車用手撿起來，丟入垃圾斗，不過許多像這類的障礙物還是經常會被掃進掃街車內部，引發問題。

有時候不是垃圾給掃街車惹麻煩，而是掃街車給街道惹麻煩。尤其在冬天的乾燥日子，氣溫寒冷，水箱無法裝滿水，掃街車激起的塵土似乎多過它掃掉的。有一天下午，我駕駛自己的掃街車跟在貝利小姐後面，我們開過一條路肩積滿泥土的街道。她在我前方不到一百碼，一下子就陷入一團濃濃的飛塵中，完全模糊。我心裡想著會不會跟黑暗童話一樣，飛塵消散後，她和掃街車會消失不見。

我獨自清掃時最喜歡到積滿垃圾但是沒有停放車輛的商業街道。在單邊禁止停車的時段，路邊完全沒有停放車輛，一堆堆垃圾就像電玩遊戲裡的攻擊目標。我會調整側掃刷的速度和力道，確定側掃刷沒有跑到人行道邊緣上或施加過大的壓力。如果路邊有停放車輛，我會使用一種叫「狙擊」的技巧，以靈巧的弧線開到車旁，儘量靠近路邊進行清掃，感覺有點像在跳華爾滋。不論街區上沒有停放車輛，或必須進行狙擊，只要能從一端到另一端，清光街道上的餐巾紙或紙杯，我就會非常開心。

清掃完工線，把掃街車的垃圾倒掉，簽好三五〇卡後，接下來就是清洗的時間。一開始聽到清洗掃街車是一天裡一定要做的工作時，我以為只是意思意思洗一洗，清掉車輪和旋轉部件上的雪鹽和淤泥，頂多花個幾分鐘的例行工作，防止偷閒，做做樣子而已。在佛洛伊德．班奈特駕訓場，教練示範過徹底清洗掃街車的最佳做法，不過當時我懷疑駕訓場的許多教學只是要示範理想做法，並非實際做法。有一次在街上，我幫掃街人同事洗車，才發現洗車真的很費時，而且需要非常細心，但是我以為同事是因為我在一旁，才洗得特別仔細。我想學習真正的洗車方法，那種只有圈內人才知道的祕訣，好快一點回到分隊，結束一天的工作。

我第一次洗自己的掃街車，是跟另一名掃街人布萊恩（化名）學的。在分隊倒掉下午的垃圾後，我們離開分隊，他答應教我兩個新招。他提醒我，第一招雖然違反規定，但是很有用，如果能做到而不被逮到，就能省些麻煩。

他帶我到一條顛簸得像洗衣板的街道，滿地破裂的柏油和碎石，顯然路面變成這樣子已經好一陣子了。兩側有許多修車廠和破舊的高圍籬。我們在那個街區開到大約一半的距離時，我聽到布萊恩的回收掃刷發出低沉的嗡嗡聲，片刻後，我看到一大條被壓爛的垃圾躺在他後頭的路面上。我只看過掃街車清掃垃圾，捲起塵土，我不曉得掃街車還會拉出垃圾。

後來他解釋說，清潔回收掃刷最簡單的方法就是讓回收掃刷逆向摩擦不平的路面，原理跟逆向刷除毛刷一樣。問題是這樣會在街上留下許多垃圾。我們應該回頭清掉，但是因為那些垃圾原本卡在回收掃刷上，如果回去清，可能會再卡到回收掃刷上。所以竅門就是到沒人會注意的街坊，找很難徹底清乾淨的街道，像是柏油破裂的街道。掃街車駕駛員會留意這樣的街區，巧妙運用，儘量不要連續兩天去同一個地方，甚至不要一週去兩次。

把街道當成銼刀來用之後，布萊恩轉過街角，開到街區遠端的盡頭，轉了個U型迴轉，停到消防栓前面。這就是他今天下午要教我的第二件事。他帶我到他最喜歡的其中一個洗車地點。他說沒有別人使用這個地方，因此他完全不用排隊等待用水。

布萊恩把掃街車的車斗翻斜（有一種廚房垃圾桶，踩底部的踏板，蓋子就會掀開，各位可以把傾斜的車斗想像成那種垃圾桶的蓋子），接著用小刀清除卡在梯子上面的塑膠繩和卡帶磁條（梯子就是把垃圾從街道送到掃街車垃圾斗的階板），最後按下開關，讓梯子運轉。他把消防水帶鎖到消防栓上，消防栓鑰匙插到蓋子上，開始轉動鑰匙。轉幾下後，水柱噴出，水帶膨脹繃緊，水帶口噴出強烈水柱。水帶上裂出一個大洞，也噴出水柱，跟水帶噴出的水柱幾乎一樣強。

布萊恩解釋說，他先洗他的掃街車，洗完再等我洗我的。我以為他帶我來這個隱密的消防栓，現在應該是要教我快速洗車的真正訣竅。

他從外部開始洗，砂礫像瀑布一樣大片流落。接著沖洗內部，瞄準高處，清洗輸送帶後面的壁板，沖掉厚得嚇人的泥土。接著他用水柱沖洗輸送帶，輸送帶從骯髒的黑色漸漸變成帶著彩虹光澤的藍綠色，就像在陽光中閃閃發亮的魚鱗。梯子不停轉動，每個階板他都用水柱沖很多次，每次都沖得黏稠的汙垢四濺。水柱接著猛力沖洗回收掃刷。

他洗得又快又有效率，但是仍然花了好久才清除掉卡在梯子和小瓣片上面的垃圾，洗掉所有泥土，除去許多潤滑處上面凝結的黏稠汙垢。我一直等著要學清洗掃街車的取巧訣竅，結果根本沒有什麼訣竅。清洗掃街車就是得花時間。

接著輪到我了。我們關掉水，布萊恩把他的掃街車往後倒車，我把我的開到定位，把垃圾斗翻斜。此時水帶漏出來的水已經積成深及腳踝的大片積水，無法閃避。布萊恩再次轉動消防栓鑰匙，水帶瞬間噴出水柱，水帶的重量和沖水力道把我逼得往後退一步。我把水柱瞄準梯子，沖得泥土流下來，同時感覺著水柱的力道。微弱的陽光照射片刻，藍綠色的輸送帶發出微弱的反光。洗掃街車雖然是討人厭的活兒，但卻有意想不到的樂趣。

然而，水柱卻射到完全偏離我瞄準的目標。快洗完時，我調整水柱，想沖洗輸送帶頂部，那個角落很容易卡垃圾。結果卻把一道弧形水柱射過掃街車的駕駛艙後側，射到街道上。有一名女子為了繞過我們在人行道上弄出來的那灘無法穿越的積水，繞過我們走到街道上，但是我沒看見她。消防水帶噴出來的水柱直接射中她。

她驚聲大叫。我趕緊拉回水帶，布萊恩急忙關掉消防栓之際，我跑到掃街車前面。那名約莫二十歲出頭的女子全身濕答答，似乎也嚇傻了。我不斷道歉，她看著我，慢慢甩動滴著水的頭。我繼續道歉，說要拿毛巾給她（後來想想算了，因為掃街車裡的東西都有沾染油汙），說要找人來幫忙，說要把我的外套給她。她都沒說話，只是繼續甩頭片刻，接著說她會到街區的商店把身子弄乾。雖然天氣寒冷，但是她穿得卻不暖和，現在又渾身濕透，我實在覺得好抱歉。

我也感到惶恐。如果她思緒清楚的話，應該記下我的掃街車號碼，還有繡在圓領運動衫上的姓名，問我隸屬於哪個分隊，撥打三一一，甚至打電話到分隊、區公所和市政府。她完全有權利發飆，讓我吃不完兜著走。

她打開門進入商店之際，我想我看見她稍微踉蹌了一下。水柱打到她的力道到底多大呀？布萊恩建議我們立刻溜之大吉。他已經收拾好水帶，我的掃街車還沒完全清乾淨，但是我們認為夠乾淨了。回到分隊後，我們倆都沒提我的倒楣事。

14

行話淺談

Getting It Up

口頭談話時，大家會簡化複雜的細節，一段時間後就會發展出慣用語、縮寫用語和行話，用以談論專業領域的知識。外人得知清潔局也會如此時，經常感到驚訝。第一次到分隊的訪客聽到對話可能只會懂一點點，甚至一頭霧水。熟悉行話有助於更徹底了解清潔局的生活方式。我就來一段簡易教學吧。

清潔隊員：五七表在哪啊？

分隊長：劃紅線（redlined）了。

清潔隊員：劃了？拜託啦，老大，你不是真的想搞（bang）我吧？昨天我收滿滿一車貨（load）倒掉後，又出去補貨（a piece）耶！你知道我總是拿得起（get it up），收很重耶！

分隊長：你幹多久了？

清潔隊員：十六年。

分隊長：那還要我跟你解釋嗎？你們現在一直在倒退嚕（walking backwards）。我知道你總是拿得起，但是我也是聽命行事。我不想給你一記火箭（rocket），但是我得自保啊。

清潔隊員：好啦，以後載滿貨倒掉後我就不再出去多收了，不然我帶貨晃（swing a piece）呢？[1]

分隊長：那我就不會只是燒你一下（light you up）。

清潔隊員：那拜託幫我簽一下啦！

分隊長：你有三五〇卡嗎？

清潔隊員：我是希望你可以派我去開FEL。還有，你知道我可以掃（broom qualified）吧？

分隊長：你不想賺垃圾車錢（truck money）嗎？

清潔隊員：你知道的啊，我是可以登上垃圾車（make the truck），但是你改派我開FEL，我就能施蘭克（schranked）。

分隊長：你得自願才行。還是你要徒手幹（work on the arm）？

清潔隊員：屁啦！

上例的分隊長和清潔隊員正在各自不同形式的職權上角力。分隊長或小隊長在值班時間正式開始後，才可以在簽到表上劃紅線，也就是禁止簽到，但是通常會寬容隊員遲到幾分鐘。準時劃紅線，表示幹部嚴格遵守規定，但卻會把例行工作變得難以完成。

簽到表被劃上紅線後，清潔隊員就不一定能簽名，得試著求上司網開一面，像是提醒上司說自己的工作紀錄堪稱典範。分隊長當然不想跟優秀的隊員撕破臉，但又不能有雙重標準，如果容許這名隊員遲個幾分鐘簽到，別人為什麼不行？眼看分隊長似乎要堅持立場，這名績效第一的隊員便威脅要變成幹部口中的懶蟲。這可是會直接害到分隊長喔，因為分隊長必須仰賴像這樣的手下來幫其他比較不認真的隊員補上落後的進度。

於是分隊長詢問隊員有拿到三五〇卡嗎，藉此緩和緊張氣氛，同時證明自己執法嚴厲，堅守立場，但是也並非不可理喻，還沒徹底拒絕讓他簽到。談話結束時，分隊長開玩笑說，隊員要嘛就損失到垃圾車上工作可以領的額外津貼，不然就自願免費工作，但是這兩個選擇都很荒謬。

幹部或主管說要「搞」隊員、「燒他一下」、「給他一記火箭」，就是要記隊員失職。失職的項目又多又雜，包括簽到遲到（或沒有簽到）、沒有清完工線、太早清完工線、垃圾車收的重量未達目標。

目標重量差異非常大，現在全市的目標重量是每天每輛垃圾車十點六噸，這是平均重量，為了達到這個數目，每個分隊都同意達到清潔局和工會協商制訂出來的目標重量。目標

1 這是以前的用詞。自從清潔局開始把全市的垃圾往外送，故意不倒空垃圾車會受到嚴厲處罰。

重量會因為人口密度、不同區域的不同垃圾性質和季節而異。夏季時，服務富裕區域的分隊會收到的垃圾比較少，因為比較多居民不在家，郊區的分隊則會收到比較多的垃圾，因為庭院廢棄物比較多。❶清潔隊員沒達到分隊制訂的目標重量頂多只會遭到訓斥而已，但是如果沒有在值班結束前清完工線，就可能會被提報失職。

「貨」是指裝滿一輛垃圾車的垃圾，用以估量手邊的工作。每天早上九、十點左右和下午三、四點左右，小隊長必須巡視分區，向分隊長呈報還有多少垃圾得收。如果小隊長（又稱工頭）用無線電向分隊長回報：「我估三箱貨。」意思就是街上剩餘的垃圾還能裝滿三輛垃圾車。❷

估算錯誤或呈報錯誤可是會給小隊長及其分隊長惹來麻煩的。行政區級的主管負責協調分隊的資源，能從剩餘幾車垃圾決定接下來的幾個班次要從所有轄區的哪些分隊調派多少垃圾車。如果我是分隊長，呈報日班剩餘六箱貨，表示街道上還有六車垃圾日班隊員沒有清完，行政區大隊部可能會叫我在下個班次加派垃圾車和人員。假設那些垃圾車沒載滿，或是垃圾車上的人員雖然把剩餘的垃圾清完了，但是太早清完，顯然表示剩餘的垃圾不到六車。我的錯估會浪費清潔局的資源，浪費經費，錯用人力，浪費時間。同樣，如果我低估了，只呈報剩餘六車，派出去的垃圾車就沒辦法在夜班結束前把整個分區的垃圾收乾淨。呈報錯誤，不論是高估或低估，我都會被責罰。

但是呈報正確卻絕對不會獲得獎勵。假如我每天都呈報正確車數，上司並不會因此讚揚我。假設我真的每個月每天都在日班結束前，把整個分區徹底清乾淨，即便這樣的成績值得嘉許，但我卻仍然不會因此獲得任何讚許，甚至連升遷機會也不會增加。

這些事是李昂斯告訴我的，他穿清潔局制服好久了。第一次見到他時，我花了些時間確認他的長相真的是純種的愛爾蘭血統。深色頭髮，嘴巴上的鬍鬚像掃刷的刷毛，鼻子尖尖的，他看起來像尼采和馬克吐溫的混合體。他的父母在紐約相識，但是都出生在翡翠島。

李昂斯的哥哥循規蹈矩，但是李昂斯就不一樣，面對規矩時總是滿不在乎。讀完八年級後，他放棄就讀附近的教區學校，到公立高中讀書和打籃球，那所高中是市裡最大的，故事最豐富的。不過說「讀書」實在言過其實。他把想辦法不去上課變成一門藝術。走進前門，從側門溜出去；走進前門，從後門溜出去；直接走過前門繼續走。曠課通知函塞爆信箱，他的父親罵他、吼他、求他，母親悲傷流淚。家人苦苦懇求後，一個畢業於都柏林聖三一學院的伯父終於答應教李昂斯，但是沒教多久。「這孩子根本不受教啊。」他用濃濃的愛爾蘭口音說出最後的論斷。

但是李昂斯會打籃球，從高一就參加校隊。練習完後，他會到公園繼續打球。他週末打球，晚上也打球，打得很好，儘管學業成績爛，仍然獲得許多籃球獎學金。他選擇到新罕布夏州上學，雖然那裡很冷又很遠，但是他後來去的阿肯色州專科學校，不論在地圖上或在他的心裡又更加遙遠。不到一年後他就永遠輟學了。

一個十九歲的人，只有紐約市公立高中畢業文憑，跳投很準，但是沒有專業技能，沒有一技之長能找工作。幸好家人動用人脈，加上好運，他順利加入一個當地的貿易工會見習，父母這才稍微鬆口氣。不過父親也力勸他參加市政府公務人員考試，其中一項就是清潔隊員考試。被召去當清潔隊員時，李昂斯才剛新婚，即將搬到市區外的高級郊區，透過工會獲得穩定工作，就算沒有市政府的差事，未來看起來也穩定無虞。母親、哥哥、大部分的朋友，尤其是老婆，都勸他別去當清潔隊員。他不顧他們勸阻，毅然決定當清潔隊員時，只有父親恭喜他做了正確的選擇。他的新婚妻子非常火大，不准他告訴鄰居。

多年後，獲得幾次升遷，李昂斯成了「白衫職員」，在市政府的制服單位，白衫職員就是主管，他是清潔局分隊的主管。清潔局高層都知道他是熟悉街頭工作的幹部，總是能達到分隊要求的重量；下屬則知道他做事臨危不亂，做人通情達理。

李昂斯對日常工作和整個職業生涯的態度，正是許多清潔局管理階層常流露出的矛盾心態。他說清潔隊的男女同仁跟警察與消防隊員有著不一樣的特質，但也馬上指出，相較於報導警察或消防隊員因公殉職，媒體對清潔隊員因公殉職的關注程度顯然不公平。警察和消防隊員會獲得頭版全頁的頭條報導，電視新聞經常會報導個好幾天；清潔隊員則只能在尾頁獲得小篇幅報導，地方電視台也只會短短帶過，有時候甚至完全沒報。

李昂斯通常說自己工作的地方是「屎坑」，但是近二十年來卻從來沒有請過一天病假。如果被要求投入沒辦法獲得補償的額外時間處理跟工作有關的事，比方說清潔局的年度家庭日或下班時間舉辦的社區活動，他會謹守原則拒絕，但是他每天早上都會在開始值班前，提早整整一小時到，提早處理一天的繁忙公務。

他被逼問時會承認，他認為自己是失敗者，因為他在他口中的垃圾局待了許多年。然而，在那次談話中，他也說這個工作帶給他和家人穩定，讓他能為孩子打造充滿社交、教育、與工作機會的生活。

他和我談過幾次，我曾經試著解釋為什麼我認為清潔隊是街道上最重要的力量，但是李昂斯的反應總是一樣（對了，這不是他的真名）。

「啊，屁話啦！」他會這樣說，揮揮手叫我離開。

即便工作數十年了，他還是沒告訴鄰居他是幹什麼討生活的，這樣他的老婆比較快樂，他也是。

第五部　滿載而歸

Part Five: Loaded Out

15

布朗克斯迷路記

Lost in the Bronx

伯特（化名）的垃圾車在街道上穩定行駛，車上的許多車尾燈和反光板在黑夜中發亮。我開著自己的垃圾車跟在他後面，打開窗戶，讓溫暖的微風吹進來。我們在大廣場大道上，這條大道不僅是紐約市的知名幹道，也是布朗克斯的重要地標。曾經華貴的電影院、高雅的公寓建築，大膽優美的裝飾藝術美學令人想起以前的樂觀主義，但是現在窗戶都用木板封起來，牆上滿是塗鴉，訴說著更令人不安的故事。通常，我會被這類細節吸引，但是現在沒有，今晚沒有。

人行道上擠滿行人，手拿沉重的購物袋或書包。擁擠的車潮減慢了我們的速度，伯特打了左轉方向燈，我也一樣。過了一個短街區後，他又打左轉方向燈，開向我們剛剛來的地方。又來了。這一趟本來只要大概二十五分鐘，現在開了超過一小時，我們卻沒有比出發時更接近分隊，還是說不定有更接近分隊，我也不知道，我完全迷路了。

幾小時前，我們簽到值四點到十二點的班，準備「跑接力」。除了塞車、在垃圾場大排長龍、太晚發現垃圾車的機件有問題、遺失文件、在公路拋錨、忘記秤重（倒一般垃圾時不可能會忘記秤重，但是我在倒紙類垃圾時倒是忘記過），不會出現嚴重差錯，我們通常能在值班時間結束前完成目標，來回跑個五、六趟。

我在布朗克斯第七分隊工作，布朗克斯第七分隊被稱為「刑房」（House of pain），因為目標重量很大。布朗克斯第七分隊的隊員負責收大學高地、傑洛姆公園、福旦莫大學城、王橋等區域的垃圾。分隊建築本身位於曼哈頓北端，建於一九六〇年代，線條單調、細節平淡，跟那個時代紐約市的許多建築一樣。現在清潔局的建築師設計了更多吸引人的空間，至少被分派到布朗克斯第七分隊的隊員不用到除役的焚化爐換制服或洗澡。那些焚化爐現在是那條街上另外兩個分隊的所在地。

我遇見伯特時已經比較喜歡自己去垃圾場。我獨自開過許多趟，在其中一趟發現了愛吟誦的垃圾車「夢娜號」。我喜歡呆呆地看著垃圾場裡堆積如山的垃圾，附近沒有同事會認為我是怪胎。然而，那天晚上，有人從行政區大隊部來，比平常更加密切注意分隊的運作。因為我是新手，所以依規矩應該跟一名老手學習，於是被派給伯特。他有十七年工作資歷，那為什麼他會特別喜歡跑接力？很少資深隊員會做這項工作，因為卸載垃圾跟開垃圾車收垃圾不一樣，沒有垃圾車錢可領。是我出現幻覺，還是他和分隊的工頭真的互瞪了幾眼？

清潔局的所有基層員工和管理幹部都走在一條線上，一端是循規蹈矩，謹守清潔局的諸

CHAPTER 15 —— 布朗克斯迷路記
Lost in the Bronx

曼哈頓第八分隊位於一間除役的焚化爐內。(作者拍攝)

多規定，另一端是對規定滿不在乎。遵守規定的態度與行為不同會形成所謂的家規，使紐約市的每個清潔局分隊在文化道德上都有微小但卻明顯的差異。了解和遵守家規有助於每天過得順順利利，比如說，有一組人員習慣在早上休息太久，但是只要總是能清完工線，大多能免於受罰。如果有一名清潔隊員不曾埋怨工作，生病時或許就能獲得寬限期，遲幾天交醫生的診斷證明。不過這種和諧很容易被破壞，如果小隊長向上呈報那組人員經常休息太久，喝咖啡慢吞吞的；或者如果有人大嘴巴，四處宣傳上級偏袒遲交診斷證明的同事，那家規建立的和諧就會被破壞，引發騷亂。

外行人不一定能發現麻煩的徵兆，但是如果平常講話粗魯的人突然講起話來格外有禮，或平常活蹦亂跳的人變得刻意冷淡，或隊員和小隊長冷眼互看，肯定看得出來事有蹊蹺。我不像外行人，我看得出許多心照不宣的重要社交線索；但是我也不像內行人，還不知道怎麼解讀。伯特不肯幫我解惑，我問他為什麼要去跑接力，他只是聳聳肩。我問他是不是在氣小隊長，他瞪我一眼，但是什麼都沒說。

我們找出垃圾車，開去倒掉垃圾後開回來，再開兩輛出去。回到隊上後，去卸載第三趟垃圾車之前，我們到當肯甜甜圈休息。

我對這家連鎖店的空間規畫沒什麼研究，但是這家分店比大部分的分店空，沒有桌椅，只有磨損簡陋的地板和一個檯桌，前面擺著各式各樣的甜甜圈和咖啡機。我們走過有丈量刻度的大門柱時，監視攝影機清楚拍下我們的身高；銀行就是用這種丈量刻度來判斷逃逸的歹徒有多高。我不禁納悶，這家店被搶幾次後才裝這個新玩意兒，還是總公司認為應該審慎小心，一開始就在這個區域的分店加裝這玩意兒。

休息時間是十五分鐘，光買餐點就快把時間用完了。我爬回我的垃圾車裡，趕緊吃一吃，準備接著上路。伯特竟然不請自來，跑來跟我一起用餐。咖啡冒出來的熱氣使空氣中瀰漫著香味，我們閒聊起來。我看著時間拖到二十分鐘，接著三十分鐘，我沒辦法載著伯特直接把車開走，也不想沒禮貌地把他趕下車，其實我懷疑自己是膽小才不敢。我用手指敲著方向盤，清清喉嚨，抖動膝蓋，說一些像是「好囉！」這類含糊的話，說了幾次。但是伯特似乎渾然沒有注意到。

最後，我終於鬆了一口氣。四十分鐘後，他把甜甜圈的袋子捏皺，開始離開我的垃圾車。「跟著我。」他說。嗟……這還用說嗎？我都跟他一整晚了，不用說也知道我會跟著他。

接著他停下來看著我。

「絕對別相信老鳥。」

感激之情油然而生。這個有多年工作資歷的老鳥，把關鍵的洞見傳授給我這個菜鳥清潔隊員，我會把這個洞見加到我收藏的「清潔隊員必知智慧」。他之所以會了解這點智慧，是因為……他是老鳥。

「等等。」我說，「你是說，絕對別相信你以外的老鳥，對吧？絕對別相信別的老鳥？」

他的聲音和表情都沒變。「絕對別相信老鳥。」

我點點頭，但是一頭霧水。

從垃圾場到分隊常走的那條路會先經過幾個偏僻的街區，接著從一座高架橋底下通過，最後上州際公路。我們開始行駛平常走的那條路，不過沒有上通往州際公路的入口匝道，此時我更加感激這個慷慨的人，他可真是好搭檔啊！伯特要教我抄捷徑！

但是這條新路徑不斷折回原路，彎彎曲曲，像在繞圈圈似的，一點都不像捷徑。我真希望我能明白，我們離開前，伯特和工頭互看那幾眼是什麼意思。兩人互看絕對有什麼意思，我早該有警覺的。他不是在教我抄捷徑，他要讓我知道，他是最可惡的混蛋，而我是最愚蠢的笨蛋。

伯特在進行個人抗議，私人罷工示威。他竟然把我拖下水，我卻像個眼巴巴的孩子跟著他。不論他要怎麼報復，還是要抗議真實的或幻想的職場不公，我都詛咒他拖我下水。第三次經過布朗克斯區法院時，我告訴自己得脫離他，自己問路找路。但是我不知道我在哪，認得的路名很少，認得的地標更是只有洋基棒球場。

夜晚一分一秒過去，我們繼續繞行感覺起來不平順的大圈圈，我從惱火漸漸變成屈從，至少我充分練習了夜間在繁忙的市區街道開車。緩緩停下來等紅燈時，驚嘆著一波波行人竟然看也不看我一眼就從我前面走過，有時候就算垃圾車還在動，他們也不看。我思索著，他們雖然粗心大意，但是卻相當信任我，我突然對他們感到一絲暖意。交通號誌告訴他們，穿越斑馬線是他們的權利，但是他們相信我駕駛技術好，不會輾過他們。

他們不知道，垃圾車這麼大，其實我快嚇死了。我本來篤定這表示總有一天我一定會沒辦法開垃圾車，直到一位有多年工作資歷的清潔隊員告訴我，他第一次開垃圾車時嚇得半死，值班結束時，他的搭檔得把他的手指扳離方向盤。後來我又聽說那名清潔隊員剛入行時，有一次開垃圾車離開分隊，只行駛幾個街區後就嚇傻了，因為他必須在高架橋的樑柱間進行大角度的右轉。工頭發現這個可憐的傢伙阻塞了十字路口，嗚嗚哭泣，雙手死命抓緊方向盤。

我對布朗克斯的一無所知，慢慢被模糊的熟悉感取代。將來有一天，我可能會更熟悉這些街道，我會記得我們今晚經過許多次的那些臨街教會和鄉村風格公園。要是我們能回到分隊，我絕對會有大麻煩，因為我還在試用期。我知道絕對不會有寬貸，但是我莫可奈何，所以擔心也沒用。

而且我還有很多事必須學習。

在紐約收垃圾、開垃圾車和清掃街道的人被歸類為體力勞動者，他們必須熟練的工作專長通常被認為是不重要的。但是就在今天晚上，我遭遇了我不懂的複雜情況，反抗的語言和技術不僅對這項工作很重要，對許多工作都很重要。菜鳥必須能識別與解讀反抗的語言和技術，而且必須比我那天晚上更有種，不然就有可能會像我被伯特劫持那樣，一個不小心就被劫持。

我們最後回到分隊時，小隊長在他的辦公室外面等我們，雙臂交叉在胸前，表情嚴厲。他待在那裡等，我們把垃圾車停好後，走回去找他。他問伯特發生什麼事，伯特直視他的眼睛，說塞車塞到爆。兩人又狠狠互瞪一眼，幾個小時前兩人就那樣互瞪好幾次了。接著小隊長轉向我，問一樣的問題。

我很氣伯特，我不知道他在玩什麼把戲，在耍什麼更複雜的詭計，他是經常選擇這樣幹，還是只有發生過這一次鬧劇。我也不知道自己惹上多嚴重的麻煩，而且我不想說謊。但是我當然知道，除非情況真的極度嚴重（當時的情況還不夠嚴重），否則不能背棄搭檔。

於是我也直視小隊長的眼睛，但是什麼都沒說，只是微微聳聳肩，伸出雙手，掌心上翻（我後來才知道，這個動作叫作清潔隊員敬禮）。他仔細思考了很久該怎麼處置我，然後搖搖頭轉身離開。

我始終不知道為什麼伯特那晚要拖著我在布朗克斯亂逛，但是我曉得，不論他的目的是什麼，他利用我們跑接力時，縱容自己進行私人抗議行動，因為我提供了掩護。他的大膽抗議行動不論可能導致什麼樣的懲處，都會同時落到我們倆身上。但是他資深，不會受到重處，而我是試用人員，就沒那種保護。我們隨便亂逛，嚴重違反規定，絕對構成解僱的理由。我應該要被炒魷魚的。

工頭知道這一點，必須決定是要處罰伯特，或讓我保住飯碗。伯特吃定小隊長通情達理，當然也正確猜中他會怎麼決定。伯特知道，如果有任何後果，那後果可能會落到工頭身上。

在分隊值四點到十二點的班，工頭還有許多其他職責，其中一項就是確定日班收滿的垃圾車得倒空，並且得在夜間十二點的班開始前做好出車準備。伯特和我太晚回到分隊，沒辦法多跑幾趟，因此表訂我們必須卸載的幾輛垃圾車仍是滿的，迫使下一班的人必須完成，這表示至少有兩名已經被指派其他任務的清潔隊員，像是弄桶子或收垃圾的，必須改去跑接力。我們的工頭必須向分隊長、甚至要向一位行政區大隊部主管解釋勤務異動，行政區大隊部主管會看心情懲處，工頭很可能會被提報失職。

我們的工頭擔任這項職務許多年了，這絕對不是他頭一遭被清潔隊員陷害。他告訴我，他討厭這項工作。無疑，像伯特這種同事只會讓他更討厭這項工作，不過他也可能只是單純厭倦小隊長必須容忍的事。

16

小隊長難為

We Eat Our Own

清潔局把責任分散給各階層，但是許多層級的清潔隊員都認為小隊長的差最難當，因為工頭最直接監督街頭工作，當清潔隊員給工頭惹麻煩，工頭就得承受壓力與指責。工頭也是街頭與局裡其餘高層的第一道界面，因此得承受來自上級的壓力與懲處，尤其當工頭得為許多難以管控的細微瑣事負責，而且這種情況經常發生。此外，像開違反交通規定與丟垃圾規定的罰單時，他們經常會被極度無禮的民眾破口大罵。誠如一位行政區大隊部主管所言，小隊長是整個體系的避震器。

這就足以讓許多清潔隊員不想升遷。小隊長考試約每四年舉辦一次，我知道有些清潔隊員每次都會應試，純粹只是想知道自己能考出什麼成績。有個人連續三次都考全市最高分，我問他為什麼不去當小隊長，他說想不到去當的理由。他在一個很好的分隊上班，離住所不遠；他的搭檔也很好；他夠資深，經常能登上垃圾車，而且負責分區裡最好的小區。工頭知道他每次都能清完工線，倒空垃圾車，因此讓他獨立工作。他喜歡現在的工作，此外，他補充說，誰想要那種壓力？[1]

他說的沒錯，小隊長這個頭銜，又稱工頭，會帶來巨大的壓力。

剛開始擔任新職，小隊長賺得比領頂薪的資深清潔隊員還少；而且得再回到試用階段，不過只要十二個月，不用跟新進人員一樣試用十八個月。更糟的是，年資得重新計算，因此，新任工頭必須再度輪值各個班次，跟初到職時一樣。

這些後勤方面的挑戰固然難，但是這項新職務首先要學的最基本課程又更難。小隊長必須重新調整跟舊同事的關係。「別認為他們是你的朋友。」比較資深的幹部會這樣告誡。他們是指新小隊長剛脫離的那些清潔隊員。工頭可以選擇會激起怨恨或能促進合作的管理方式，有些上級認為能促進合作表示管理成功，會激起怨恨表示管理無能，但是工頭得花一段時間，才能想出什麼樣的管理方法最有效。有些工頭一開始就太冷酷鐵血，有些則能贏得前所未有的同袍情誼。採用這兩種極端做法的人容易遭遇類似的問題：屬下會突然工作得比以前慢，或錯過以前從沒錯過的站點。

初出茅廬的工頭必須學習的第二個重要課程是應付上級。「防範暗箭。」同僚這樣警告。即便只短暫在清潔局工作過的人也看過工頭被愛罵人的分隊長和心地險惡的大隊部主管撂倒。出亂子時，處罰小隊長經常比揪出犯錯的清潔隊員容易，官方的解釋是，必須用比較高的標準來要求幹部。另一個原因很可能是幹部和清潔隊員的力量相差懸殊。幹部的工會「服務業僱員國際工會紐約市四四四號地方分會」小於代表紐約市清潔隊員的「國際卡車司機工會紐約市八三一號地方分會」，小隊長或分隊長都是隸屬於四四四號地方分會，他們抗議不公平對待的工會力量比不上清潔隊員工會集結的力量。

幾年前的一件事能說明這一點。一位新任職的工頭被分派在某個星期日工作，督管四輛垃圾車清垃圾桶。上級不僅清楚反覆告知他和負責這項任務的八名清潔隊員，還發布書面命令，說不准提早收工。清除完工線後，隊員們必須回到原點，繼續重新清垃圾桶。這樣的命令合情合理，因為四組人馬都在星期日行人眾多的商業街道工作，如果只清一趟，不足以清空垃圾桶。

有兩個情況使這位小隊長的任務比平常更加困難。四輛垃圾車被分派到那個行政區最北和最南的兩個分隊，這表示這兩個分隊相距遙遠，分別位於行政區的兩端。就算路上完全沒有車輛，從一個分隊到另一個分隊也要二十五分鐘。如果離開一個分隊去查看另一個分隊，前一個分隊的四名清潔隊員就會有至少一小時沒人監督。這個情況雖然不便，但是不一定會出問題，無奈隊員們卻硬是惹出問題。他們知道不能提早收工，知道工頭被迫在值班期間長時間遠離他們，知道他仍在試用期。

工頭跟北邊的隊員在一起時，南邊的兩組人馬清完一趟工線就回到分隊，他到達南邊的分隊部時發現他們在玩牌，命令他們出去繼續工作。但是他們沒時間再把工線從頭到尾清一遍，於是他一離開，他們又躲回分隊部。各位應該知道接下來會發生什麼事吧？工頭派南邊的垃圾車回街頭工作，自己回到北邊的分隊後，竟然發現那兩組人也提早收工回到分隊部。

行政區大隊部主管揚言要嚴懲每個相關人員。一開始清潔隊員佯裝不知情，說不曉得必須待在外頭工作直到值班結束，但是最後還是承認自己是故意不理會命令。他們本來被罰停職幾天，不過後來懲處全減輕為單純口頭訓斥，也就是說，沒人遭到真正的懲罰。

那位工頭可就不是這樣囉！還好有一名位高權重的高階主管跟他同一陣線，他才免於被降職。

這個案例說明了小隊長一職的主要困境，工頭不僅無法跟擔任舊職時一樣職責明確，也沒有上級所擁有的懲處權，但是卻背負管理責任，必須對下屬的行為負責。這跟第二十二條軍規一樣不合邏輯，可能會導致荒謬的情況。清潔局的工頭彷彿被困在行政煉獄裡，或永遠處於中介期。

中介的英文是「liminal」，來自拉丁文的「limen」，是指「兩端間的空間」，也是門檻的意思。人類學家傑內普和特納認為，中介是所有通過儀式（the rites of passage）的主要環節，通過儀式就是個體在群體中改變身分的儀式。[2]通過儀式的形式和內容千變萬化，在全球的每個文化中都能發現，而傑內普和特納認為所有的通過儀式都有三個相同的階段。在第一階段，新成員必須離開原來的同伴，通常在這個階段會出現某種象徵性的標記行為，像是剃頭或穿特別的衣物。在第二階段，新成員必須接受考驗，改變甚至消除舊身分，同時證明自己有資格取得新身分。最後是第三階段，眾人會歡迎新成員回到團體，承認他的新身分。

在這三個階段中，第二個階段是最難熬的，新成員已經不再屬於原來的群體，但又還沒獲得新身分，而他需要取得新身分才能回到團體中。他卡在新舊身分之間的門檻，也就是說，他必須忍受一段中介期，那是一種不上不下的狀態，不僅心情矛盾，而且壓力沉重。

我現在就能想到許多例子，比方說男人入伍從軍就得離開原來的群體，穿上軍服，剃短髮，表示隸屬與順從新團體。新兵基本訓練就是壓力沉重的時期，一方面考驗毅力，一方面消除男人的舊身分，把他塑造成他必須成為的那種人。訓練結束後，他就能以新的軍人身分重新融入軍隊。加入聖職的過程也類似。有些例子比較沒那麼戲劇性，比較普通，像是猶太成人禮和初領聖餐禮。

清潔局的小隊長不會從這方面來思考自己和工作，但是他們早就明白他們的職務裡本來就存在矛盾。他們的職責繁多，而且兼容並蓄。這也是工作挑戰的一部分。

工頭最近才被改稱為小隊長，在分隊值日班，負責督導特定區域。他們負責督導多達七組清潔隊員，也就是十四名清潔隊員和七輛垃圾車。工頭會在早點名一開始時分派工線；在早上和下午巡查清潔隊員，簽工線卡；在早上和下午巡視工線，確定工線乾淨；在早上和下午向分隊長呈報哪幾輛垃圾車會倒空，哪幾輛不會，哪些工線清完了，哪些還沒清完。

工頭也要巡查MLP（機械化垃圾巡邏員）[1]和清垃圾桶的垃圾車，查看進度，簽工線卡；接聽三一一申訴電話（如果情況許可，也可以當面聽取申訴）；到家裡拜訪請病假的清潔隊員；處理意外事故，像是鏟雪車不小心推動遮蓋路洞的路板，使路中間露出像一輛車那麼大的洞，或垃圾車在住宅區撞斷樹上的大樹枝，或發生LODI（職災）的狀況，或處理跟清潔局車輛有關的車禍。

這些例行工作都必須依規定用複雜的文件記錄下來，跟清潔隊車輛有關的輕微車禍就是個好例子。小隊長抵達車禍現場後，必須填寫八〇六表，一式四份，附複寫紙。無論如何，小隊長都必須確實對清潔隊員進行酒精與藥物檢測；如果小隊長忽略這個步驟，絕對會被記失職。如果清潔隊員受傷，那就要填寫八〇七表，但如果他的傷重到得送醫院或診所，就得改填八〇七B表，而且必須等他出院才能進行酒精與藥物檢測（這似乎格外不合邏輯）。如果有打電話叫救護車或急救人員，工頭就不能忘了記下前來處理的醫護人員的姓名。工頭抵達後，也必須畫下自己所見的現場，畫下當時車輛的位置。如果車禍是機械故障造成的，那就必須填寫二四〇表；如果垃圾車被拖到維修廠，就必須加填八〇六表。如果涉及民間駕駛，工頭必須填寫八〇八表和MV一〇四表。但是如果車禍發生在紐澤西州，比如說垃圾車到艾賽思郡的垃圾場卸載垃圾時發生車禍，就需要填寫SR1表。

像紐約市清潔局這麼大的公家機關都必須分配多層的責任歸屬，不過就算理解這一點，仍舊很難想像這麼複雜的文件到底是怎麼來的，感覺好像有很多新規定是根據舊規定制訂的，而舊規定也是根據更舊的規定與程序訂定的。仔細研究這類文件，就能更通盤了解清潔局的任務籌畫方式以及管理歷史。❸誰製作這些表格？表格用於滿足什麼需求？表格能解決什麼問題？誰製作那麼多領域的表格？如果不遵守規定填寫表格會怎樣？當某些表格引發問題時，會再製作更多表格來解決問題嗎？填寫完的文件最後會怎麼處置呢？清潔街道和收垃圾的工作怎麼會變得那麼複雜呢？

但比起填寫令人眼花的薪資簿，發生事故必須填寫的文件根本就微不足道。數十年來，薪資紀錄都寫在非常大本、展開長度將近一碼的工作時間紀錄簿上。在左頁的左側手寫每個清潔隊員的姓名，用藍筆寫的名字上日班，用綠筆寫的名字上夜班。那兩頁剩下的地方全是一格一格半平方英寸的方格。工頭在計算薪資前得先用尺在每個格子上畫對角線，從左下角畫到右上角，這叫「畫格子」(stroking the book)。一頁有幾百個格子，每個格子代表分隊裡每個工頭、搬運員和駕駛員的每個工作班次，每個格子都得畫。寫完這兩頁需要大約三十天，換新頁重新寫時，需要在左側重新寫上隊員的姓名，重新畫格子與填資料。

如果是一天上滿八小時的班，沒有倒垃圾，沒有加班，就只要在方格裡畫對角線就好。

1 機械化或摩托化垃圾巡邏員是舊職稱，他們負責清除各種髒亂，或尋找大量堆積的垃圾。

但是如果有其他事發生，就得在格子的右下半填寫工作時間，其餘資料則以記號記錄在格子的左上半。下雪和加班用紅筆寫，為什麼呢？看記號就是了！平日上班加班、在休假日工作、星期日加班、假日加班、節日加班，都有其記號。損失的工作時數也有記號，不同數字代表不同情況，像是接受酒精與藥物檢測和發生LODI（職災）。清潔隊員生病或執勤受傷也有記號。全額或部分垃圾車錢、夜差、有薪假、無薪假，也有記號。平常在垃圾車上工作的清潔隊員突然被派去操作其他機具，仍然可以領垃圾車錢，這也有記號。❹數字的記號更多，叫層疊碼，有兩位數、三位數和四位數，用來記錄用時間測量的事項，小隊長如果無法理解層疊碼的複雜原理，寫薪資簿將會是夢魘。

在約翰．史坦貝克寫的《亞瑟王與騎士行傳》中，亞瑟王的義兄凱爵士在變成城堡的記帳總管之前，風采絕對比得上圓桌騎士。「連命運的殘酷打擊都無法擊碎的心，卻可能被慢慢啃食的數字腐蝕。」凱爵士悲嘆道，「唉，主子啊，您有認識哪個管數字的人沒變得小氣卑鄙、膽小如鼠嗎？小數字啃食掉一切偉大的特質，宛如列隊爬行的螞蟻，一口一口把巨龍啃得剩下骨頭。」❺

凱爵士說的簡直就是清潔隊的工作時間紀錄簿，不少小隊長對凱爵士的絕望肯定感同身受。多年來，許多本來有才幹的年輕幹部，因為無法理解記錄薪資簿的複雜規則，心煩意亂，最後辭去職務。現在整個清潔局都用電腦來處理文書作業，複雜的紀錄從紙張上轉移到螢幕上了。

記錄薪資簿固然十分重要，但是那是辦公室裡的工作，工頭很快就會明白，自己的主要工作是在現場，像是在每個工作日的早上到管轄區巡查被派到主幹道的掃街車。這雖然是日常任務，卻經常令人情緒激動。

清潔隊員會依固定的時間表清掃紐約市的街道。所有商業街區都有標誌，顯示道路清潔法規禁止停車的三十分鐘，在那段時間，車輛禁止停放路邊，大部分住宅區街道的禁停時間為九十分鐘。然而，掃街車駕駛沒有強制權。因此，如果工頭沒有開車過來按喇叭，勸導車輛離開路邊，車輛就不會開離，街道就會繼續髒下去。❻工頭過來按喇叭通常能驚動駕駛移開房車、卡車或廂型車，掃街車清掃過後，他們可能就會馬上回來。但是有時候溫和的勸導沒效。

有一天早上，我親眼見到這樣的情況發生在派德羅身上。派德羅肩膀寬闊，講話輕聲細語，在曼哈頓擔任小隊長。根據經驗，派德羅知道可能會在百老匯大道北段碰到困難。他解釋說，主要問題不是車潮擁擠和卡車並排停車，大部分有商店的街道在這個時段都一樣擁擠，主要問題是在這幾個街區，車輛駕駛完全不想移車。果然，他先按幾次短聲喇叭，再按幾次長聲喇叭，根本沒人移車，甚至沒人瞧派德羅或在他後面等待的掃街車一眼。他嘆了口氣，把車停到路邊，下車走向一名深色頭髮、穿著運動服的男子。男子正在把小貨車上的貨物搬到附近的一家雜貨店裡。

我在車裡雖然聽不見他們交談，但是不難知道他們交談的主旨。派德羅說話時，男子專注看著他，接著皺起眉頭，雙手一攤，開始大聲嚷嚷，嘴巴張得老大。派德羅聽了一會兒，接著拍拍自己的胸膛，身子稍微前傾，一邊說話，一邊搖頭。送貨員仍舊繼續嚷嚷，一隻手臂揮向自己的貨車，另一隻揮向身後的商店，臉色變得不悅。本來就臉色平淡的派德羅變得更加面無表情，從後側口袋拿出罰單簿打開。男子彎身靠向他，口出穢言。男子再度揮動手臂，我以為是要打派德羅的下巴，結果男子用力關上貨車的後門，氣呼呼走到駕駛艙，跳進去用力關上門，發動引擎把車開離路邊。在其他房車和貨車裡假裝不知道不能停車的人，也都決定把車開走，活像一群受到驚嚇的魚，消失得無影無蹤。突然間，沒有車輛停放在路邊了。

掃街車往前開，緊貼著人行道邊緣，從街區的一端移向另一端，輕柔的機械運轉聲突然變大。才花幾分鐘，掃街車就把一條街道清掃完，繼續開向下一個街區（派德羅在那裡又遇到頑抗的汽車駕駛），剛剛移走的車輛一轉眼又開回原位。只有從垃圾短暫消失，和一道跟掃街車一樣寬的水痕在柏油路上發亮，才看得出來掃街車曾經清掃過。

回到車上後，派德羅平常的冷靜表情被痛苦的表情取代了。他說他了解那名送貨員只是在做自己的工作，但是我們的工作呢？如果他們不移車，我們要怎麼清掃？他們什麼時候有權利妨礙清掃街道？如果我們不清掃，晚一點，這些笨蛋離開很久後，街上仍髒亂不堪，民眾會提出什麼樣的申訴呢？

巡查掃街車，還有跟頑抗的送貨員爭吵，仍舊是工頭每天的工作。但是那天的節奏變了，因為印第安納波利斯市的前市長來到紐約市，說動他的新上司，也就是紐約市市長，讓他到清潔局瞎搞。

二〇一〇年春天，彭博需要一名新的副市長。彭博會以忠誠來回報忠誠，大家都知道他跟與自己密切共事過一陣子的人合作起來最愉快，所以他宣布把副市長職務交給高史密時，不少人都覺得訝異。六十三歲的高史密是哈佛大學教授，不曾在彭博的政府裡工作，也不曾住在紐約市。

市長在新聞稿盛讚高史密是「美國政府創新的第一把交椅」。高史密在印第安納州擔任郡檢察官超過十年，之後在一九九〇年代擔任兩任印第安納波利斯市市長。他在哈佛大學曾經主辦一項甘迺迪政府學院的計畫，叫作「美國政府的創新」。他曾經擔任國家與社區服務組織的主席，單獨或與別人合作寫過幾本談論都市行政的書。

在彭博的政府裡，副市長是關鍵職務。市長展現對這位新下屬寄予厚望，把政府的大小事都交給他管。高史密掌控大權，管理警察局、消防局、緊急事故應變科、預算科和勞工關係科；直接督管計程車暨禮車委員會、刑事司法調解科、長期規畫永續發展科、合約服務科和經營科。此外，他也主管營建局、行政服務局、環保局、資訊科技局和清潔局。換句話說，高史密過去只造訪過紐約，就算接任新職後，仍舊會繼續住在華盛頓特區，卻要部分或全面管理跟紐約市每日運作有關的每個機關。

新聞界審慎迎接高史密。《紐約觀察報》專訪在印第安納波利斯市跟他密切合作過而且給他好評的勞工領袖們；❼《紐約每日新聞》說聽聽新面孔的新鮮觀點是好的，但是也告誡，「對於沒有深入熟悉紐約市的共和黨員而言，空降到紐約市後，學習曲線會很陡峭。」❽

清潔隊裡的內行人和親近市政府的人士都懷疑這項任命案是否恰當，而且高史密一開始的發言也沒有激起大家的信心。「我十分了解該怎麼管理政府。」他說，「但是我對紐約市的了解幾乎稱不上足夠。我希望能儘快徹底熟悉市政。」❾就連市長對自己的選擇也解釋得怪怪的。「在市政府工作過的人知道需要做什麼事情。」他解釋，「但是我們需要外來的人，因為外來的人不知道要做什麼，也因此沒有負擔。」

高史密剛上任就受命想出影響最小的做法來減少市政成本，每個機關都被命令減少下個財政年度的預算。或許因為高史密自己擔任市長時曾經重新調整都市廢棄物管理結構，所以一開始把目標鎖定清潔局，說要「再造」清潔局。他曾經藉由改革中層管理，精簡政府，打響名號，或許是因為這樣，他才特別鎖定在清潔局裡從街頭往上爬的第一階。他要改革工頭這個職務。

高史密到紐約時，清潔隊上上下下一共只有五千八百名清潔隊員，人數是從一八九五年以來最少的。八三一號地方分會的會長奈斯波利認為：「人員這麼少，冬天一來，紐約市很容易受到影響，甚至可能更糟。只有那麼少隊員能應付事故，要是出現嚴重的暴風雪，可能會釀成重大災禍。」

這位新副市長靈機一動想到對策。減少兩百個小隊長職位，這樣似乎能完成市長交付的使命（減少預算），又能滿足工會的要求（增加人手）。一百名小隊長會慢慢凋零，也就是有工頭退休時就不找人替補；另一百名則會降職消失，紐約市裡最資淺的一百名小隊長會被降職，調回去當清潔隊員。同時，高史密命令清潔局聘僱一百名新的清潔隊員。他說他的計畫幫市政府省下兩千萬美元的勞工成本，卻不用強制裁員，同時還增強了除雪部隊。「這對每個人都是雙贏。」他這樣告訴新聞界。[10]

「每個人」可不包括小隊長。仍在試用期的工頭可以降回原職，擔任清潔隊員，年資不會減少。但是任職超過一年的工頭如果被降職，他們會變成全市最資淺的員工，就算已經工作許多年也一樣。他們甚至會變得比那年稍後開始上班的新聘人員還資淺。至於通過試用期的工頭，工作年資該怎麼算呢？從最初獲聘進入紐約市清潔局的那一天開始算嗎？還是從擔任工頭的職務開始算呢？成為正式職員前曾經在清潔局擔任過便服職員的人呢？服兵役的時間要算進去嗎？

高史密沒有就此罷手。他認為，因為工頭變少了，所以在降職行動中倖存的工頭必須負責比較大的區域。工頭的控管量，也就是監督的垃圾車數量，本來最多七輛，高史密把上限加到十二輛。

他干預清潔局在街上的工作，造成深遠的影響，有人說那是胡搞。清潔局必須重新劃分區域，有三個小區的小分區，一天可能只跑十趟垃圾車，原本有三名小隊長監督，一個小區一名，現在只剩一個工頭，叫作現場督導員。大型分隊跑三十六趟垃圾車，清理五個小區，只有三名現場督導員。

這表示既定的年資規矩也毀了。有些小隊長多年來都在某個分隊的某個小隊上日班，突然被調到另一個行政區上夜班，因為另一名稍微資深的小隊長被派到那一個分隊上日班，擔任現場督導員，上級根本不管那名稍微資深的小隊長本來在距離遙遠的分隊上班，而且對新上班地點不太了解，甚至完全不了解。

像清潔局這麼龐大而且複雜的部門，在管理結構上永遠有改進的空間，或許高史密的計畫在紙上看起來合情合理，但是也可清楚看出，他對紐約市了解很少，對清潔局了解更少。

推動計畫的目的本來是要提高官僚效率，但反而破壞了原本穩固的組織結構，原本制度運作良好，現在卻運作不良。全市的工頭都在問，他們要監督十二輛垃圾車，其中許多輛彼此距離很遠，這樣他們要怎麼兼顧其餘那麼多的職責？比如說，他們會問，如果他們在處理發生災禍或異常情況必須做的文書工作時，有清潔隊員沒清完工線就收工離開，那會發生什麼事？工頭仍舊會依慣例遭到責罰嗎？工頭仍舊得跟以前一樣開那麼多罰單嗎？誰來接聽三一一專線和探視生病的隊員？工頭仍舊得去巡查掃街車和清垃圾桶的垃圾車嗎？臉書成了宣洩的地方。高史密的命令沒有改善市政，反而導致工頭們互相較量起來。⓫

小隊長甲：

希望星期六發生在我身上的事，能成為所有人的借鏡。那天我在某個小區工作，監督七輛初發車和兩輛到下午還剩半車的跨區車（在某小區沒裝滿而開到另一小區的垃圾車）。么么四洞，一輛垃圾車發生事故，我在事故現場待到么三么五。分隊長打電話叫我交報告，我告訴他我沒時間寫。接著他叫我打電話派一組人上街完成剩下的資源回收工作，我說我沒有手機號碼。結果我把這項工作忘了。我在么三三五以前回到分隊，弄罰單、安排四點到十二點的工線，搞到么三五五。我在電話工作簿上寫「值班時間結束，沒時間寫異常情況與事故報告」，簽名後我就下班了。我絕對不會再為這個部門額外多投入任何一分心力。我建議各位都這樣做。

小隊長乙：

你那樣做大錯特錯，肏，或許這就是為什麼市政府要把小隊長降職，如果行政區大隊部裡有任何人有腦袋，就該批准加班。你知道我有多少次用自己的時間來處理公務嗎？我需要因為用自己的二、三十分鐘辦公而發牢騷嗎？

小隊長甲：

你用自己的時間辦公有得到什麼嗎？沒有。沒人知道也沒人在乎你留下來工作到很晚，但是別人會注意到你沒辦法在八小時的值班時間內做完工作。感謝你讓市政府相信我們能在八小時內完成所有工作，包括監督十二輛垃圾車、開違規停車單（妨礙掃街車清掃街道的罰單）和破壞環境單（亂丟垃圾的罰單）、接聽三一一專線、探視生病的隊員、重新檢查車輛、寫異常情況與事故報告、寫薪資簿、寫三五〇卡、寫評鑑、主持點名、與民眾溝通。下次你花自己的時間工作到很晚時，通知我一下，我會叫大隊部送一塊餅乾給你。

民眾通常不太了解市政府員工多麼不滿工作被徹底改變。地方報紙偶爾會報導，不過清潔局的小隊長們心情沮喪，極度怨恨高史密和彭博，日常工作持續亂七八糟，這些事還沒重要到能登上頭版。杜赫帝局長在幕後默默持續努力，設法撤消降職令，也一樣沒辦法登上頭版。就連掌握大權的高史密自己也沒有常常登上頭版。

接著就是二〇一〇年聖誕節暴風雪來襲。

17

雪季
Night Plow

清潔隊員的一年分為四個季節：春季、蛆季、葉季和雪季。雪季從十一月初到四月中旬，在這段期間，清潔局會整備等待小風雪、冰風暴、暴風雪和任何類似的災禍，把日班的上班和下班時間調整成比平常晚一個小時，每個分隊一定要指派一個小隊值晚班。雪季時必須隨時有適當的人員準備因應暴風雪。如果雪突然降下來，而跟清潔局簽約合作的三家頂尖民營氣象預測公司沒有通報，清潔隊仍舊隨時有隊員和幹部可以安裝輪胎雪鏈、安裝雪鏟、駕駛撒鹽車，至少可以馬上開始清除主要道路的雪。

這是老傳統。雖然收垃圾和清掃街道是清潔隊的天職，但是紐約市裡負責那些例行工作的基層職員與管理幹部也永遠得處理除雪的工作。在最早的時代，街道清潔局的領導職包括一名最後處置分隊長、一名馬廄分隊長和一名除雪分隊長。前兩個職務老早就被遺忘了，但是除雪分隊長現在仍然有，七個行政區指揮部裡都有一個，每個分隊也有一個，在清潔局的局本部，每間辦公室裡也有人主要負責除雪事務。

清潔局極度重視除雪任務，從古至今成功對抗過許多大大小小的暴風雪，正因如此，二〇一〇年十二月下旬那場暴風雪竟然癱瘓紐約市，才會更加令人訝異。市民習慣在下雪時看見鏟雪車和撒鹽車在街上連續工作數小時，但是這次鏟雪車卻沒上街，街道一直被埋在積雪下面。一位皇后區的政治人物說他有證據能證明紐約市清潔局故意怠工，而他的話被一家報紙報導後，民眾從驚恐轉為氣憤，接著又變成極度憤慨與強烈懷疑。關於這場末日暴風雪的新聞迅速傳遍當地、區域與全國的媒體，部落格文章、YouTube影片，甚至連《週六夜現場》都紛紛批評嘲諷清潔隊員、清潔局和市長。

垃圾一直沒人收，一天天越堆越多，清潔局繼續辛苦應付暴風雪的餘波。國家廣播公司紐約分公司的一名電視記者暗指清潔局的工作吸引到的都是「經濟地位最低的人」，並且揭露有幾名高階主管的薪水似乎過高。他還暗示，那些人要對這場亂局負責。❶每家媒體都在網站的評論區大肆譴責，在貼文經常充斥惡言潑語的網路論壇，批評清潔隊的言論也格外尖酸刻薄。

其實真相跟大部分媒體的嘲諷報導不一樣，然而，要了解發生什麼事，就得深入了解雪在清潔局的歷史和結構中扮演什麼角色。雪在紐約一直是催化劑，催促技術創新、基礎建設改善、政治改變。而且不論階級、職責、工作年資，雪會對每個清潔局職員與工作的關係造成無法改變的影響。在任何一場暴風雪來臨前許久、整個侵襲期間與過後許久，雪都影響著他們的職業生涯。

有些清潔局主管極度認真看待雪，似乎認為清掃街道和收垃圾單純是用於讓工作團隊在溫暖的季節保持忙碌，也就是不用應付冬季即將到來的那些時節。清潔局的每個分隊和部門都會花一部分的夏天來處理跟雪有關的工作。在每個分隊，小隊長和小隊長助理會清點與評估組成每個雪鏟的四十八個零組件。大家普遍用「牛鞭」（bull pricks）這個非正式名稱來稱呼插銷，用於把兩千磅的雪鏟固定到卡車上，平常浸在油桶裡，如此一來，幾個月後命令發布時，就能順利插入組合孔，把雪鏟裝到卡車上。糾結成一團的防滑雪鏈會被解開，能修就修，需要換就換，吊掛起來活像沉重的鏈簾。各分隊不只會貯存足夠的桶裝液態氯化鈣，也會把全市的二十二座鹽堆貯滿，堆成高高的圓錐形。❷

其中最重要的兩種車輛是撒鹽車（spread）和它們更厲害的親戚，叫作流動傾卸卡車（flow-and-dumps），這兩種車輛構成了紐約市抵禦冬季暴風雪的第一道防線。橘色的撒鹽車是從砂石車改造而成，相當堅固，車體的車壁傾斜，內部有一條輸送帶，後側有一台可變更噴撒範圍的撒鹽機，兩側各有一個一百加侖的氯化鈣桶，又叫馬鞍包（saddlebags）。顧名思義，撒鹽車是用來把鹽撒到結冰的道路上。白色的流動傾卸卡車做一樣的事，但效力更強。撒鹽車只能把鹽撒到半徑四到八英尺的範圍，流動傾卸卡車能使鹽分散到公路或大道的多條線道上。由於撒鹽車和流動傾卸卡車極其重要，是清潔局最早安裝全球定位系統的設備，而且駕駛會配備無線電（清潔隊員很少攜帶無線電），以便小隊長更有效率與更快速調派駕駛員。

四月到十一月間，整個車隊會接受徹底檢查。撒鹽車的輸送帶活像黑色的長舌頭，鋪在清潔局維修廠的地板上，進行清潔、檢查、維修。螺栓、鏈條、鏈環、保險桿、雪鏟護底腳（plow shoe）或雪鏟前端護板（cutting edge）壞掉或遺失，則在分隊更換。活塞、雪鏟或半圓支架（支撐雪鏟的弧形支架）如果出問題，必須進行更高階的維修，車輛結構嚴重受損也一樣。有一名第一次參加冬季除雪的清潔隊員跟我一起工作，他開鏟雪車在公路鏟雪時，撞上水泥護欄，撞斷三根車軸中的兩根。那輛鏟雪車被拖到皇后區的清潔局大型中央維修廠維修，事故報告的遣詞用字雖然不露情緒，但是仍然隱藏不住難以置信的語調：車輛徹底毀損，開車的清潔隊員戴夫竟然毫髮無傷。

戴夫在夜間鏟雪時撞斷兩根車軸。這些冬季的工作在冬天開始前就提早規畫好了，分隊幹部必須提前很早就知道，大型暴風雪侵襲時，排班策略能順利進行，也就是強制把整個工作團隊分成兩班，各輪值十二小時。分隊還得在雪季到來前，提早擬定另一個人員分配計畫，就是指定一個小隊整個冬天值夜班。小隊的資深隊員能優先選擇夜班的安排，不過他們無法通通排上想要的位置，因為他們在春季前的班表已經固定了。如果自願的人數不足，就會採用很少用的反向年資排班法，最資淺的隊員，像是戴夫，不管要不要都得值夜班，這叫被強迫。

有些大隊部主管認為清垃圾是次要工作，除雪才是主要工作，其中又有人認為紀錄跟任何一輛重裝備一樣，是準備應付暴風雪的重要環節。其實這樣想並沒有錯。表格上不僅會記載人員工作的時間、情況、原因，也會記錄什麼設備可以用或故障、有沒有從某一分隊出借到另一分隊、什麼時候會回來、存放在哪裡、什麼時候要維修、維修地點、維修人員。表格也會記載誰支付哪次暴風雪清理工作的哪些部分，是清潔局？或是市政府的其他單位？或是山姆大叔？表格也會記錄外部勞工，像是運輸局、公園局或環保局的員工，還有一些外部勞工是聽到廣播或電視說可以當臨時鏟雪工賺點外快，所以跑到最近的清潔隊分隊投入勞力，清理被雪堵塞的排水溝和被雪掩埋的公車站。

這類紀錄中也包含不可或缺的說明，解釋出錯時是誰犯錯，至少指出誰要承擔責任。這種自保的做法雖然不是官方規定的，卻極度重要，凡是在複雜官僚體制中工作的人都應該儘早學會。在暴風雪中，清潔局的文件紀錄能讓人在職場上死無葬身之地，也能讓某個幹部或整個分隊看起來英勇無比。

在大部分的大型機構，總會有些人比其他人更善於處理文書工作的複雜細節。分隊長書記或工頭或分隊長如果善於處理這類細節，會讓同事又忌妒又尊重。如果善於在大暴風雪過後處理文書工作，會極受重視，不過這種重視有時候只是暫時的。這樣的人能為比較不諳官僚體制的人提供重要掩護（有些人會對這種人情索取高額報酬），防止不諳文書工作的同事惹上麻煩。

清潔隊員不需要太擔心除雪的文書工作。開始工作後，跟雪有關的第一項任務就是評估雪造成的問題有多嚴重。這在安全與訓練科的課程中有教，教練講得直白。「下雪時，」他們告訴我們，「各位只需要聽從清潔局差遣。」教練知道我們聽不懂他們在講什麼，我們必須等到親自遭遇到新職涯的第一場暴風雪，才會了解這句話的真諦。

訓練期間也要到除雪學校上課。聽起來很棒，好像新清潔隊員會花時間在模擬駕駛艙裡，學習操控裝滿鹽的撒鹽車，在暴風雪中倒車開上陡坡，把撒鹽機的噴撒範圍開到最大，還有學習處理平常會遭遇的問題，像是交通、行人，以及增添任務懸疑感的低能見度（在紐約市的丘陵地區確實會遇見低能見度的情況，像是布朗克斯的某些分區，但是這種情況會交給經驗豐富、信心十足的資深隊員處理）。

其實課程並沒有那麼難。新人會學習在雪戰壕溝中必須精熟的任務，像是把雪鏟「裝」到鏟雪車上：把雪鏟平穩放到堆高機的叉子上，移到鏟雪車前面，抬高雪鏟，跟鏟雪車車頭突出的雪鏟組合架接合。在理想的情況下，雪鏟組合架會輕鬆跟雪鏟支撐架接合，牛鞭會俐落地被敲到定位。然而，尤其在嚴冬時，雪鏟組合架的零組件會出現凹陷，牛鞭會稍微變形扭曲，裝雪鏟會變成一場戰鬥。或者如果裝雪鏟的人動作稍微太快，或因為連續工作超過四十天，而且暫時仍然沒辦法休假，動作變得不夠俐落，或經驗不足，以錯誤的角度抬升雪鏟，或用堆高機抬升時雪鏟沒有平衡，就得倒退堆高機，重新安裝。安裝全部鏟雪車的雪鏟，需要費一些時間。

輪胎雪鏈也很難處理。在溫暖的時節，雪鏈會收藏得整齊有序，但是在冬季時，雪鏈一星期經常要裝到車上與拆下來好幾次，最後總是打結成一堆一堆的。經驗老道的清潔隊員看到打結成堆的雪鏈，兩三下就能解開混亂的糾結，看起來活像能透視雪鏈。其實只要會看交叉鏈鉤的結，就能知道該把哪一條鏈子繞進或繞上哪一段鏈子。

解開糾結的雪鏈要裝到車輛的外側後輪，用兩條彈力繩固定，第二條要以大約四十五度的角度纏繞第一條的中點。雪鏈不能緊到陷入胎紋裡，但是也不能鬆，以免斷裂飛離車子。教練警告我們雪鏈非常危險，講得繪聲繪影，好像雪鏈是會傷人的怪物，會伺機跳離輪胎，勒死倒楣的路人。

沒有額外加裝裝備的垃圾車只是一種車輛，但加裝了雪鏟和雪鏈的垃圾車就變成全然不同的野獸，寬度、重量、旋轉半徑和整體操作技巧都變了。在溫暖的秋夜，遛狗的人和其餘夜間在街頭行走的紐約人，會驚訝地看到裝了雪鏟的垃圾車和撒鹽車在安靜的街道穿梭，其實那是新手或新更換駕駛車種的人，趁冬天還很遠，先熟悉裝備，學習鏟雪和撒鹽。

就算這樣準備還是不足以應付真正的暴風雪。唯有經歷多年冬季的冰雪洗禮，才能獲得真正的除雪訓練。在冬季，工作變得更艱難，情緒變得更暴躁。

在大型暴風雪剛侵襲的那幾個小時，氣氛格外緊張。工頭們檢視鏟雪工作時用緊繃的語調互相討論。分隊長對著電話嚷嚷，說除雪科下達的命令根本沒考慮到分隊的需求。分隊長書記也在講電話，哀求行政區大隊部的人加派人力，因為每個分隊都不能缺人手。所有清潔隊員都被召來工作，有人抱怨度假、休假和排休被取消，但是這本來就是我們的職責，再說也不是沒有報酬啊！我們走向垃圾車，清潔隊同仁互相拍背打氣。「降下來的雪不是白色的，」他們笑說，「是錢的顏色啊！」他們拿著裝有咖啡的保溫瓶，記得帶電晶體收音機，這樣才能在無止盡地鏟雪時收聽音樂（雖然規定不能聽音樂，但是在暴風雪期間，大家不會理會這種小規定）。

無止盡地鏟雪。清潔隊的工作很危險，鏟除路上積雪這項工作看似簡單，卻也有特別的危險之處。夜晚駛在荒涼的公路或空蕩的大道上，雨刷催眠般地刷動，雪鏟發出刮擦聲，飄忽不定的雪花成之字形飄下，從彷彿無底深淵的黑暗中飄落到擋風玻璃上，連續數小時……不間斷……清潔隊員經常不知不覺陷入催眠狀態，在方向盤前面慢慢睡著——

——直到耳邊猛然傳來像擊發霰彈槍的一聲巨響，車子跳起來，再碰一聲重重著地，清潔隊員才突然徹底嚇醒。巨響非常嚇人，也非常猛烈，據說有清潔隊員嚇得咬斷牙齒或咬破舌頭。如果沒有事先警告可能會發生這種事情，新手清潔隊員可能會以為車子的某個部位自己爆炸了，不過沒那麼嚴重啦，只是雪鏟卡到而已。

雪鏟在不平的路面上移動必須能彈動，而彈力就來自雪鏟組合架中央的大彈簧。車子移動時，如果雪鏟底部卡到稍微高過路面的下水道蓋邊緣，車子的動力會把雪鏟的頂部往前推，但是底部卡住。在幾秒鐘內，雪鏟頂部的壓力會推得底部擺脫卡住的東西，發出巨響，同時造成車身震動。整個交互作用發生得很快，駕駛很難有時間預知，尤其是在被雪催眠的時候。

鏟雪時還會經歷其他可怕的事。有些清潔隊員雖然有多年工作資歷，但是很少開卡車，會認為鏟雪是極度痛苦的考驗。一名掃街車駕駛就這樣認為。他遠離自己的分隊，被派到高地街區的分隊駕駛撒鹽車。由於他駕駛撒鹽車，所以有攜帶清潔局的無線電，但是無線電並沒有幫到他。

「救我呀……！」他用虛弱哀求的聲音發出第一個訊息，嚇著了大夥兒，「我是掃街人，但是我現在在開撒鹽車……」他說出他的姓名和位置，接著顫抖地深吸一口氣，「……上頭實在不該派我到我不熟悉而且沒有任何協助的分區開撒鹽車！沒人督導！只有我一個人！我沒辦法做呀……！」他似乎壓抑住嗚咽。

清潔隊的小隊長一整年工作時，不論在工作現場或分隊部，都會聽到無線電的聲音，但是在下雪期間，無線電會不斷發出嗤嗤聲和交談聲。每次通訊開始和結束時都會發出一短嗶聲，在暴風雪的高峰期，行政區大隊部主管、除雪分隊長、分區分隊長、小隊長和除雪事務員會利用無線電說明路況和有麻煩的地點、更改工線、指示裝備從某一分隊調到另一分隊，要全力掌握暴風雪，訊息一定要快過局長的千里眼和順風耳，因此無線電聽起來簡直就像《星際大戰》裡的機器人R2-D2在進行實況報導。

尤其在下雪期間，局長的聲音會出現在全市的無線電上。「局長呼叫皇后區西一分隊，你們在阿斯多里亞大道和第二十一街有結冰狀況！」「局長呼叫史坦頓島三分隊，高速公路快淪陷了！」「局長呼叫布朗克斯十分隊，為什麼我沒看見哈欽森河公園大道有鹽？」杜赫帝老愛滔滔不絕地指責，眾所周知，正因如此，幾天後，二月一場格外嚴重的暴風雪過後，聽到「局長呼叫曼哈頓一號：你們在華爾街幹得漂亮啊，分隊長！回家好好休息吧，那是你們應得的」，大夥兒都驚訝無比。清潔局的整個曼哈頓無線電網路陷入寂靜。我想全曼哈頓的幹部應該都無法置信，驚訝得說不出話，最後有個匿名者用假音在無線電中語帶嘲諷地說：「幹得好啊，分隊長！」

那名絕望的掃街人在高地街區，把無線電頻率調到可以發話給在那個行政區工作的所有清潔隊員和位於下曼哈頓的局本部。數百人聽見他說的話。就像局長對曼哈頓第一分隊分隊長的讚美一樣，掃街車駕駛的哀求使大家驚訝得沉默片刻，我不禁納悶，他以為會獲得什麼回覆呢？安靜片刻後，大家便繼續在無線電上正常通話，好像那個可憐的傢伙沒說過話似的。我以為他只是需要宣洩一下，現在感覺好一點了，但是半個鐘頭後，他又在無線電發話。「拜託……」他的聲音更加虛弱了，「我的撒鹽車在高地街區打滑了，我沒辦法做這個工作啊。拜託，快來人幫幫我啊……」他第一次發話後馬上就有人打電話通報，他的小隊長已經被派去幫他。但是工頭還沒抵達，掃街車駕駛又發出最後一則哀傷的訊息。「……有人聽到我說話嗎……？」他聽起來好像在哭，「……有人在嗎……？」

他沒有被解除鏟雪的工作，但是絕對被禁止使用無線電了。

我同情那個可憐的清潔隊員，不過不是所有鏟雪經驗都那麼緊繃。某年十二月，一場多雨的暴風雪短暫侵襲，清潔局進入戰鬥模式，我被編入一個小組，派到布朗克斯河公園大道的一個小隊，進行串聯鏟雪。我們開上交流道，到北上路段便散開。第一輛鏟雪車緊鄰最左側的護欄，雪鏟右斜，每一輛的雪鏟都右斜。第二輛鏟雪車開到左前輪位於第一輛的右後方，第三輛也用一樣的排列方式開在第二輛的右後方。我是第四輛，最後一輛在我後面，緊鄰右側護欄。一輛流動傾卸卡車跟在我們後面，行駛在路中央，把撒鹽機的噴撒範圍開到最大，在三線道路上撒一層鹽。一名我不認識的年輕工頭帶領著我們，分隊長則開著車在我們旁邊、後面與前面跑來跑去。

世界被漆成灰色、棕色和帶著炭黑色的白色。我們的雪鏈發出規律的嘎吱聲，聽起來就像一九五〇年代的聖誕歌謠開頭節奏，我的擋風玻璃長刷不斷大幅度啪啪刷動，彷彿在反覆讚頌與祈願。

我們前面的路上融雪很厚，第一輛鏟雪車把融雪鏟到第二輛的路徑上，第二輛鏟起的融雪更高些，第三輛鏟起的融雪已經高過車體，接著我這一輛再把那堆融雪鏟得更大、更高，最後一輛把融雪鏟過右側車道護欄。我們是一支強大的部隊，能清除掉前方的所有障礙。說不定以前上帝就是用隱形的串聯鏟雪車隊幫摩西切開紅海。

我們不能停止車流，因為當時是工作日的早上接近八點，而且那裡是主要通勤路線。但是我們擁有路權。行駛在我們後面或旁邊的車輛暫時受阻，偶爾兩輛鏟雪車之間會露出缺口，汽車駕駛就會試圖鑽過去，但是要通過五輛鏟雪車，汽車駕駛得穿過左側鏟雪車鏟起的大片融雪，短暫無法視物。我不禁驚嘆那些試圖鑽過去的人實在大膽又愚蠢。在出口匝道的車輛沒料到我們會出現，不過就算料到了，他們也是無法動彈。最後一輛鏟雪車鏟起像海嘯一樣的碎浪，打在車輛的側邊，發出像機槍掃射的低沉聲響，打得車子一輛接一輛震動，好像要把水甩掉的狗一樣。

在迴轉點，我們跟著工頭下交流道，把車子停到一條小街上，下車舒展身子，聽甏腳的激勵談話。我猜這是那個工頭上任新職後的第一場暴風雪。

「你們得清爆這條肏他媽的公路！」他用拳頭擊打手掌，「彼此跟緊點，別露出缺口！咱們能清完這條屌毛公路！清掉這臭屄暴風雪，我們辦得到的，這肏他媽的東西逃不出我們的手掌心！」他沒注意到其中一名屬下是女的。為了清潔局的姊妹，我本來應該出聲抗議，但是我只是站在我們那一小群人後面，拉低帽子，看著工頭年少氣盛的模樣，強忍笑意。我們繼續到布朗克斯河公園大道的南下路段展開攻勢，跟清理北上路段一樣，清爆了這條肏他媽公路的南下路段。

把紐約市的街道清乾淨後，除雪任務就比較沒那麼緊急了，清潔局會把注意力轉回原來的工作。好幾天沒人收垃圾了，如果是嚴重的大型暴風雪，可能好幾個星期沒人收垃圾。但是紐約人還是跟平常一樣持續製造垃圾，一堆堆垃圾堆得好大。收垃圾的時間到囉！大型垃圾袋堆放站點的垃圾可以裝滿好幾輛垃圾車，但是那些站點相較之下還算容易處理，比較困難的是挨戶線。即便只是短時間沒收，垃圾袋或垃圾桶通常堆積得很整潔的路線，也會被狗、老鼠和拾荒者翻得遍地垃圾，被翻出來的垃圾從門廊散落到街道，感覺快要腐爛了。

伯頓（化名）和安德森這兩名老鳥，在某個下著寒冷細雨的星期日清晨就出勤，開始清理垃圾，跑挨戶線。伯頓是個肌肉發達的白人，臉孔削瘦，肩膀強壯。安德森則是高大的非裔美國人，神態從容，語氣溫和。兩人都穿著黃色雨衣雨褲和沉重的橡膠靴，戴著厚厚的橘色手套和無邊帽。雨水一下子就淋濕他們的帽子，但是他們的手腳都不會濕。

雪被推向兩側路邊停成一排的車輛，兩側積雪使本來就狹窄的街道變得更狹窄，車輛之間和路邊的積雪變成粗冰，表面不平，裡頭有好幾層看不見的垃圾。伯頓和安德森搬運大量的垃圾袋，通過車輛之間時儘量把突起的冰雪弄平，不然會被絆倒摔跤，到時候這項棘手的工作就會變成讓人笑不出來的喜劇。垃圾袋和垃圾桶疊得很高，一層一層疊得亂七八糟。拉錯一包垃圾，一大堆垃圾就會塌下來。頂層下面的垃圾袋仍然跟附近的垃圾袋冰在一起，甚至冰在地上，必須用拉或鏟或踢才能分開。爛掉的沙拉、舊照片、沾血的衛生棉條掉了出來，每堆垃圾裡都有小條的狗屎，有些狗屎乾淨地包在小塑膠袋裡，但是許多狗屎赤裸裸外露。兩人每搬一個垃圾袋或垃圾桶，冰水就會流到褲子上，濺到外套上。

路上很少行車，但是偶爾還是會有汽車轉進街角，無可避免開進這條街，只有非常小的車子才能從垃圾車旁通過。幾乎沒有例外，被阻擋的汽車駕駛會咒罵他們兩人，但是安德森和伯頓聽而不聞。擠不過去的汽車駕駛最後會放棄，倒車退出街角。

在一般的日子，清理這條街只需要不到二十分鐘，但是這一天連續工作很久一段時間後，兩人仍有許多垃圾要清。兩人到附近的餐館休息十五分鐘，在檯桌前，身子濕了，覺得好冷。安德森把雙手放在熱咖啡上，好像在禱告一樣，讓蒸氣溫暖手指。

18

末日暴風雪

Snowed Under

十九世紀末，紐約遭到一場改寫未來的暴風雪侵襲。一八八八年三月十日星期六，紐約市的氣溫高達攝氏十幾度，番紅花鑽出地面，似乎證實了冬天終於結束。星期日下午下雨，但是卻比前一天更加暖和，有想到查看當地天氣預報的人，都預期星期一氣溫會稍微涼爽，天空清明，不過那個年代的天氣預報並不是那麼準確就是了。

紐約市享受宜人的週末時，籠罩五大湖的低壓系統快速東移，那是從加拿大延伸到德州的那道冷鋒的一部分。墨西哥灣上方有另一個濕度較高的低壓系統，也快速東移，但是這個南側的低壓系統到達大西洋便左轉，開始沿海岸北上。從美國中西部東行的那道冷鋒跟從南邊北上的那道冷鋒交會時，在氣象學上相當於兩個師級部隊合併力量，結合暖空氣、冷空氣、像氣旋的風以及一個低壓槽。❶這個規模更大的新暴風本來一直北移，但是抵達紐約灣岸時，被加拿大沿海諸省上方的高壓系統擋住去路，整個低壓系統無法動彈。

彎岸是指海岸線的彎曲處，紐約彎岸位於東海岸，是接近完美的直角彎折，是紐約港入口的邊界，垂直軸是南北向的澤西海岸，水平軸是長島的南側。長島向東延伸，形狀像大腿舞舞者的腿。沿海岸北上的暴風移動到紐約彎岸時會出怪招，像是停止移動加強風勢，各位可以想像成陷入爛泥的車子不斷增加車輪轉速。

紐約人不知道有什麼即將侵襲。星期日晚上他們去睡覺時，天氣溫和，下著雨。但是星期一凌晨的那幾個小時，氣溫下降，雨變成大雪，街上狂風呼號，世界驟然改變。雪不停下到早上，接著又持續下一整天。紐約市和美國東北部各地的列車全部停在軌道上，有的甚至被雪埋了。數十艘船擱淺或沉沒。星期一好不容易去上班的勞工晚上卻沒辦法回家，有人因為試圖回家而死亡。電報、電話和電線完全無法使用，糧食供給剩的非常少。到星期三晚上暴風雪減弱時，降雪已經超過三英尺，風勢強達時速八十英里，吹得許多建築積雪高到二樓。紐約陷入癱瘓，與世隔絕，罹難者至少兩百人，甚至可能多達四百人。❷

這場悲劇給了大家慘痛的教訓。街道上的通訊線和電線交織得像密集的網子，多年來就是危險源，線路在這場暴風雪中徹底損毀，是線路地下化的決定因素。❸暴風雪使高架列車無法行駛後，原本沒有成效的鐵路地下化運動終於獲得正視。市政府花了幾個星期才把紐約市從雪中挖出來，在這段期間，市政府清除街道積雪與垃圾的體制長久以來的不夠完備變得更加顯而易見。六年後，華林之所以會徹底改革街道清潔局，其中一個原因就是街道清潔局無力應付這次暴風雪的餘波。

一八八八年的暴風雪非常有名，被列為週年紀念事件長達一個世紀，促成市政府持續改善基礎建設。衡量一場暴風雪的政治影響時，比較難發現類似的正面結果。當清潔局應變符合民眾期待，不論是處理短暫的暴風或史書留名的暴風雪，感謝總是短暫的，事件也會被多數人遺忘。然而，當清潔局似乎表現不符合民眾期望，後果可能會不堪設想。紐約市市長林賽沒辦法獲得所屬政黨提名競選連任，其中一個原因就是一九六九年他沒有處理好一場暴風雪的餘波。

始終沒有人能確切一一說出哪些地方出錯，但是可以確定的是，錯誤從天氣預報開始。美國國家氣象局預報二月九日星期日陣風會變成下雨，結果陣風卻變成下雪，而且降雪不斷增加。降雪停止時，紐約積雪十五英寸，是八年來最多的積雪。

當時清潔局剛編入環境保護署，成立這個超級機構是要提升市政官僚的辦事效率。署長本來應該命令清潔局應變，但是他不在紐約市內，沒人聯絡得到他，也沒人知道誰能代替他下命令。[4]就算清潔局當時立即應變，仍有百分之四十的除雪設備無法使用。除此之外，還有人指控市政府違反勞動法規，前一年在罷工中，林賽無視清潔隊員的要求，因此有人認為這場暴風雪是報復的機會。

紐約市陷入癱瘓，連證券交易所也關閉。六千名旅客被困在甘迺迪機場兩天，三個人被發現死在機場停車場。一開始傷亡人數是十四死、六十八傷，最後增加到四十二死、兩百八十八傷。當局開始除雪後，不僅行動緩慢，而且沒有一視同仁。皇后區似乎特別被忽視。紐約市的多數地區在幾天內恢復正常，但是東皇后區的積雪卻仍舊絲毫未除，居民的怨恨與憤怒日趨高漲。這證實了大家的懷疑是對的，市長確實不太關心中產階級或曼哈頓以外的居民。❺

林賽過幾天才發現，皇后區有部分地區被忽略，當地居民氣憤填膺。為了協助改善狀況，他決定到受創最嚴重的地區進行親善巡視，並邀請大批記者同行。抵達被雪封鎖的地區時，他的大轎車受阻無法行駛，於是他改搭四輪驅動車。接著又被三輪卡在積雪中的清潔局鏟雪車阻擋，他徒步繼續行走。記者提供了有用的觀察，報導雪如何毀掉他的昂貴樂福鞋，還有皇后區的居民如何嘲笑與噓他。(「當時很多人建議我該怎麼辦。」林賽多年後回憶道，「也有很多人對我的血統提出非常有趣的推測。」)❻那天晚上，每家電視台都在全國新聞播報了整個失敗的巡視，可以說是整串事件畫龍點睛般的收尾。

下一次選舉，共和黨沒有提名他當候選人，但是他仍然由自由黨與其他黨派聯合提名，獲得連任。所謂的林賽暴風雪教全國的市長永遠謹記，不認真看待雪是愚蠢的。四十年後，那些教訓似乎被遺忘了。

一般人對雪有一種錯誤的觀念，那就是每一場暴風雪跟下一場大同小異，但是其實每一場暴風雪造成的問題都不一樣。清潔街道需要的設備、物資、勞力確實大同小異，但是配置卻迥然不同。有些暴風雪結冰特別多，有些降雨多過降雪。經過一段極度寒冷的天氣後，跟經過幾天溫暖的天氣後，使用的除雪方式不同。

二〇一〇年十二月，美國國家氣象局發現一個暴風系統移向美國東北部，會在聖誕節左右抵達，但是暴風行跡古怪，強度不確定。暴風沿著海岸搖擺北上，先移到內陸，接著又出海，接著又回到岸上。如果暴風在紐約附近登陸，雖然會下雪，但是降雪量不會多。如果沒登陸，氣象預報員預測，暴風會在海上耗盡能量。結果這個行徑曲折的暴風系統到達紐約灣岸時，被北方的一道鋒面阻擋，跟一八八八年的那個暴風一樣，停滯不動，強度增加。

十二月二十六日星期日，大雪開始降下，清潔局全力出動，各個行政區的行動順利進行幾個小時，但是傍晚降雪速度高達每小時兩英寸，不久後，還刮起時速五十五英里的風。一開始只是普通的暴風，現在變成暴風雪加上颶風。

清潔局採取罕見的行動，請求運輸局、公園局、警察局和環保局加入戰鬥，但是助益不大。費城市長星期日下午宣布進入大雪緊急狀態，紐約市的局處首長們也在討論要採取同樣的行動，但是只有彭博能宣布，而他當時不在附近；其實，似乎沒人知道他在哪。於是得交由高史密來決定，但是他也不在附近，他在華盛頓特區的家裡歡度週末假期。再說，他好像也不太擔心。紐約遭到猛烈攻擊時，他的唯一通訊竟然是用推特發文說：「除雪工作幹得好啊！」[7]

十二月二十七日星期一，災情並沒有減輕。即便降雪減弱了，鏟雪車駕駛清理過街道後，幾分鐘後街道又會被風吹來的雪掩埋。布魯克林、皇后區和史坦頓島開始回報鏟雪車在積雪中和小街上拋錨，到那天晚上，清潔局有多達兩百五十八輛車子受困在全市各地，不過這還不是確切的數字，因為清潔局沒有系統能追蹤各個行政區的設備，甚至連單一個分區的設備都沒辦法追蹤。駕駛待在故障的鏟雪車裡直到救援抵達，這是清潔局規定的做法。但是救援人員不夠，沒辦法同時去救所有人，有些鏟雪車駕駛等了十二個小時以上。開鏟雪車去救援的人也受困，接著被派去救援的第三名隊員也跟前兩人一樣又受困，受困人數就這樣慢慢增加。

或許是因為紐約人認為，不論積雪多深，不論風勢多強，清潔局都能轉危為安；抑或許是因為郊區能選擇的大眾運輸工具本來就有限，現在更是只能開車外出，尤其是在聖誕假期。不論原因到底是什麼，好幾百人開車外出，不顧街道還沒清乾淨，不顧新聞報導鏟雪車、消防車、警車、救護車、聯結車和公車受困雪中（根據大都會運輸署統計，超過六百輛車輛受困）；不顧看見鄰居抱持相同想法出門，結果把車子丟在路上，阻礙好不容易抵達目的地的鏟雪車。

沒人記得清潔局以前什麼時候曾經如此完全無法掌控暴風雪，或是這麼慢才完成災害復原工作。十二月二十八日星期二，紐約市還沒全部清乾淨。市長回到紐約市舉辦記者會時變得不耐煩。「世界末日又還沒到。」他突然發飆，還說紐約的大部分地區生活已經恢復正常，大家應該停止抱怨。他建議大家到百老匯看看表演。

很難想像比這更麻木不仁的回答。許多人已經認為他是有錢的菁英主義者，完全不關心紐約市的中產階級，忘了紐約不是只有曼哈頓。他似乎沒察覺他的政府徹底搞砸暴風應變工作，表現糟糕透頂，不過他似乎也不以為意。對記得一九六九年林賽暴風雪的人而言，這場暴風雪實在異常熟悉。

紐約被暴風雪重創，市民飽受驚嚇，想要市長解釋出了什麼差錯，希望市長至少表現出關心市民的痛苦。儘管事實證明市政府無能，市民仍想要相信市政府是有能力的。然而，市長卻反過來責罵市民，打發市民走開，這令紐約人相當不高興。

大家把注意力轉向高史密。因應暴風雪需要採取許多行動，那為什麼負責指揮行動的副市長不在場呢？尤其市長擅離職守時，副市長為什麼沒有坐鎮指揮行動呢？高史密擔任印第安納波利斯市市長時，似乎就曾經應變暴風雪應變得亂七八糟，❽他被指派到紐約負責這類事務時，有人知道那件往事嗎？星期二暴風離開後，紐約還沒有完全恢復正常，他竟然就在推特上談論餐廳營業執照的事，他到底有多蠢吶？「古羅馬暴君尼祿肯定會喜歡這傢伙。」

戴利在《紐約每日新聞》寫道。❾還有，幾個月前高史密下令在清潔隊進行的降職措施呢？那樣做有沒有造成問題變得更加嚴重呢？

從頭到尾，受困的清潔局鏟雪車都吸引著行人的注意，行人紛紛用攝影機和手機拍攝，有的清潔隊員在打盹，有的在喝咖啡，有的顯然只是在消磨時間，看起來就像清潔隊員集體對紐約比中指（其實清潔隊員只是聽從命令而已，不過如果這樣解釋，情況可能會變得更糟糕）。許多街道還沒清理，鏟雪車駕駛竟然在車子裡睡覺，在當肯甜甜圈裡享受甜甜圈，民眾想找人來怪罪，有誰比他們更合適呢？

接著皇后區的市議員哈魯倫為這股衝動提供了彈藥，他告訴《紐約郵報》，三名清潔隊員和兩名運輸局的小隊長向他坦承，清潔局的工頭們命令他們不要鏟雪，或慢慢鏟，或做做表面工夫就好了。據說這些提供消息的人告訴哈魯倫，說工頭氣憤降職行動，想反擊市政府。這番言論成了全國的頭版新聞，紐約市各地都有清潔隊員呈報說自己被謾罵、吐口水、威脅。一月初市議會舉辦聽證會，想要了解到底出了什麼問題。聽證會開了一整天，開到晚上。高史密和杜赫帝好長一段時間不得安寧。

如果哈魯倫的指控屬實，那表示市政府職員違法，調查局展開正式調查，調查人員花六個月約談超過一百五十名目擊者，仔細查看數小時的監視攝影機錄影，閱讀電子郵件，查看照片，跟多名檢察官商議。調查人員約談據傳向哈魯倫揭發清潔局瀆職的運輸局小隊長，但

人們丟棄的聖誕樹會先由清潔局收集，再交由公園與休憩科處理。（Michael Anton 拍攝，紐約市清潔局提供）

2010年聖誕節暴風雪中的掃雪車隊。（Michael Anton 拍攝，紐約市清潔局提供）

掃雪車隊通過布魯克林的大軍團廣場（Grand Army Plaza），2010年12月。（Michael Anton拍攝，紐約市清潔局提供）

掃雪車隊，2010年12月。（Michael Anton拍攝，紐約市清潔局提供）

是兩名小隊長堅決否認說過那種事。調查局也想約談市議員說跟他談過的那三名清潔隊員，但是被逼問三人的姓名時，哈魯倫閃爍其詞，最後說基於律師委託人特權，他不能洩露姓名。調查局認為這番說詞實在可疑。

二〇一一年六月，二十五頁的報告出爐，記載調查結果，指出清潔隊裡的幾個問題，要求清潔局改正。通訊程序和設備追蹤程序都不夠完善；調派救援人員的效率不夠高；十二月二十六日決定中止撒鹽工作時，沒考慮到每個地區受到暴風雪影響的輕重程度。

至於哈魯倫的指控，報告中也詳細記述相關調查，認定沒有證據。這則新聞幾家地方媒體有報導，但是沒有像他當初提出指控時那樣在頭版大肆報導。

幾十年來清潔隊的抗雪應變程序不斷微調，多年來清潔局成功度過侵襲紐約的每一場暴風雪，但是二〇一〇年那場暴風雪卻揭露了嚴重的缺點。調查局的報告指出幾個問題，但是有一個問題沒有提到。

把雪鏟裝到車子上、安裝雪鏈、撒鹽、停止撒鹽、雪鏟左斜或右斜，這些命令全都由局本部下達，但是暴風雪在紐約市每個地方的情況不會都一樣。比方說，史坦頓島的某個分隊需要撒鹽的時間可能會長過布朗克斯的另一個分隊，但是不論停止撒鹽的命令什麼時候下達，兩個分隊的分隊長都得遵守。這樣的指揮結構能將現場幹部犯錯的風險減到最小，但卻也導致他們無法自行做合適的決定並且依決定採取行動。有些清潔隊員和幹部有多年經驗，熟悉現場工作，經常能正確判斷在自己的分區用什麼辦法有效、用什麼辦法沒效，但是他們卻不一定總是能善用自己對掃街與除雪的智慧。這種管理方法在許多大型官僚機關很常見，部分也是因應現代美國人喜歡爭論的天性。這種方法雖然經常能保護組織，但卻也經常弱化組織，當高層做出來的決定嚴重不適合應付現場情況，就沒有轉圜的餘地，而且總是會破壞士氣。

談到二〇一〇年聖誕暴風雪，杜赫帝仍舊會感到尷尬，他說那是他在職業生涯中唯一一次徹底心灰意冷，真的考慮過辭職。他滿心希望二〇一一年到二〇一二年的那個冬天能出現一場暴風雪，讓他的清潔局能立功贖罪，無奈天氣卻暖得不像冬天。圖索發現自己花費多年為清潔局建立的聲譽，竟然消失得如此徹底、如此快速，不禁氣短。為了對抗那場暴風雪與善後，清潔局的隊員與幹部連續工作長達四十一天沒有休息，因此他們想到民眾竟然那麼快就認為他們糟糕透頂，仍舊會惱怒。幾位清潔隊員告訴我，就算有工頭敢在暴風雪期間下令不要鏟雪，也沒有人會聽命。令清潔局驕傲的事有很多，而對抗大雪正是他們最驕傲的事，因此那場暴風雪來襲時，清潔局裡不可能會有人故意袖手旁觀，民眾也不太可能認為他們會那樣做。

那場暴風雪傷害了清潔局的聲譽，但是更毀了高史密。他沒辦法再披管理英雄的披風，

暴風雪期間，工線暫停，但人們不會停止產生垃圾。（作者拍攝）

而且有人猜市長後悔任用他。七月底跟老婆吵架後，高史密被控家暴，遭到逮捕，彭博讓他悄悄辭職。[10] 後來新聞界發現他為什麼離職，便終結平靜，在他出門時給他最後痛擊。二〇一二年一月初，對高史密的指控被判定查無證據，[11] 多家媒體報導這則新聞，但是跟當時哈魯倫對清潔局的指控被判定查無實證一樣，報導查無證據的新聞不像當初報導指控時那樣大張旗鼓。

19

互助社團

Benevolence

這個月的最後一個星期四，他們在皇后區馬斯佩的一個交誼廳聚會，互相寒暄，熱情擁抱。❶最近退休的同仁受到最熱烈的歡迎，他們剛結束每天幹清潔工作的生活，接受同仁的恭賀與拍背時，笑得燦爛，臉頰泛紅。在場幾乎全是男性。男人們穿的服裝有圓領運動衫搭配牛仔褲，也有休閒西裝外套搭配正裝長褲，不過還是有些人穿特製的西裝。以前，天花板會有一層煙，但是現在抽菸的人比以前少，而且有到室外享受吞雲吐霧的習慣，不過他們不會在外頭逗留。他們進去室內時，一縷淡淡的雪茄煙會跟著飄進去。

隨著抵達人數增加，嘈雜聲逐漸變大，大家熱烈交談，氣氛熱鬧。大家互相交換八卦，談論誰被調派什麼新職務（「聽說他接下東皇后區的那份職務」），推測最近公布的升遷名單（「她怎麼會得那麼低分？」），惋惜同事的調職（「你知道為什麼他離開布朗克斯，對吧？」），關心彼此的家人（「你女兒不是今年秋天要讀大學嗎？」）。大隊部主管、分隊幹部和清潔隊員自在混在一起，每個人都穿便服，很難分辨階級，但是穿著打扮透露出一絲線索。同職級的人之間或上級對下級會用親密的稱呼，像是法蘭基、喬伊或羅尼，但是下級對上級就不會這樣直呼暱稱，會叫長官或老大。

時間接近七點時，大家紛紛到擺滿廳堂的圓桌前就座，每張圓桌上都有一瓶葡萄酒，大蒜和橄欖油的味道從後面的小廚房飄來，令人垂涎。有幾位穿西裝的男士聚在廳堂前面的兩張長桌後面，兩張長桌並排緊貼，蓋著白桌巾，後頭中央有一張擺著麥克風的講台。其中一名男士輕拍麥克風幾下，廳堂靜了下來，清潔局哥倫比亞協會的每月聚會正式開始。

許多民眾絲毫不重視清潔局的工作，但是這種輕忽的態度並不是清潔隊員衡量自己的最重要指標。他們在彼此眼中是英雄也是惡棍，有些人非常受到尊敬，有些人受到鄙視，但是他們都了解自己的工作需要具備什麼能力、能獲得什麼報酬、沒辦法取得什麼福利、影響生活多深，這樣的共識使他們團結。

在哥倫比亞協會聚會中，每個人都很清楚，遇到彷彿清不完的垃圾、雨水冰冷刺骨、清潔局規矩太嚴苛是什麼感覺。有人提到跑接力、牛鞭或馬鞍包的故事時，完全不需要解釋那些詞是什麼意思。有人感嘆連續好幾天在整夜冷得要命的半夜起床，在黎明前很久就開始工作，開始值另一個十二小時的班，開著鏟雪車穿梭在被雪阻塞的街道，早就記不清楚上次放假是什麼時候，此時如果沒人表示同情，那是因為每個聽到的人也有相同的經歷。在這種互助社團聚會，沒人會像在工作的時候被視而不見。恰恰相反。大家會來參加這場聚會，正是因為知道至少在這裡自己不是隱形的，有人認識，有人打招呼。

就規模與影響力而言，哥倫比亞協會、翡翠協會和非裔美國人聯誼社是清潔局裡最強大的互助社團，但是除了這三個，還有許多互助社團，像是西班牙裔協會、拉丁美洲裔協會、聖名社、亞洲翠玉社、史都本社、斧鎬社和希伯來人精神會，都有忠貞的會員。有兩個新成立的社團，分別是女清潔隊員聯合會和最強兄弟會；最強兄弟會不只是互助社團，同時也是摩托車俱樂部。在清潔局工作的每個人都能加入這些社團的任何一個，唯獨希伯來人精神會例外，該社團在長島的一座墓園裡有提供墓地，只允許猶太人加入會員。❷

清潔局的互助社團是幾乎從美國創始以來就非常重要的一項傳統，特別在內戰後，自願社團如雨後春筍，根據宗教、族群、職業、政治理念組織起來。許多這類團體一開始是作為喪葬互助社團，在親朋好友去世時協助支付棺材與墓地的費用，同時也提供舊式的失業與醫療保險。早期的組織包括互助獨立會、麋鹿會、共濟會、畢夏士騎士團，接著出現團結勞工古團、現代美國樵夫協會和其他新社團。後來，這些社團變成今日扶輪社、獅子會和同濟會的先驅。❸十九世紀結束時，美國有超過三分之一的成年男性加入聯誼組織，包括在美國出生的白人、非裔美國人和移民。❹這些團體雖然樣貌多變、數量眾多，但是卻有相同的宗旨，強調「穩重、節約、節欲、虔誠、勤奮、自制和道德義務」。❺

在像清潔局這麼龐大多元的機構，互助社團組成定義明確與屬性相同的小社群，透過聯誼活動來教育社員，幫助個別社員和整個社團，像社會學家瑞吉韋所說，「對彼此處境有共同的定義」。社團也會提供有形協助，如輔導工作，培養社員獨立、服從、奮發，他們認為這三項特質是成功的清潔隊員必須具備的。[6]

獨立是指對難受的工作節奏有耐心，像是在累積足夠年資之前，忍受輪值一天的各個班次；還有不抱怨工作條件艱辛。服從不僅指遵守清潔局硬性規定的行為準則，也要遵守比較非硬性規定的社交準則，像是不去在意職業歧視，以及不得對上司無禮。從是否願意參加升遷考試以在清潔局中爬上高階職位，就能明顯看出有沒有奮發的精神，社團領導人會鼓勵所有社員奮發向上。

這些互助社團跟舊式互助社團一樣，勇於負責和熱衷參與社團活動的社員，不僅能幫自己在社團內創造社會資本，也能幫社團創造跟其他組織往來的社會資本，[7]進而強化社團的力量，這是互助社團的另一個同樣重要的目的。尤其對比較大的社團而言，內部團結跟在清潔局裡的政治力量休戚相關，能產生重大的影響。不熱衷參與互助社團的清潔隊職員說，職位晉升是以社團領導人的要求為根據。其實不一定都是如此。同時，互助社團變成守護者，確保清潔隊高階官員的多元性（至少形式上要滿足）。

在馬斯佩的交誼廳裡，輕拍麥克風要大家靜下來的那個人是哥倫比亞協會的記錄祕書。他自我介紹後，請每個人宣讀效忠誓詞。大家含糊唸完誓詞、拉椅子的聲音靜下來後，他開始介紹他那些穿著講究的夥伴們，也就是協會的其他幹部，接著把會議交給會長柯亨。

柯亨身高體長，頭髮漸禿，戴著細框眼鏡，蓄著山羊鬍。他的母親是義大利人，符合父母其中至少一人必須是義大利人才能擔任協會幹部的這項規定。他的家族世世代代投入改善義大利裔美國人的形象和地位，他在義大利社區長大，結交義大利裔朋友，曾經在布魯克林中林街區的聖母救助基督教堂擔任祭壇侍者多年。一九八八年他剛進入清潔局就加入哥倫比亞協會，很快就成為協會中最活躍的會員。哥倫比亞協會的會員們誇耀柯亨的族群身分比其他許多會員還真，不過他獲選為會長時，仍有些人不高興。

不過交棒給柯亨的夏農並不擔心。[8]

夏農矮小結實，略微肥胖，手臂強而有力，八字鬍漸白。他在布魯克林長大，一九六六年入伍從軍，在越南服役，一九六九年退伍，參加各種紐約市公務員職務考試，娶了來自皇后區的愛人，找到裝修管線的工作。他做那個工作十六年後，公司倒閉，約莫就在此時，清潔局召他去上班。他對清潔局的差事沒有特別感興趣或喜歡，但是他有家要養。

他對哥倫比亞協會也沒有特別感興趣或喜歡。他獲邀參加一場聚會時，他和幾位朋友決定去一探究竟，不過只是因為有點好奇而已。「我們坐在那裡聽一整晚。」他回憶道，「吃完東西就離開。」但是他繼續參加聚會，過一段時間後，獲邀協助撰寫年度期刊，年度期刊是用來表揚被協會選為「年度最佳義大利裔美國人」的清潔隊員。之後他又獲邀加入委員會，負責協調協會在當地度假勝地舉辦的年度家庭週末聚會。

接著領導階層捲入醜聞，撼動協會。當時的會長被迫下台，不過在會長下台前的幾個月，協會遭到嚴厲抨擊，聲譽受損，會員士氣大傷。

夏農答應擔任臨時會長，六個月後又獲選為會長，以重建協會為己任。「我們從頭開始重建。」他說。他拜會清潔局其他聯誼會的幹部，開始挽救他們對哥倫比亞協會的信任。他也刻意改變每月聚會的氛圍，站在門口親自跟每個蒞臨的人寒暄。

「我們經常親吻。」他解釋說，「第一次跟別人親吻時，我心裡想：『天吶，這是幹嘛呀？我要退出這個協會！』不過了解後，我會在門口迎接來賓，跟來賓擁抱，親吻臉頰，寒暄說：『家人好嗎？一切順利嗎？』我猜這樣做把愛散播出去了。大家開始說：『嘿，咱們去參加聚會吧！』我們的聚會真的很棒喔。」

他們的晚餐舞會也很棒，每年十月會在布魯克林磨坊盆地的加勒比鄉村俱樂部舉辦，那天晚上協會幹部擔任東道主，感到驕傲，卻也焦慮；他們個個穿著黑色晚禮服，胸前插著紅色鈕扣小花，看起來格外高雅。清潔局有幾個互助社團會舉辦晚餐舞會，但是哥倫比亞協會的舞會是公認辦得特別棒的，雞尾酒非常多，晚餐本身也很美味。那天晚上會頒發幾項榮耀，其中最重要的是「年度義大利裔美國人獎」，餐宴期間，演說有點長，儘管夏農在還沒擔任會長前就試圖控制演說時間。（他說：「籌辦人員發現我識字、口才好、會嚼口香糖後，便請我主持許多場舞會。」）那天晚上經常吸引多達八百人參加，不過還有一個地方可以看出這場舞會多受歡迎。在清潔局的類似活動中，高層官員通常在正式頒獎程序結束後就會馬上溜走，等到吃餐後甜點的時候，廳堂已經空了一半。但是在哥倫比亞協會的晚餐舞會不會這樣，舞池會擠滿人，直到深夜，即便許多參加舞會的人隔天早上六點還得上班。

振興協會時，夏農從歷史獲得一些激勵。「你得了解，」他解釋道，「以前，清潔工作是義大利人的。所以囉，誰的成員比較多？我們。誰獲得比較多升遷？義大利人。我們義大利人長久以來就是表現最優異的，協會也因此成長茁壯。」

柯亨接替他時，夏農知道有些會員不想要有猶太姓名的會長，但是他把過渡時期當作考驗。他知道，如果他協助振興的這個互助社團真的像他認為的那麼堅固，就不會為這種小事而搖晃。他反而說很高興能擺脫為了抗議而真的離開協會的少數人。

夏農做得很好。現在哥倫比亞協會蓬勃發展，艱難的插曲已經成為過往雲煙。這天晚上，柯亨主持聚會開始的例行程序，特別歡迎人群中的達官顯要，包括各級主管、清潔局其他聯誼會的會長、其他市府機關的哥倫比亞協會會員。[9] 他宣布即將參加升遷考試的讀書小組，鼓勵大家踴躍參加為了幫重型乙型地中海貧血基金會募款而籌辦的年度高爾夫球比賽。雖然聽眾已經知道，但是他仍舊提醒，說祖先來自地中海的人特別容易罹患這種疾病。

聽眾原本乖乖聆聽，但是柯亨開始介紹今晚的演講來賓時，他的聲音立即被歡呼聲與口哨聲壓過。奈斯波利是制服清潔隊員工會的會長，制服清潔隊員工會就是國際卡車司機工會紐約市八三一號地方分會。在場群眾都對他很熟悉，他走到麥克風前面時，所有人起立鼓掌。

奈斯波利在二〇〇三年獲選為會長，是自一九五六年工會成立以來的第四任而已。[10]他體格健壯，一頭銀髮，從體態可以看出他以前打過半職業美式足球。他在公園坡長大，當時布魯克林的那個社區住著碼頭工人和其他在濱海地區工作的人。他演講的口音與神態不像真的，聽起來比較像在演好萊塢電影裡的藍領工會成員，不過他確實是紐約市近代史上最精明幹練的勞工領袖之一。二〇〇八年，他憑藉談判技巧和謀略智慧，成為市政府勞工委員會的領袖，這個聯合委員會代表將近五十萬名紐約市政府工會成員，在地方政壇擁有相當大的影響力。

清潔局的主管們敬重奈斯波利，清潔隊員崇拜他。他曾經跟市政府談判，贏得穩妥的合約，訂定特別條款，爭取死亡、心臟疾病、肺臟疾病的補助。市政府的其他制服單位早就能夠享有這些補助，但是清潔局卻長久以來被拒絕給予相同的補助。前幾任會長都無法達成這些目標。掌聲停止後，奈斯波利快速報告那些努力的成果，之後旋即談起他真正想傳達的訊息。

就算沒人知道奈斯波利是今晚的來賓，就算站在眾人前面的是別人，人群中的每個人仍舊知道自己會聽到什麼，這就是他們來參加聚會的其中一個原因。

在所有互助社團中，每個演說來賓、每個協會或社團幹部，甚至偶爾會喝醉的會員，在聚會的正式流程結束後會用麥克風即席演說，每個人說的都是相同的主題：要覺得驕傲。你收垃圾，不代表你**是**垃圾。你做的事很重要。你做的事很**要緊**。你做的事既困難又危險，而且對這座城市的安適萬分重要。別在意民眾忽視你，甚至輕視你。看看你給家人什麼，看看你扶養的孩子，看看你能給他們的家園。要對你的工作感到驕傲，支持你的互助社團，支持你的工會。分隊幹部和大隊主管，千萬別忘了你們來自哪裡，記住，這個房間裡的每個人都是從街頭工作開始幹起。要互相扶持。**要覺得驕傲**。

互助社團能暫時緩解痛苦，而痛苦不只來自不友善的民眾謾罵，也來自另一批人的貶損：職場上最傷人的批評有時候就來自職場上。嘲弄別人通常從指控別人無知開始，但是指控別人無知又可能只是反覆詆毀別人的起點。

許多清潔隊員認為，工頭懶惰一無是處，分隊長沒心肝，大隊副主管只是穿著西裝的垃圾人（在清潔局裡，「垃圾人」是用來罵人道德操守有問題，不是指清潔隊員）；大隊主管從來就不了解街頭工作，三星主管老早以前就忘了自己從哪裡來的（大部分的三星主管從一入行就不曾了解過工作）；階級高過三星主管的人如果不是靠使勁拍馬屁取得高位，就是靠社交人脈升官。

各個階級的職員都會說類似的尖酸言語，用不同的語氣批評上司或下屬。每個上司最常批評清潔隊員的話就是「愛發牢騷」，但是工頭和分隊長也無法免於被一星、二星、三星與四星主管指責愛發牢騷，就連副局長有時候也會那樣臭罵任何職級的下屬。然而，最傷人的兩種羞辱言語來自底層的職員。

第一種是嘲笑別人無知。不了解街頭工作，自然就是不了解清潔局的工作。「他幹得不夠久」這句話是說對方任職時間不夠長，該學的本事完全都還沒學到。我聽過有人用這句話來嘲笑工作幾個月和工作十五年的清潔隊員（不過嘲笑者總是比倒楣的被嘲笑者還資深）。或者，假設一名清潔隊員被調離街頭工作，去做別的職務，可能工作多年後，不太了解他到底在做什麼職務的人仍然會嘲笑他無知。

第二種羞辱是針對從屬關係，專門用來批評曾經獲得晉升的人。如果一個人忘了自己從哪裡來，就證明了他不忠不義。這樣批評小隊長格外傷人，因為小隊長也只從街頭職務往上爬一階而已。

每次聽到清潔局同仁互相攻訐，我就好想去參加任何互助社團的晚會。至少一個晚上，跟朋友一塊喝喝酒，逃離冷漠殘酷的世界，即便那個世界就是清潔局。再說，在哥倫比亞協會的聚會中，還可以大啖紐約最美味的義大利美食。

終曲　別人

Postlude: Someone Else

跟春田市的清潔局局長雷達爭論後，荷馬決定親自競選該職位，但是競選活動進行得並不順利，滿心絕望的他把煩惱告訴好友老莫，老莫建議他想個好口號，但是他想不出來。老莫勸荷馬再認真想想，但是荷馬實在想不出來。

「不能叫別人做嗎？」他發牢騷說。

就這樣，他誤打誤撞想到完美的口號。在一次集會中，荷馬提醒聽眾他們多麼不喜歡處理自己的垃圾。他建議說，如果他們不用自己處理垃圾，如果由別人負責，不是很好嗎？群眾有如醍醐灌頂，激動贊同，不斷大聲呼喊。

「由別人來做！由別人來做！」

就這樣，荷馬以壓倒性勝利贏得選舉。❶

那一集《辛普森家庭》的主題是「泰坦巨人的垃圾」，荷馬跟平常一樣，用愚蠢的方式向我們揭露我們自己有多愚蠢。我們**當然**希望別人來處理我們的垃圾，最好是由像春田市清潔隊員的那種人來處理：模樣粗獷的男人，穿著沾著汙漬的制服，嘴裡叼著菸，講話口音活像來自一九五四年左右的布魯克林。那是「垃圾人」的典型形象，不過我在職場上認識少數幾個跟上述形象有一絲相似的人都會被同事揶揄，同事會叫他們別再演戲。雖然真正的清潔隊員認為自己根本不像卡通裡的那種模樣，但是刻板印象仍舊存在，因為清潔隊員老是被無視，通常只有在出差錯時才會被注意到。❷

一九六八年二月，紐約清潔隊員發動九天罷工。不久後，每個地區都堆積了多得嚇人的垃圾，垃圾堆倒塌時，臭氣四溢，大街小巷遍地腐爛的垃圾。在那個年代，紐約有許多市政府員工罷工，但是民眾卻格外痛恨清潔局，或許是因為一堆突然出現的「垃圾獸」（feral trash），❸也可能是因為清潔隊員要求增加薪水和減少每週工時。清潔隊員不願再忍受設備的開關壞掉、燈具不見、車門鬆垂；還有電線線路極度不穩，駕駛員開垃圾車時，車子有時候會突然起火燃燒；或盥洗室骯髒，老鼠到處爬；或者設施破爛，裡頭擺放三手設備（紐約市警察局的派出所會把老舊破爛得不適用的衣物櫃移交給清潔局使用）。❹

清潔隊員罷工，逼迫全體市民正視他們。這些原本沒有姓名的「別人」現在挺身要求大家承認他們是堂堂正正的活人。那年稍後，曼菲斯市的清潔隊員也在罷工中強而有力地表達相同的想法，他們手拿寫著「我是人」的標牌，但是他們遭遇的阻力比紐約同仁所面對的大得多了。❺

尤可里斯記得在《接觸清潔局》的活動期間聽過一則故事。尤可里斯依照儀式，面對一名清潔隊員，跟他握手，感謝他讓紐約市維持生意盎然。而清潔隊員則把某次收垃圾的經歷告訴尤可里斯。「當時我們在布魯克林，氣溫超過攝氏三十二度，很潮濕。我們非常累。」他回憶道，「我們把一名女士的垃圾收到垃圾車後，坐在她家的門廊階梯一會兒。結果她打開門衝我們說：『走開，你們這些臭垃圾人。我可不希望你們把我的門廊搞臭了。』十七年來，那根刺一直卡在我的喉嚨裡，今天妳把刺拔掉了。」接著他看著尤可里斯問說：「妳會記得這個故事嗎？」❻

他的問題啟發了一九八四年一場名為《洗刷汙名》的表演藝術創作。尤可里斯傳訊給清潔局全體同仁，請他們把多年來曾經被叫過的汙名全告訴她。她收到數百個回應，在曼哈頓的一間美術館前面，她把所有汙名用油漆寫在七十五英尺高的平板玻璃窗上。她搭設兩層樓的鷹架，讓人能伸手碰到每個汙名，並且在美術館入口重建那名女士的門廊。❼接著她邀請來自紐約市各行各業的一百九十人，包括政府官員、政治人物、藝術家、學者、銀行職員、運動員，幫忙洗掉那些汙名。

活動當天，那條街封街，擺設椅子，參加者分成九組後，尤可里斯請他們開始洗刷汙名。有些人從鷹架上層刷洗，有些人從地上刷洗，一群人觀看著汙名慢慢被洗掉，人群裡也有清潔隊員。

這是個簡單的動作，但卻表達出尖銳的訊息。「清潔局為我們清除紐約市的髒汙，我們仰賴清潔隊員為我們做這項工作，因此，應該由我們來洗刷他們在街頭被謾罵的汙名。」尤可里斯告訴我，「那是我們的工作，不是他們的。」

我們學習做那項工作以及教導別人做那項工作時，應該謹記我們極度仰賴的清潔局微小先頭部隊，他們維護著我們的生活，擋住垃圾的洪流，防止我們被垃圾淹沒。某個冬天的寒冷早晨，我們在一個垃圾堆積如山的站點工作時，一名同事說得簡單明瞭。「假如妳幸運，」他一邊說話，一邊把兩袋垃圾扔進車斗，「妳可能一輩子都不用請警察幫忙。」他拉動拉桿，車斗鏟刀震了一下後動起來，「也可能一輩子都不會請消防隊員幫忙。」鏟刀在垃圾底下移動，機件發出嘎吱聲，「但是妳每天都需要清潔隊員幫忙。」

謝辭
Acknowledgments

這本書反映出許多人的慷慨，樂於分享諸多智慧。

我非常感激與敬重紐約市清潔局的男女同仁，他們的智慧、剛毅和奉獻真的讓紐約市維持活力。他們也非常慷慨，在每個行政區，在每間分隊、辦公室、維修廠、教室、小隊，在垃圾車後面，在掃街車裡，在街頭上，在冰雪和酷熱中，在日班和夜班時，在工會會議廳、社團交誼廳、晚餐舞會和烤肉聚會，不論是退休人員或新進人員，不論是便服人員或制服人員，他們都用耐心與愉悅的心情歡迎我，接著教我了解他們的工作和生活。希望這本書能讓更多人更深入了解與更徹底感激他們做的工作，還有為什麼他們的工作那麼重要，以及如何才能把他們的工作做好。

我永遠感激杜赫帝局長的友善、鼓勵和許多故事；還有公共資訊與社區事務科副科長圖索，是他開放清潔局讓我探索，我們第一次談話時，他就堅決支持我。

紐約大學的 Robert Dimit、Larissa Kyzer 和 Georgia Jelatis-Hoke Lowe 義無反顧代理我的工作，如果沒有他們，這本

書絕對沒辦法問世。也要感謝Bruce Altshuler、John Beckman、Tom Bender、Laurie Benton、Tom Carew、James Devitt、Dick Foley、Phil Furmanski、Haidy Geismar、Faye Ginsburg、Joe Juliano、David Ludden、Samantha MacBride、Gwynneth Malin、Emily Martin、物質文化讀書會（Material Culture Study Group）、Noah McClain、Harvey Molotch、Fred Myers、Joel Oppenheim、Ann Pellegrini、David Potash、Sandra Rozental、Todd Selby、Mal Semple、Kate Stimpson和Kathy Talvacchia。

感謝身邊和遠方的朋友、學生、老師和同事鼓勵我：Chris Alley、Ted Bestor、Norman Brouwer、James Burnett、Catherine Burns、Alex Carp、Claire Cesario、Mary Marshall Clark、Robert Corrigan、Leila Darabi、Kevin Doughton、Lisa Dowda、Mitch Duneier、Jenine Durland、Doug Elliott、Brian Ferguson、Eric Friedman、Zsuzsa Gille、Carrie Grassi、Kathy Gunderson、Ari Handel、Sarah Hill、Eloise Hirsh、Mark Hurst、Maggie Hutton、Tina Kelley、Bill Kornblum、Raj Kottamasu、Venetia Lannon、Max Liboiron、Carey Lovelace、Setha Low、James Luongo、Liza McAlister、Kate McCaffrey、Liz McEnaney、Erin McKean、Martin Melosi、Ben Miller、Michael Miscione、Rick Muller、Alexandra Murphy、Richard Ogust、Patty O'Toole、Su Yon Pak、Karen Peterson、Jennifer Pliego、Jason Price、Samar Qandil、Louise Quayle、Josh Reno、Elana Resnick、Kevin Rice、Anne Savarese、Amy Smiley、Laine Snowman、Sparky、Amy Starecheski、

Laura Starecheski、Glenn Stone、Elizabeth Streb、Harriet Taub、Bill Tucker、Ben Turner、Mierle Laderman Ukeles、Jennifer Vinopal、Lucy Walker、Terry Walton、Howard Warren和Tom de Zengotita。作家工坊（Writers Room）提供舒適的環境，使我能在靜謐中筆翰如流。我透過學術寫作階梯（Academic Ladder）結交的作家朋友，不僅教我保持專注，有時候甚至會教我保持無所畏懼。

幾位出色的研究助理使這本書增色許多，功不可沒。由衷感激Mario Cancel-Bigay、Claire Dougherty、Ryan Gavaghan、Chandani Patel、Rachel Riederer、Mariel Rose、Shalini Shankar、Amy Shaw、Julia Shaw和Tod Van Gunten。Casey Lynn一絲不苟地細讀許多篇章的草稿後，提出別具慧眼的洞見。也感謝紐約大學、哥倫比亞大學、市立圖書館、市立檔案館、紐約市立博物館、紐約歷史協會、紐約公共圖書館和南街海港博物館的圖書館員和檔案保管員。

我在寫這本書時參考了許多新聞工作者的著作，特別感謝Lars Aberg、Molly Bentley、Alex Carp、Bob Edwards、Amanda Fortini、Ira Glass、Clyde Haberman、Ben McGrath、Heather Rogers、Edward Rothstein、Elizabeth Royte、Emily Rueb和Nicholette Zeliadt。

我的經紀人Michelle Tessler在我完全還沒動筆前就全心支持我寫這本書，FSG出版社的許多同仁參與催生這本書。Paul Elie幫忙建構內容，Karen Maine從頭到尾仔細潤飾，Alex Star讓書出版問世。Mark Krotov和Christopher Richards先後耐心指導我處理無數細節。Sam Bayard

細心詢問，解決法律疑義。Lenni Wolff是個有耐心的製作編輯，Ingrid Sterner是個眼光銳利的文稿編輯。Jennifer Carrow用Jason Fulford在秋天拍攝的照片，設計了很棒的封面。Debra Helfand嫻熟自信地解決了製作上的各種疑難雜症。Jeff Seroy、Amanda Schoonmaker、Sarita Varma、Lottchen Shivers和Nicholas Courage組成一支傑出的行銷團隊。

Zachary DeLano-Nagle知道我這個母親無時無刻泡在清潔隊，但卻耐心容忍，欣然接受。他也學會由衷敬重紐約市清潔局，一有機會就會跟朋友和老師分享。對於這兩點，我非常感謝他。David DeLano幫我代理母職的次數多到我都數不清了。George Nagle、Margo Nagle、Susan Nagle Olsen、Eric Olsen、Garth Olsen和Evan Olsen雖然對這項計畫一頭霧水，但是卻始終堅定信任我。James Kinsella是最棒的弟弟，他用機靈和一貫的澎湃熱血，不斷鼓勵我向前。

有四個人的影響力注入了這本書，但是他們卻沒辦法讀到這本書，至少沒辦法在人世間讀到。Annette Weiner是我的上司和良師益友，她鼓勵我動筆寫這本書，但卻沒能活到看我完成。Bob Schrank也是。Bob是勞工調解人、行動主義者和學者，我是在幾年前第一次遇見他。他直到嚥氣前一刻仍在工作，他的工作激勵了我和許多人。在我認識的人類學家中，Steve Rubenstein是最睿智慷慨的，他也是在初期就鼓勵我寫書。他的早逝令許多人抱憾。Bill Rathje是考古學家、垃圾學家，多才多藝，睿智聰穎，幾十年前，憑藉遠見與執著，在亞利桑那州展開垃圾計畫。我認為他的建議總是有真知灼見，可惜他太早離開，我會永遠懷念他。不論他現在在哪裡，希望他的垃圾散發著香味，或一點味道也沒有。

譯名對照

1畫

《一八八八年聯邦港灣監管法》 Supervisory Harbors Act of 1888
乙型重型地中海貧血基金會 Cooley's Anemia Foundation

3畫

上紐約港 Upper New York Harbor
《下水道租用費》*Sewer Rentals*
大西洋盆地 Atlantic Basin
大神力號 Dasseni
大廣場大道 Grand Concourse
大學高地 University Heights
大橋街 Bridge Street
女清潔隊員聯合會 United Women of Sanitation
山德森 Sanderson, Carlen

4畫

中央維修廠 Central Repair Shop
中林 Midwood
互助獨立會 Odd Fellows
五點區 Five Points
公共資訊科 Office of Public Information
公園坡 Park Slope
《太陽晚報》*Evening Sun*
少年街道清潔聯盟 Juvenile Street Cleaning League
尤可里斯 Ukeles, Mierle Laderman
巴尼公司 Barney
巴里安托斯 Barrientos, Eva
戈夫 Gove, A. E.
月桂樹區（東皇后區）Laurelton
火燒島 Fire Island
王橋 Kingsbridge

5畫

加勒比鄉村俱樂部 El Caribe Country Club
卡戎 Charon
卡爾德納斯 Cárdenas

6畫

7畫

李斯 Riis, Jacob
李斯科，丹尼爾 Litsco, Daniel
李維拉 Rivera, Geraldo
《村聲週報》*The Village Voice*
杜赫帝 Doherty, John
沃士街 Worth Street
沙鉤岬 Sandy Hook
沙鉤岬燈塔船 Sandy Hook Lightship
狄根少校高速公路 Major Deegan Expressway
狄馬士大道 Ditmars Boulevard
貝利，吉兒 Bailey, Gil
車輛管理局 Department of Motor Vehicles, DMV

8畫

亞洲翠玉社 Asian Jade
《亞瑟王與騎士行傳》*The Acts of King Arthur and His Noble Knights*
制服消防員協會 Uniformed Firefighters Association
坦慕尼協會 Tammany Society
垃圾車值班任務 Individual Truck Shitf Assignment, ITSA
垃圾清除與收集科 Bureau of Cleaning and Collection, BCC
奈斯波利 Nespoli, Harry
帕邦 Pabon, Gloria
帕喬格 Patchogue
拉丁美洲裔協會 Association de Latinos
拉古薩 Ragusa, Mo
拉里坦灣 Raritan Bay
斧鎬社 Pulaski
服務業僱員國際工會紐約市四四四號地方分會 Local 444 of the Service Employees International Union
林賽 Lindsay, John
波洛克 Pollock, Jackson
玫瑰谷區（東皇后區）Rosedale
長島海灣 Long Island Sound
阿斯多里亞 Astoria
阿斯多里亞大道 Astoria Boulevard
非裔美國人聯誼社 African American Benevolent Society

9畫

勃根人 Vogon
哈弗福德學院 Haverford College
哈利與奧柏瑞號 Harry and Aubrey
哈林河 Harlem R.
哈欽森河公園大道 Hutchinson River Parkway
《哈潑新月刊雜誌》*Harper's New Monthly Magazine*
哈魯倫 Halloran, Daniel
威利斯，保羅 Willis, Paul
威廉，亨利 Willemen, Hendrik
威廉沃斯堡號 William H. Vosburgh
威爾伯，理查 Wilbur, Richard
威爾金斯 Wilkings, Marshal
拾荒區 Ragpickers Row
柯亨 Cohen, Ron
柯里安卓 Cogliandro
柯登 Colden, Cadwallader
柯爾曼 Coleman, John
《洗刷汙名》*Cleansing the Bad Names*
洛克威半島 Rockaways
派德羅 Platero, Julio

10畫

11畫

國家藝術基金會 National Endowment for the Arts
國際卡車司機工會紐約市八三一號地方分會 Teamsters Local 831
《婦女家庭雜誌》*Ladies' Home Journal*
婦女健康保護協會 Ladies Health Protective Association
〈帶我到河裡〉*Take Me to the River*
康乃爾 Canale, Flavio
康尼島 Coney Island
康尼島海峽 Coney Island Channel
強斯頓掃街車公司 Johnston Sweepers
《接觸清潔局》*Touch Sanitation*
《棄物圍城：巴勒斯坦的基礎建設生命》*Waste Siege: The Life of Infrastructure in Palestine*
《清掃雜誌》*Sweep*
清溪 Fresh Kills
《現代人類學》*Anthropology Now*
現代美國樵夫協會 Modern Woodmen of America
畢夏士騎士團 Knights of Pythias
《都市垃圾處理》*Municipal Refuse Disposal*
麥可菲莉 McCaffrey, Sandy
麥金米德懷特建築事務所 McKim, Mead & White
麥菲 McPhee

12畫

傑內普 Gennep, Arnold van
傑洛姆公園 Jerome Park
勞夫，羅倫斯 Ralph, Laurence
喜活公園高中 Seward Park High School
富爾達號 Fulda
彭博 Bloomberg, Michael
惠特尼博物館 Whitney Museum
《敞墳之地：移民路徑上的生與死》*The Land of Open Graves: Living and Dying on the Migrant Trail*
最強兄弟會 Strongest Brotherhood
華林二世 Waring, Jr., George E.
街道清潔局 Department of Street Cleaning
街道清潔科 Bureau of Street Cleaning
《街道清潔實務》*Street Cleaning Practice*
費德利克，薩爾 Federic, Sal
《週六夜現場》*Saturday Night Live*

13畫

奧蘭多 Orlando, Tony
微風岬 Breezy Point
新烏特勒支大道 New Utrecht Avenue
瑞吉韋 Ridgeway, Cecilia
當肯甜甜圈 Dunkin's Donuts
聖母救助基督教堂 Our Lady Help of Christians Church
聖名社 Holy Name
葛瑞菲斯 Griffith, Bill
賈斯帝奇 Justich, Frank
道金斯 Dawkins, Kathy
道格拉斯，瑪麗 Douglas, Mary
雷丁鐵路公司 Reading Railroad

14畫

圖索 Turso, Vito
團結勞工古團 Ancient Order of United Workmen

15畫

16畫

17畫

18畫

19畫

20畫

參考資料
Sources

報刊資料

American Phrenological Journal
Brooklyn Daily Eagle
Friends' Review
Harper's Weekly and Harper's New Monthly Magazine
Independent
New York Daily Times
New York Evening Sun
New York Evening Telegram
New York Herald
New York Times
New-York Tribune
New York World

書籍與文章

Ackerman, Kenneth D. *Boss Tweed: The Rise and Fall of the Corrupt Pol Who Conceived the Soul of Modern New York*. New York: Carroll & Graf, 2005.

Adams, Douglas. *The Hitchhiker's Guide to the Galaxy*. New York: Ballantine, 1997.

Allen, Kenneth. "How New York Handles Her Garbage and Rubbish Problem." *Municipal Sanitation*, January 1930, 16–21.

American Public Works Association. *Refuse Collection Practice*. Chicago: American Public Works

Association, 1941.

Anderson, Arvid. "Strikes and Impasse Resolution in Public Employment." *Michigan Law Review* 67, no. 5 (1969): 943–70.

Anderson, Kelly. *Never Enough: People's Relationship with Stuff.* Anderson Gold Films, 2010.

Asad, Talal, ed. *Anthropology and the Colonial Encounter*. Amherst, N.Y.: Humanity Books, 1973.

Ballon, Hilary, ed. *The Greatest Grid: The Master Plan of Manhattan 1811–2011*. New York: Columbia University Press, 2012.

Ballon, Hilary and Kenneth Jackson. *Robert Moses and the Modern City: The Transformation of New York*. New York: W.W. Norton, 2007.

Barbaro, Michael. "Deputy Mayor Was Arrested Before He Resigned." City Room blog, *New York Times*, September 1, 2011.

Beifuss, Joan Turner. *At the River I Stand: Memphis, the 1968 Strike, and Martin Luther King, Jr.* Memphis: B&W Books, 1985.

Botha, Ted. *Mongo: Adventures in Trash*. New York: Bloomsbury, 2004.

Bourdon, David. An Apocalyptic Paperhanger Shows His Stripes. *Village Voice*, October 4:105.1976

Bowker, Geoffrey C. and Susan Leigh Star. *Sorting Things Out: Classification and Its Consequences*. Cambridge, Mass; MIT Press, 2000.

Brekhus, Wayne. "A Sociology of the Unmarked: Redirecting Our Focus." *Sociological Theory* 16, no. 1 (1998): 34–51.

Bridenbaugh, Carl. *Cities in the Wilderness: The First Century of Urban Life in America 1625 - 1742*. New York: Ronald Press, 1938.

Brieger, Gert H. "Sanitary Reform in New York City: Stephen Smith and the Passage of the Metropolitan Health Bill." In *Sickness and Health in America: Readings in the History of Medicine and Public Health*, edited by Judith Leavitt and Ronald Numbers. 3rd ed. Madison: University of Wisconsin Press, 1997.

Buchli, Victor and Gavin Lucas. *Archaeologies of the Contemporary Past*. London: Routledge, 2001.

Bureau of Labor Statistics. "National Census of Fatal Occupational Injuries in 2011 (Preliminary Results)." September 20, 2012.

Burns, Ric and James Sanders, eds. *New York: An Illustrated History*. New York: Knopf, 1999.

Burnstein, Daniel. *Next to Godliness: Confronting Dirt and Despair in Progressive Era New York City*. Urbana: University of Illinois Press, 2006.

Burrows, Edwin G. and Mike Wallace. *Gotham: A History of New York City to 1898*. New York: Oxford University Press, 1999.

Cannato, Vincent J. *The Ungovernable City: John Lindsay and His Struggle to Save New York*. New

York: Basic Books, 2001.
Cantwell, Anne-Marie, and Diana diZerega Wall. *Unearthing Gotham: The Archaeology of New York City*. New Haven, Conn.: Yale University Press, 2001.
Caplovich, Judd. *Blizzard! The Great Storm of '88*. Vernon, Conn: VeRo, 1987.
Caro, Robert. *The Power Broker: Robert Moses and the Fall of New York*. New York: Knopf, 1974.
Cassedy, James H. The Flamboyant Colonel Waring: An Anticontagionist Holds the American Stage in the Age of Pasteur and Koch. In Judith Leavitt and Ronald Numbers, eds., *Sickness and Health in America: Readings in the History of Medicine and Public Health*, Madison: University of Wisconsin Press, 1978.
Certeau, Michel de. "The Unnamable." In *The Practice of Everyday Life.* Berkeley: University of California Press, 1988.
Chen, David W. "Goldsmith's Other Bad Snow Day." City Room blog, *New York Times*, January 10, 2011.
Citizens' Association of New York. *Report of the Council of Hygiene and Public Health of the Citizens' Association of New York upon the Sanitary Condition of the City*. 1866. Reprint, New York: Arno Press, 1970.
Coleman, John. *Blue-Collar Journal*. Philadelphia: J.B. Lippincott, 1974.
Collins, Thomas W. "An Analysis of the Memphis Garbage Strike of 1968". In Johnnetta B. Cole, ed., *Anthropology for the Nineties: Introductory Readings*. New York: Free Press, 1988.
Corrigan, Robert. "The 'Ratopolis' of New York City." *PCT Magazine*, April 2007, 115.
Craik, Jennifer. "The Cultural Politics of the Uniform." *Fashion Theory* 7, no. 2 (2003): 127–47.
Daley, Robert. *The World Beneath the City*. New York: J.B. Lippincott, 1959.
Daly, Michael. Clueless Deputy Mayor Goldsmith Deserves Blame for Fiasco Following Blizzard. *Daily News*, January 2, 2011.
Deetz, James. *In Small Things Forgotten: An Archaeology of Early American Life*. New York: Anchor Books, 1996.
Dion, Mark and Alexis Rockman. Interview with Mierle Laderman Ukeles, Artist for the New York Sanitation Department. *Concrete Jungle*. New York: Juno Books, 1996.
Douglas, Mary. *Purity and Danger: An Analysis of the Concepts of Pollution and Taboo*. London: Ark Paperbacks, 1985.
Drudi, Dino. *Job Hazards in the Waste Industry. Compensation and Working Conditions*, 4, no. 2 (Summer 1999): 19–23.
Duffy, John. *A History of Public Health in New York City 1625-1866.*New York: Russell Sage Foundation, 1968.
Duffy, John. *The Sanitarians: A History of American Public Health*. Urbana: University of Illinois

Press, 1990.

Dumenil, Lynn. *Freemasonry and American Culture, 1880-1930.* Princeton, NJ: Princeton University Press, 1984.

Ehrenreich, Barbara. *Nickel and Dimed: On (Not) Getting By in America.* New York: Metropolitan, 2001.

Einhorn, Erin. "Stephen Goldsmith, Deputy Mayor of New York, Tweeted 'Good Snow Work' During Blizzard." *Daily News,* December 30, 2010.

Estes, Steve. "'I *Am* a Man!': Race, Masculinity, and the 1968 Memphis Sanitation Strike." *Labor History* 41, no. 2 (2000): 153–70.

Fee, Elizabeth and Steven H. Corey. *Garbage! The History and Politics of Trash in New York City.* New York: New York Public Library, 1994.

Fernow, Berthold, ed. *Records of New Amsterdam, 1653-1674*: Volume 1. Baltimore: Genealogical Publishing Co, 1976.

——. *Records of New Amsterdam, 1653-1674*: Volume V. Baltimore: Genealogical Publishing Co, 1976.

Finkelpearl, Tom. Interview: Mierle Laderman Ukeles on Maintenance and Sanitation Art. *Dialogues in Public Art.* Cambridge, Mass: MIT Press, 2001.

Frazier, Ian. *Gone to New York: Adventures in the City.* New York: Picador, 2005.

Frost, Randy O. and Gail Steketee. *Stuff: Compulsive Hoarding and the Meaning of Things.* New York: Houghton Mifflin Harcourt, 2010.

Fussell, Paul. *Uniforms: Why We Are What We Wear.* New York: Houghton Mifflin, 2002.

Gage, Frances D. "Low Life in a Great City: What Comes From the Ash Barrels". *Ohio Farmer,* January 25, 1868, 58.

Gamm, Gerald, and Robert Putnam. "The Growth of Voluntary Associations in America, 1840–1940." *Journal of Interdisciplinary History* 29, no. 4 (1999): 511–57.

Garfinkel, Harold. *Studies in Ethnomethodology.* Englewood Cliffs, NJ: Prentice-Hall, 1967.

Geismar, Joan. "Landmaking in Lower Manhattan." *Seaport* 14, no. 3 (1980): 16–19.

Gertz, Emily. Fresh Kills: An Unnatural Context. *WorldChanging,* April 2, 2004. www.worldchanging.com/archives/000525.html

Goldstein, Richard. Jan Kemp Dies at 59; Exposed Fraud in Grades of Players. *New York Times,* December 11, 2008.

Gordon, John Steele. "Real Estate: When and Where". *American Heritage* 41(7): November, 1990.

Graham, Stephen, and Nigel Thrift. "Out of Order: Understanding Repair and Maintenance." *Theory, Culture & Society* 24, no. 3 (2007): 1–25.

Green, Laurie B. "Race, Gender, and Labor in 1960s Memphis: 'I Am a Man' and the Meaning of

Freedom." *Journal of Urban History* 30, no. 3 (2004): 465–89.

Griscom, John. *The Sanitary Condition of the Laboring Population of New York*. 1844. Facsimile ed., New York: Arno Press, 1970.

Hamill, Pete. *Forever*. New York: Little, Brown, 2003.

Hansen, Joyce and Gary McGowan. *Breaking Ground, Breaking Silence: The Story of New York's African Burial Ground*. New York: Henry Holt, 1998.

Harris, Leslie M. *In the Shadow of Slavery: African Americans in New York City, 1626-1863*. Chicago: University of Chicago Press, 2003.

Harris, Marvin. *The Rise of Anthropological Theory: A History of Theories of Culture*. Walnut Creek, Calif: AltaMira Press, 2001.

Harrison, Rodney, and John Schofield. "Archaeo-ethnography, Auto-archaeology: Introducing Archaeologies of the Contemporary Past." *Archaeologies* 5, no. 2 (2009): 185–209.

Hershkowitz, Leo. *Tweed's New York: Another Look*. Garden City, NY: Anchor Press/Doubleday, 1977.

High, Linda Oatman and Laura Francesca Filippucci. *City of Snow: The Great Blizzard of 1888*. New York: Walker, 2004.

Hodgen, Margaret T. *Early Anthropology in the Sixteenth and Seventeenth Centuries*. Philadelphia: University of Pennsylvania Press, 1971.

Hodges, Graham. The Cartmen of New York City, 1667-1801. Ph.D. Diss,. New York University, 1982.

Horton, D. Kevin, et al. "Hydrofluoric Acid Releases in 17 States and the Acute Health Effects Associated, 1993–2001." *Journal of Occupational Environmental Medicine* 46, no. 5 (2004): 501–8.

Hoy, Suellen. *Chasing Dirt: The American Pursuit of Cleanliness*. New York city: Oxford University Press, 1995.

Independent. "Women's Work for Health." July 9, 1896, 7.

Jackson, Kenneth, ed. *The Encyclopedia of New York City*. New York: Yale University Press, 1995.

Johnson, Kirk. "All the Dead Horses, Next Door: Bittersweet Memories of the City's Island of Garbage". *New York Times*, November 7, 2000.

——. "Ruling Paves the Way for Hiring City's First Female Trash Haulers". *New York Times*, July 29:B5, 1986.

Joseph, Nathan, and Nicholas Alex. "The Uniform: A Sociological Perspective." *American Journal of Sociology* 77, no. 4 (1972): 719–30.

Katz, Celeste. The New Ed Skyler is Older, More Experienced and More Midwestern. *Daily News*, April 30, 2010.

Kaufman, Jason, and David Weintraub. "Social-Capital Formation and American Fraternal Association: New Empirical Evidence." *Journal of Interdisciplinary History* 35, no. 1 (2004): 1–36.

Kelley, Tina. Using Garbage as Text: Class at NYU Looks for Deeper Meaning at Fresh Kills. *New York Times*, March 23; B1, 2000.

Koeppel, Gerard. The Rise to Croton. In *Water-Works: The Architecture and Engineering of the New York City Water Supply*. Kevin Bone, ed. New York: Monacelli Press, 2006.

——. *Water for Gotham: A History*. Princeton, NJ: Princeton University Press, 2000.

Kopytoff, Igor. The Cultural Biography of Things: Commoditization as Process. In A. Appadurai, ed., *The Social Life of Things: Commodities in Cultural Perspective*. Cambridge, UK: Cambridge University Press, 1986.

Kruse, Jamie and Elizabeth Ellsworth. *Geologic City: A Field Guide to the Geoarchitecture of New York*. New York: smudge studio, 2011.

Lauder, Matthew. "Covert Participant Observation of a Deviant Community: Justifying the Use of Deception." *Journal of Contemporary Religion* 18, no. 2 (2003): 185–96.

Lawitts, Steven. "Needle Sightings and On-the-Job Needle-Stick Injuries Among New York City Department of Sanitation Workers." *Journal of the American Pharmaceutical Association* 42, no. 6 (2002), supplement 2.

Lentz, Richard. Sixty-Five Days in Memphis: A Study of Culture, Symbols, and the Press. *Journalism Monographs* 98(1986): 10-11.

Lewis, Tom. *The Hudson: A History*. New Haven: Yale University Press, 2005.

Lisberg, Adam. "Midwesterner Gets Deputy Post." *Daily News, May* 3, 2010.

Lisberg, Adam, and Lisa L. Colangelo. "New York City to Demote 100 Sanitation Supervisors to Help Cut Budget." *Daily News*, October 22, 2010.

Lot, Arthur. "Autobiography of a Tramp". *Puck*, March 3; p844, 1880.

Ludlum, David. The Blizzard of '88 in Historical Perspective. *Blizzard of 1888 Centennial*, unpublished collection of essays; Mark Kramer, ed, 1988.

MacBride, Samantha. *Recycling Reconsidered: The Present Failure and Future Promise of Environmental Action in the United States*. Cambridge, Mass: MIT Press, 2011.

Maier, Mark. *City Unions: Managing Discontent in New York City*. New Brunswick, NJ: Rutgers University Press, 1987.

Mandelbaum, Seymour J. *Boss Tweed's New York*. New York: John Wiley & Sons, 1965.

Mantel, Howard. "Reorganization of the New York City Government." *Public Administration* 48, no. 20 (1970): 191–212.

Martin, L. and N. Russell. Trashing Rubbish. In Ian Hodder, ed., *Towards Reflexive Method in*

Archaeology: The Example at Catalhoyuk. Cambridge, UK: McDonald Institute Monographs, p57-69, 2000.

Matteson, George. *Tugboats of New York: An Illustrated History*. New York: New York University Press, 2005.

Mauss, Marcel. *The Gift: Forms and Functions of Exchange in Archaic Societies*. New York: W.W. Norton, 1967.

McFadden, Robert D. John V. Lindsay, Mayor and Maverick, Dies at 79. *New York Times*, December 21; A1, 2000.

McKnight, Gerald. "The 1968 Memphis Sanitation Strike and the FBI: A Case Study in Urban Surveillance." *South Atlantic Quarterly* 83, no. 2 (1984): 138–56.

McLaughlin, Terence. *Dirt: A Social History as Seen Through the Uses and Abuses Of Dirt*. New York: Stein & Day, 1971.

McShane, Clay and Joel A. Tarr. *The Horse in the City: Living Machines in the Nineteenth Century*. Baltimore: The Johns Hopkins University Press, 2007.

Medical and Surgical Reporter. "Sanitary Condition of New York". April 8, 1865, 418.

Melosi, Martin. *Garbage in the Cities: Refuse, Reform, and the Environment*, Rev, ed. Pittsburgh: University of Pittsburgh Press, 2005.

Miéville, China. *The City and the City*. New York: Random House, 2009.

Miéville, China. *Un Lun Dun*. New York: Random House, 2007.

Miller, Benjamin. *Fat of the Land: The History of Garbage in New York the Last Two Hundred Years*. New York: Four Walls Eight Windows, 2000.

Miller, H. Crane. "Ocean Dumping—Prelude and Fugue." *Journal of Maritime Law and Commerce* 5, no. 4 (1973): 51–76.

Miller, William. *The Anatomy of Disgust*. Cambridge, Mass: Harvard University Press, 1997.

Moore, Christopher. A World of Possibilities: Slavery and Freedom in Dutch New Amsterdam. In Ira Berlin and Leslie M. Harris, eds., *Slavery in New York*. New York: New Press, 2005.

Morgan, Robert C. *Touch Sanitation*: Mierle Laderman Ukeles. In Linda Burnham and Steve Durland, eds., *The Citizen Artist: 20 Years of Art in the Public Arena*, Vol. 1. Gardiner, N.Y.: Critical Press, 1998.

Nagle, Robin. "The History and Future of Fresh Kills." Nadine Monem, ed. *Dirt: The Filthy Reality of Everyday Life*. London: Profile Books, 2011.

——. A Week-Long Journal of a Sanitation Worker in Training. *Slate*, October 4-8, 2004.

National Police Gazette. In the Dumps. March 9:3, 1889.

Needham, Stuart, and Tony Spence. "Refuse and the Formation of Middens." *Antiquity* 71 (1997): 77–90.

Newman, Andy. "Stephen Goldsmith, Ex-Deputy Mayor, Absolved of Domestic Violence." City Room blog, *New York Times*, February 17, 2012.

Newman, Bernard J. The Home of the Street Urchin. *National Municipal Review*, October:587-593, 1915.

New York City Common Council Minutes. Various dates.

New York Times. 2012. Editorial: "A Fair Way to Handle Trash." May 28.

Nine Days that Shook New York City. n.d. New York: Uniformed Sanitationmen's Association Record.

Office of Management and Budget, City of New York. 2012. New York Executive Budget Fiscal Year 2013.

Ortiz, Erico. "City Leaders Face Hearing on Poor Snowstorm Response." *amNew York*, January 9, 2011.

Peters, D. "Symptoms and Treatment of Hydrogen Fluoride Injuries." *Journal of Fluorine Chemistry* 79 (1996): 161–65.

Pratt, Michael. "Organizational Dress as a Symbol of Multilayered Social Identities." *Academy of Management Journal* 40, no. 4 (1997): 862–98.

Rathje, William and Cullen Murphy. 1992. *Rubbish! The Archaeology of Garbage.* Tucson : University of Arizona Press.

Redd, Lisa. *Newsday*, September 23; 32, 1986.

Reno, Josh. Out of Place: Possibility and Pollution at a Transnational Landfill. Ph.D. diss., University of Michigan, 2008.

Rice, Kevin. *Dignity and Respect: The History of Local 831*. New York: United Sanitationmen's Association, Local 831, IBT, 2009.

Ridgeway, Cecilia L. "Linking Social Structure and Interpersonal Behavior: A Theoretical Perspective on Cultural Schemas and Social Relations." *Social Psychology Quarterly* 69, no. 1 (2006): 5–16.

Riis, Jacob. 1902 *The Battle with the Slum*. Mineola, N.Y.: Dover, 1998.

Rogers, Heather. *Gone Tomorrow: The Hidden Life of Trash*. New York: New Press, 2005.

Rothschild, Nan. *New York City Neighborhoods: The Eighteenth Century.* New York: Academic Press, 1990.

Royte, Elizabeth. *Garbage Land: On the Secret Trail of Trash*. New York: Little, Brown, 2005.

Saul, Michael Howard and Joe Barrett. "Bloomberg Taps Former Indianapolis Mayor". *Wall Street Journal*, May 1, 2010.

Schultz, Stanley K., and Clay McShane. "To Engineer the Metropolis: Sewers, Sanitation, and City Planning in Late-Nineteenth-Century America." *Journal of American History* 65, no. 2

(1978): 389–411.

Shorto, Russell. *Island at the Center of the World: The Epic Story of Dutch Manhattan and the Forgotten Colony that Shaped America*. New York: Vintage Books, 2005.

Siano, Joseph. Oral history interview with Hilary Crowe, March 25, 2011. DSNY Oral History Archive: www.dsnyoralhistoryarchive.org/?s=Siano.

Siegel, Joel. Those Fun City Years Recalled by Insiders. *Daily News*, December 21:38, 2000.

Silva, Mariana. *Waste and Recycling News*, August 2, 2010. www.wasterecyclingnews.com/article/20100802/NEWS99/308029990/aug-2-2010 (accessed May 10, 2012)

Sivulka, Juliann. "From Domestic to Municipal Housekeeper: The Influence of the Sanitary Reform Movement on Changing Women's Roles in America, 1860–1920." *Journal of American Culture* 22, no. 4 (1999): 1–7.

Sloat, Warren. *A Battle for the Soul of New York: Tammany Hall, Police Corruption, Vice, and Reverend Charles Parkhurst's Crusade Against Them, 1892-1895*. New York: Cooper Square Press, 2002.

Stansell, Christine. *City of Women: Sex and Class in New York, 1789-1860*. Urbana: University of Illinois Press, 1987.

Star, Susan Leigh. "The Ethnography of Infrastructure." *American Behavioral Scientist* 43, no. 3 (1999): 377–91.

Steinbeck, John. *The Acts of King Arthur and His Noble Knights*. New York: Penguin, 1976.

Stokes, I.N. Phelps. *The Iconography of Manhattan Island, 1498-1909*. Union, N.J.:Lawbook Exchange, 1998.

Strasser, Susan. *Waste and Want: A Social History of Trash*. New York: Metropolitan, 1999.

Sullivan, Robert. *Rats: Observations on the History and Habitat of the City's Most Unwanted Inhabitants*. New York: Bloomsbury, 2005.

Thompson, E. P. "Time, Work-Discipline, and Industrial Capitalism." *Past and Present* 38 (1967): 56–97.

Thompson, Michael. *Rubbish Theory: The Creation and Destruction of Value.* New York: Oxford University Press, 1979.

Tocqueville, Alexis de. *Democracy in America*. J. P. Mayer, ed; George Lawrence, trans. Garden City, N.Y.: Doubleday, 1969 .

Tomes, Nancy. The Private Side of Public Health: Sanitary Science, Domestic Hygiene, and the Germ Theory, 1870-1900. In *Sickness and Health in America: Readings in the History of Medicine and Public Health* (3rd ed.,). Judith Leavitt and Ronald Numbers, eds. Madison, University of Wisconsin Press, 1997.

Trotter, Joe. "African American Fraternal Associations in American History: An Introduction."

Social Science History 28, no. 3 (2004): 355–66.

Turner, Victor. *The Ritual Process: Structure and Anti-Structure*. Ithaca, N.Y.: Cornell University Press, 1969.

Ukeles, Mierle Laderman. Leftovers / It's About Time for Freshkills. *Cabinet* 6, 2002.

Van Auken, William. "Bloomberg Blooper Stirs Union Wrath." *The Chief*, July 6, 2001.

van Gennup, Arnold. *The Rites of Passage*. London: Routledge and Kegan Paul, 1960.

Wagman, Morton. "Corporate Slavery in New Netherland." *Journal of Negro History* 65, no. 1 (1980): 34–42.

Wagner, Gernot. *But Will the Planet Notice? How Smart Economics Can Save the World*. New York: Hill and Wang, 2011.

White, Peter T. The Fascinating World of Trash. *National Geographic*, April, 1983.

Wilbur, Richard. "Transit," from *Collected Poems 1943-2004*. New York: Harcourt, 2005.

Zerubavel, Eviatar. Hidden Rhythms: *Schedules and Calendars in Social Life*. Berkeley: University of California Press, 1981.

——. "The Standardization of Time: A Sociohistorical Perspective." *American Journal of Sociology* 88, no. 1 (1982): 1–23.

註釋
Notes

序曲　宇宙中心

❶ 這座垃圾轉運站是用火車把垃圾運出去，其他垃圾轉運站則是用聯結車，有人想重新採用平底船來載運垃圾。2012年5月28日，《紐約時報》題為「A Fair Way to Handle Trash」的社論，談論最近爭論某種設施的最新消息。

❷ 其實有幾噸算得一清二楚，全體市民得論噸付費。

❸ 尤可里斯稱這種過程為「除名」(un-naming)。("Leftovers")

❹ 後載式壓縮垃圾車裡的垃圾會被緊密壓縮，傾倒垃圾時，駕駛艙附近的一塊壁板會把垃圾向後推，慢慢倒出去。壓縮力道經常把垃圾壓成一大坨，設計垃圾車的人稱之為大便。壓縮裝置是否建構完好、運轉通順，由能否壓出一致的大便和能否輕鬆拉出大便來判斷。(Nagle, "Week-Long Journal"; Royte, *Garbage Land*, 39)

❺ 請參閱Needham和Spence的"Refuse and the Formation of Middens"，以及Martin和Russell的"Trashing Rubbish"，從考古學的角度討論垃圾。Rathje和Murphy在*Rubbish!*一書中有解釋古典考古學分析從現代垃圾中獲得什麼；White在"Fascinating World of Trash"這篇文章中報導Rathje的作品。Buchli和Lucas的*Archaeologies of the Contemporary Past*在早期便建議仔細研究當代考古學；Harrison和Schofield的"Archaeo-ethnography, Auto-archaeology"提出比較新近的論述。

❻ Mauss, *The Gift*,11-12.

1 垃圾精靈

❶ 不同顏色的卡代表要收不同的垃圾，白色代表廢棄物，綠色代表紙張，藍色代表金屬、塑膠和玻璃，開掃街車和清垃圾桶的350卡是黃色的。

❷ 街道兩側都必須清掃時，清潔隊員必須一次清一側，兩側一起清容易被行車撞到，而且違反清潔局的規定。但是有些清潔隊員仍舊會兩側一起清。

❸ 平均每個清潔局員工得服務890名紐約居民，數字計算時間為2012年7月。

❹ 在紐約市的日常垃圾總量中，家庭垃圾約占三分之一，商業垃圾占三分之一，興建與拆除廢棄物占三分之一。

❺ Office of Management and Budget, "New York Executive Budget Fiscal Year 2013," 133.

❻ 這些數字都是由紐約市清潔局提供，有效時間為2012年5月。

❼ 曼哈頓第八分區位於中央公園的東邊，大概跟曼哈頓第七分區平行，是曼哈頓行政區最忙碌的分區，垃圾車每週平均收120趟一般垃圾和61趟資源回收垃圾。曼哈頓第八分區也是工作最繁重的分區，第二名是服務華盛頓高地的曼哈頓第十二分區，第三名是曼哈頓第七分區。

❽ 節錄自理查・威爾伯的《轉變》。

❾ 有許多文學作品在談論制服如何影響制服人員和跟制服人員互動的人。參見Craik, "Cultural Politics of the Uniform"; Fussell, *Uniforms*; Joseph and Alex, "Uniform"; Pratt, "Organizational Dress."

❿ 然而，清潔隊員每天都在街頭工作，而且經常遭遇緊急事故。

⓫ 柯爾曼在*Blue-Collar Journal*描寫擔任挖水溝工人、快餐店廚師和「垃圾人」的經歷，啟蒙了芭芭拉・艾倫瑞克在2001年出版的《我在底層的生活》；《我在底層的生活》政治味道比較濃厚，描寫幹各種工作謀生一年，卻只賺取最低薪資。

⓬ Coleman, *Blue-Collar Journal*, 220-21.

⓭ 布萊可斯認為，研究不引人注目的事物可以稱為「反找標誌」。（"Sociology of the Unmarked", 45）他以Harold Garfinkel的著作*Studies in Ethnomethodology*為基礎，主張把社會中平凡的事物變成具有分析的意義。

⓮ 布萊可斯舉的例子包括慣用手（左撇子引人注目，右撇子則不）、智能（天才和智障引人注目，才智平庸則不）、品行（罪犯和聖人引人注目，道德平庸則不）。（"Sociology of the Unmarked", 36-37）

⓯ MacBride的*Recycling Reconsidered*和Wagner的*But Will the Planet Notice?*對這點有提出極具說服力的論述。

⓰ William Rathje稱垃圾和處理垃圾的需求為「看得見的隱形事物」。作家柴納・米耶維（China Miéville）在許多小說中玩弄刻意無視的概念，在《被謀殺的城市》（*The City and the City*）中描繪出格外令人驚奇的效果。

⓱ 紐約市最初就發布回收垃圾與清掃街道的命令，但是到1896年才有效貫徹執行。

⓲ 這個例子就是社會學家傑魯巴維（Eviatar Zerubavel）所說的「時間規律」，這是依據時間來了解世界的一種做法，他說這樣「有助於我們對環境感到安心」。（*Hidden Rhythms*, 14）

⓳ 有許多極端囤積行為的例子，就是連完全沒用的雜物都捨不得丟，專家發明「丟棄恐懼症」這個詞來形容這種行為，有個叫《囤積者》（*Hoarders*）的實境節目呈現出令人心碎的實例。如果想詳細了解這種現象，可以參閱Kelly Anderson的紀錄片*Never Enough: People's Relationship with Stuff*，以及Frost和Steketee的*Stuff*。

⓴ Strasser的*Waste and Want*中，頁161至201有說明，20世紀初期商人如何結合用後即丟性、清潔性和便利性來銷售商品，以及那類商品如何使商品加速流通和更容易丟棄，協助加快現代生活的步調。

㉑ Goldstein, "Jan Kemp Dies at 59."

㉒ 根據清潔局公共資訊科截至2012年6月的精確數據，清潔局職員中，55%是白人，24%是黑人，17.6%是西語裔，其餘為亞裔和「未知」種族。

2 做田野

❶ Rothschild, *New York City Neighborhoods.*

❷ 如果想更了解摩斯，請參閱Ballon和Jackson的*Robert Moses and the Modern City*和Caro的*Power Broker*，不過這兩本書對於他的廢棄物處理計畫都沒有著墨太多。

❸ 她寫的宣言Manifesto for Maintenance Art 1969! 仍舊是現代藝術的重要文件。如欲看本文，請至www.moca.org/wack/?p=301。

❹ Bourdon, "Apocalyptic Paperhanger Shows His Stripes."

❺ 延攬任用尤可里斯的清潔局局長是Anthony Vaccarello。

❻ 想要多了解《接觸清潔局》，請參考Dion and Rockman, "Interview with Mierle Laderman Ukeles," 和Morgan "*Touch Sanitation*." 若想全面了解尤可里斯與紐約市清潔局近四十年來的工作成果，請見www.feldmangallery.com.

❼ 多位學者對此學科的發展有不同觀點，請見Asad, *Anthropology and the Colonial*

Encounter; Marvin Harris, *Rise of Anthropological Theory*，以及Hodgen, *Early Anthropology in the Sixteenth and Seventeenth Centuries*.

❽ Michael Thompson, *Rubbish Theory*.

❾ 關於時間，參見 E. P. Thompson, "Time, Work-Discipline, and Industrial Captialism"; 關於事物，參見Kopytoff, "Cultural Biography of Things."

❿ Strasser, *Waste and Want*.

⓫ Certeau, "Unnamable."

⓬ William Miller, *Anatomy of Disgust*.

⓭ Douglas, *Purity and Danger*.

⓮ Melosi, *Gargabe in the Cities*; Benjamin Miller, *Fat of the Land*; Rathje and Murphy, *Rubbish!*

⓯「Kill」在紐約州的部分地區常見於地名中，像是Catskill Mountains、Fishkill、Peekskill、Kaaterskill Falls，源自文藝復興時代的荷蘭文，溪河的意思，是當地殖民歷史的遺跡。

⓰ 清溪垃圾掩埋場位於候鳥的主要遷徙路線上，清溪垃圾掩埋場的濕地上堆滿可以吃的垃圾，成了多達四十五種候鳥的豐富食物來源（Gertz, *Fresh Kills*）。戴著黑色面具、會發出獨特叫聲的笑鷗，在清溪垃圾掩埋場開始營運時瀕臨絕種，現在在北美北部各地大量繁殖。

⓱ Kruse and Ellsworth, *Geologic City*。想了解清溪更多的社會意義，參見Nagle,"History and Future of Fresh Kills."

⓲ 電影製作人Lucy Walker在紐約大學讀書時，曾經跟我們一起到清溪垃圾掩埋場一次，那座垃圾掩埋場令她印象深刻，於是她發誓有一天要拍以垃圾為主題的紀錄片，結果在2010年完成*Waste Land*這部電影，描寫在里約熱內盧一座垃圾掩埋場工作的清潔工。請參閱blogs.wsj.com/speakeasy/2010/10/28/lucy-walkers-waste-land/。

⓳ Reno的"Out of Place"從民族誌的角度研究中西部一座垃圾掩埋場的工人，寫得非常好。

⓴ 對於參與觀察，更明確的定義是「一種動態而且有彈性的社會研究方法，能協助研究者取得關於社會實際狀況的詳細資訊，使用量化研究方式通常沒辦法取得這樣的詳細資訊」。（Lauder, "Covert Participant Observation of a Deviant Community", 185）

㉑ Kelley, "Using Garbage as Text."

㉒ 杜赫帝是紐約市清潔局自從1881年成立以來，任職時間最長的局長。

㉓ Rogers的*Gone Tomorrow*頁141至153，評論飲料罐製造業在成立「美化美國」中扮演的角色。

㉔ 現在位於對街，在西側高速公路和第57西街交會處。

3 勤務板

❶ 截至2012年6月，清潔局有186名女性制服職員。

❷ E. P. Thompson的"Time, Work-Discipline, and Industrial Capitalism"，和Zerubavel的"Standardization of Time"，有談論衡量時間工業化與標準化的部分歷史。

❸ 確實有人因為跌落後側腳踏板而受傷，但是清潔局裡有些觀察者認為這並不是工會拆除腳踏板的真正原因。

❹ 曼哈頓的都市垃圾會運到紐澤西州紐華克市附近的兩座垃圾能源轉換廠。

4 身體與智慧

❶ 感謝Manos Therapeutics的Jennifer Pliego清楚解釋這些動作的力學。

❷ American Public Works Association, *Refuse Collection Practice*, 141.

❸ 老鼠是我們在都市裡最老也最近的鄰居，Sullivan的*Rats*精彩描寫關於老鼠的真實事件、民間傳說和恐懼症。也可參閱Corrigan的"Ratopolis' of New York City"。

❹ 節錄自*Daily News*, June 28, 2001, 6.

❺ 根據*The Chief*的報導，彭博也特別提到，過去十三年自己捐了200萬美元給警消遺孀遺孤救濟基金會（Police and Fire Widows' and Children's Benefit Fund）。（Van Auken, "Bloomberg Blooper Stirs Union Wrath", www.nycpba.org/archive/ch/01/ch-010706-bloomberg.html）

❻ Drudi, "Job Hazards in the Waste Industry."

❼ Bureau of Labor Statistics, "National Census of Fatal Occupational Injuries in 2011 (Preliminary Results)."

❽ 一份2008年的分析資料顯示，112名警察死於14億2千600萬工時，死亡率為每10萬警員有15.7人死亡；消防隊員則是44人死於8億600萬工時，死亡率為每10萬人有6.9人死亡。相較之下，清潔隊員有30人死於1億6900萬工時，死亡率為

每10萬人有35.5人死亡。這份資料和許多相關資料都可在勞工統計局的網站找到（www.bls.gov）。

❾ Lawitts的"Needle Sightings and On-the-Job Needle-Stick Injuries"記述1997到2002年之間清潔局發生的針扎事故，以及藥檢與酒測事故。

❿ 在人類知道的物質中，氫氟酸的腐蝕性強度是數一數二的，被認為「極度」危險。氫氟酸會「快速滲入皮膚，破壞深層組織，造成極度危險的肝臟、腎臟和新陳代謝功能失調……就算只有小面積的皮膚接觸到氫氟酸，仍可能造成嚴重傷害……氫氟酸如果深入上層皮膚，會造成比較深層的軟組織液化與壞死」（Peters, "Symptoms and Treatment of Hydrogen Fluoride Injuries", 162）。也可以參閱Horton等人合著的"Hydrofluoric Acid Releases in 17 States"。氫氟酸的濃度通常為48%。

5 尋寶與控制反制

❶ 這裡說的不包括紐約市房屋局的建築，那些建築雖然由清潔局清掃，但是通常僅由一名清潔隊員操控E-Z Pack垃圾車，用機械手臂倒垃圾桶和收垃圾袋。

❷「mongo」這個字有時候會拼成「mungo」，來源難以考證。連善於查證文字的Erin McKean擔任《新牛津美語字典》的編輯時，派麾下團隊進行查證，也查不出來。如果想了解更多關於在紐約與其他地方的mongo，請參閱Botha的*Mongo*。

❸ 在工線短的分區，在350卡背面寫工線既快速又簡單。但是在工線長的分區，像是東皇后區和史坦頓島，寫工線需要用到許多張印表紙，然後用釘書針釘在350卡上。

❹ 過去十五年，藥檢讓幾百名清潔隊員丟了飯碗，但是同時，雖然比較難估算，肯定也防止了無數場意外與悲劇。

6 成為正式清潔隊員

❶ 2006年，由於建築結構問題無法解決，加上曠課率非常高、畢業人數非常少、收容過多學生，紐約市關閉喜活公園高中，但是建築物仍用於原本的用途，作為幾間小型「精緻」高中的校舍。

❷ 在這4,500人裡，只有10%能通過考試取得工作，錄取率非常穩定，能夠預測。清潔局決定錄取人數時，會用錄取率來推算。考試完一陣子後，我發表了一場

演講，在場上認識一名渴望成為清潔隊員的年輕人，但是他的編號在14000左右，沒機會錄取。

❸ *Time*, March 11, 1940; *New York Times*, March 3, 1940, 12.

❹ *New York Times*, February 19, 1940, 18.

❺ 當時的局長是 Robert Groh，曾經擔任皇后區的區長。（"Womne 'White Wings' Planned," *New York Times*, April 18, 1974, 45）

❻ Redd, *Newsday*, September 23, 1986。史德碩成立「婦女政治中心」（Center for Women in Government），現在併入紐約州立大學奧本尼分校洛克菲勒公共事務與政策學院。

❼ Johnson, "Ruling Paves the Way."

7 遍地髒汙

❶ Martin Melosi 率先開始談論固體廢棄物在都市公共建設歷史中的角色（*Garbage in the Cities*）。Benjamin Miller 寫了一部極具權威的紐約垃圾史（*Fat of the Land*）。Elizabeth Fee 和 Steven Corey 也針對相同主題寫了一部比較簡短的重要著作。

❷ 紐約的第一批殖民者是瓦隆人（Wallons），是來自比利時當時被稱為瓦隆大區的雨格諾教徒。荷蘭人難以說服同胞移居新世界，因為許多荷蘭人寧可待在荷蘭。16世紀末和17世紀初，大部分的歐洲都因為戰爭與血腥的宗教迫害而民不聊生，但是荷蘭卻政治安定，兼容並蓄，經濟穩定，知識發展。這種反常的安和與繁榮是荷蘭人民生活安康的重要原因。此外，政府政策表明宗教包容，這是基於經濟的決定，而非基於道德的決定，吸引來自歐洲各地與其他地方的難民。欲了解更多細節，請參閱 Shorto, *Island at the Center of the World*。

❸ Hansen and McGowan, *Breaking Ground, Breaking Silence*, 16; Leslie M. Harris, *In the Shadow of Slavery*, 14, 15, 30-31; Moore, "World of Possibilities," 37; Wagman, "Corporate Slavery in New Netherland."

❹ Leslie M. Harris, *In the Shadow of Slavery*, 18.

❺ 紐約市的歷史大多遺漏掉奴工，但是奴工非常重要，再怎麼強調都不為過。歷史學家 Christopher Moore 指出，如果沒有奴工，紐約市這塊殖民地可能會沒落，因為奴工是「新荷蘭的核心勞力」。（"World of Possibilities", 38）

❻ Burrows and Wallace, *Gotham*, 43.

❼ Fernow, *Records of New Amsterdam*, 1:31; Stokes, *Iconography of Manhattan Island, 1498-1909*, 177.

❽ 關於紐約殖民與後殖民時代的公共衛生史，全面性的研究請看 Duffy, *History of Public Health in New York City*.

❾ 關於殖民時代的填海造地的細節，參見 Geismar, "Landmaking in Lower Manhattan"; Rothschild, *New York City Neighborhoods*; Cantwell and Wall, *Unearthing Gotham*.

❿ Burns and Sanders, *New York*, 13.

⓫ 如果能預見未來，得知牲畜到處遊蕩的問題，尤其是豬，會繼續困擾紐約居民兩百年，史岱文森或許會感到安慰。

⓬ 屠夫非法丟棄垃圾極度嚴重，Bridenbaugh 特別指出屠夫「格外應該受到處罰，完全沒有為公共環境著想」。（*Cities in the Wilderness*, 85）

⓭ Fernow, *Records of New Amsterdam*, 1:33.

⓮ Fernow, *Records of New Amsterdam*, 5:45: Duffy, *History of Public Health in New York City*, 19.

⓯ Koeppel 指出，史岱文森回荷蘭解釋為什麼他要放棄新阿姆斯特丹時，給上司們的其中一個理由就是缺水，上司們實在難以相信。（"Rise to Croton", 29）

⓰ Bridenbaugh, *Cities in the Wilderness*, 18；想了解更多居民的舉止，請見 Deetz, "In Small Things Forgotten."

⓱ Bridengaugh, *Cities in the Wilderness*, 62.

⓲ 關於填運河的細節，請參閱前書，頁 20。今日走在下曼哈頓的海狸街和百老街，就能發現海狸運河和君主運河的路線。

⓳ 同前書，頁 85-86.

⓴ 同前書，頁 44；Hodges, "Cartmen of New York City," 26-27.

㉑ Bridenbaugh, *Cities in the Wilderness*, 18, 166.

㉒ Hodges, "Cartmen of New York city," 37.

㉓ Duffy, *History of Public Health in New York City*, 26-27

㉔ 根據 Jackson 的《紐約市百科全書》（*Encyclopedia of New York City*）頁 922，1698 年有 4,937 人住在紐約郡。Duffy 估計 1702 年居民人數為 4,500 到 5,000 之間，因此推算黃熱病第一次爆發，造成 10-12% 的紐約市居民死亡（*History of Public Health in New York City*, 35-36）。不同文獻記載的當時人口數不盡相同。

㉕ Duffy, *History of Public Health in New York City*, 42-47; Koeppel, *Water for Gotham*, 25。柯登博學多才，是調查員，也是醫師，熱愛研究植物，跟家人住在哈德遜河谷的莊園，

莊園名為「柯登居」，面積3000英畝。（Lewis, *Hudson*, 21-24）

㉖ Burrows and Wallce, *Gotham*, 185.

㉗ New-York City Common Council Minutes, May 14, 1788.

㉘ Koeppel, *Water for Gotham*, 57.

㉙ 1795年一種「致命的熱病」（可能是黃熱病）導致750名紐約居民死亡，1796年與1797年也導致數十人死亡。（同前書，頁62）

㉚ 引自 Daley, *World Beneath the City*, 25.

㉛ 同前書。不過我認為，如果青蛙和爬蟲類仍喜歡待在水裡，或許表示水並沒有那麼髒。

㉜ 引自 Koeppel, *Water for Gotham*, 65.

㉝ Jackson, *Encyclopedia of New York City*, 923.

㉞ 1804年5月7日和5月14日紐約市議會開會紀錄。填地不只困擾附近居民，約莫一百二十年後，也困擾想挖開填起來的地、建造荷蘭隧道的人。（Frazier, *Gone to New York*, 40-41）

㉟ 大家認為費城的居民守規矩，喜歡直角，因為費城的街道都是整齊的直角相交。相較之下，紐約居民不停「被丟到高地與谷地，住在狹小的巷弄與彎曲的街道」，已經變成「毫無規矩、思想瘋狂、性情多變、行為古怪、異想天開的一群人，龍蛇混雜，居住在這個崎嶇不平、邪惡可怕的世界」。引述自 Burrows and Wallace, *Gotham*, 420.

㊱ 原始地圖收藏在奧本尼紐約州立博物館。

㊲ 當時大家認為這項計畫難如登天，紐約市「花幾百年」都沒辦法完成。（同前書，頁422）

㊳ 關於格狀計畫，請見 Ballon, *Greatest Grid.*

㊴ Gordon, "Real Estate."

㊵ Pete Hamill 在出色的小說 *Forever* 中有寫這句話。

8 官員貪汙腐化

❶ 1847年設立的移民局負責協助移民，更準確的說法是協助來自歐洲的移民，黑人不在他們負責的範圍內。那一年光是5月到12月之間，移民局就幫11,000名新移民找到醫療照護，到1852年，超過20,000移民被分配使用在曼哈頓和布魯克林

的超過五間醫療院所，公共衛生歷史學家John Duffy說「這是美國最大的醫院體系」。（*History of Public Health in New York City*, 518）

❷ Burrows and Wallace, *Gotham*, 588.

❸ 1850到1854年之間，紐約市平均每1,000人有40.7人死亡，增加幅度驚人，因為1810到1814年之間，平均每1,000人只有22.9人死亡。（Duffy, *History of Public Health in New York City*, 575）

❹ Brieger, "Sanitary Reform in New York City," 441.

❺ 1849年擔任紐約市督察員的Alfred T. White就是個好例子。他要求煮骨頭的工廠移出紐約市後，就默默擔任一家公司的合夥人，那家公司專門為化製業提供土地、設施和運輸工具。他幫忙在布魯克林牙買加灣的荒蕪島開了好幾間工廠，吸引來同業，最後荒蕪島成了世界最大的化製業聚集地（Benjamin Miller, *Fat of the Land*, 36-44）。欲了解荒蕪島的工作條件，請參閱Johnson的"All the Dead Horses, Next Door"，以及Benjamin Miller的*Fat of the Land*，頁87至88。

❻ Bridenbaugh, *Cities in the Wilderness*, 166.

❼ 在這個年代，拾荒孩童經常可見，引起許多主管機關注意，主管機關把他們當成小偷和扒手對待；而其實他們經常真的是。欲更加了解19世紀紐約的拾荒孩童，請參閱Stansell的*City of Women*，頁50至51、頁204至206。

❽ Lot, "Autobiography of a Tramp"; Newman, "Home of the Street Urchin."

❾ "Rag-Pickers of New York," *American Phrenological Journal*, October 1857, 84; "Life Under the Dumps," *Harper's Weekly*, November 14, 1885, 747cd. 其他描述拾荒者與其工作的作品，參見"Walks Among the New-York Poor: The Rag and Bone Pickers," *New York Daily Times*, January 22, 1853, 2; "For My Little Readers," *Independent*, January 4, 1854, 6; "The Street Scavengers," *Friends' Review*, February 15, 1862, 381. Gage, "Low Life in a Great City."

❿ Strasser, *Waste and Want*, 115.

⓫ 愛迪生1903年在紐約的一個傾倒碼頭，拍攝在平底船上整理垃圾的人和傾倒垃圾的馬車。影片可在YouTube上找到。www.youtube.com/watch?v=4Io9DM6WBzA&feature=relmfu。

⓬ "In the Dumps," *National Police Gazette*, March 9, 1889.

⓭ Burrows and Wallace, *Gotham*, 744; McShane and Tarr, *Horse in the City*, 38.

⓮ 在城市中駕駛馬車隊有許多特別的難題，請見McShane and Tarr, *Horse in the City*, 39-41

⓯ 同前書，頁39。

⓰ 同前書，頁44。

⓱ 聯邦衛生委員會設立於1861年6月，希望採用南丁格爾在克里米亞戰爭期間率先採用的醫療保健創新方法。歐姆斯泰德，中央公園的主要設計師之一，當時是衛生委員會的祕書兼執行長。儘管委員會努力改善醫療保健系統，仍舊平均每兩個聯邦軍戰死沙場，就會有三個死於痢疾和肺炎等疾病。（Hoy, *Chasing Dirt*, 29-58）

⓲ 1740年柯登調查衛生條件後，許多人仿效，進行類似的調查。紐約市督察員John Griscom在1840年代的調查格外徹底，並且根據調查結果提出建議，可惜他的想法比當代的觀念進步了超過一百年，否則將能大幅改善紐約的生活。

⓳ 摺頁是一張詳盡的曼哈頓地圖，由Egbert Viele描繪，呈現出曼哈頓島原本的水道、沼澤、溪流與港灣。

⓴ "Sanitary Condition of New York," *Medical and Surgical Reporter*, April 8, 1865.

㉑ Burrows and Wallace, *Gotham*, 919.

㉒ Duffy, *Sanitarians*, 119.

㉓ "Sanitary Condition of New York."

㉔ 欲了解都市衛生法案與紐約市衛生委員會的歷史與細節，請見Burrows and Wallce, *Gotham*, 919-21: Duffy, *History of Public Health in New York City*, 540-71: Duffy, *Sanitarians*, 119-22; Hoy, *Chasing Dirt*, 59-64.

㉕ 名字取自一名極具傳奇色彩的德拉瓦州印第安酋長Tamanend。坦慕尼協會（分為「勇士」、「酋長」和「棚屋」三個階級）變成19世紀紐約市政壇最重要的力量。更多細節請見Ackerman, *Boss Tweed*; Hershkowitz, *Tweed's New York*; Mandelbaum, *Boss Tweed's New York*; and Sloat, *Battle for the Soul of New York*。

㉖ Jackson, *Encyclopedia of New York City*, 1206.

㉗ Melosi, *Gargage in the Cities*, 15.

㉘ 特威德的離開並不代表坦慕尼協會結束。

㉙ 州議會說，街道清潔局應該有自己的馬廄、貨運馬車和工具，這樣比較不會任由貪婪的包商哄抬這類必需品的價格。清潔街道的裝備應該漆上特別的顏色，職員至少應該佩戴徽章，最好穿真正的制服。同樣地，每匹清潔街道用的馬也應該有烙印或記號。州議會主張把紐約市分為數個分區，接著指派工頭、清道夫和貨運車夫負責那些分區裡的特定街道，「讓每個人都必須為自己的工作結果

負責」。灰燼和垃圾應該分開，而且兩者都應該在早上9點以前清離街道。交通流量大的繁華地區應該有一組全職人員，隨時清除掉到街上的糞便和其他垃圾，隨時保持那些大街道乾淨，包括第5大道、萊辛頓大道和公園大道。最後，街道清潔局的帳簿應該隨時開放檢查。1874年4月11日《紐約時報》，頁12。

㉚ *New York Times*, January 23, 1881.

㉛ *New York Times*, January 29, 1881, and March 24, 1881.

㉜ *Harper's Weekly*, June 18, 1881.

㉝ *New York Times*, December 20, 1889.

㉞ *New York Times*, December 6, 1890.

㉟ Schultz 以及McShane的 " To Enginner the Metropolis" 有談到更多這時期的市政改革歷史。

㊱ Strasser, *Waste ans Want*; Tomes, "Private Side of Public Health."

㊲ Sivulka, "From Domestic to Municipal Housekeeper."

㊳ "Women's Work for Health." *Independent*, July 9, 1896.

㊴ Melosi, *Gargage in the Cities*, 35-36.

㊵ "Women's Work for Health."

㊶ Melosi, *Garbage in the Cities*, 35-36.

㊷ 共和黨州參議員Clarence Lexow組成調查委員會，揭發許多驚人的真相，其中一項是：警察付鉅款給坦慕尼協會的首腦們，換取警察這份差事，接著向妓院老闆、賭徒、非法進行墮胎的人和酒館老闆勒索錢財，回收錢財。Lexow的委員會查出許多非法行為，包括造假、安排假拳賽、恐嚇選民、破壞罷工和詐騙，提出多項控訴，一共從678名證人彙整出10576頁的證詞。（Burrows and Wallace, *Gotham*, 1192）

㊸ 史壯邀請卸任的文官委員會主委老羅斯福來領導被弊案重創的警察局。

㊹ *Brooklyn Daily Eagle*, January 28, 1896.

㊺ Hoy, *Chasing Dirt*, 78-79; Sivulka, "From Domestic to Municipal Housekeeper," 4; *New York Times*, February 11, 1914, 7.

9 推動清潔改革的先驅

❶ 華林設計了中央公園的排水系統（欲了解更多關於他的傳記，請參閱Cassedy的

"Flamboyant Colonel Waring"，以及Melosi的*Garbage in the Cities*，頁42至65）。在公園東南四分之一的園地裡，散步大道旁種植了榆樹，那也是他的功勞。現在的榆樹是1920年第四次種植的。

❷ 華林設計了幾座美國城市的下水道系統，有些部分原發明人已經取得專利權，但他只是稍微修改，就要求取得專利權，為此被美國土木工程學會（American Society of Civil Engineers）譴責一輩子。欲知更多細節，請參閱Cassedy, "Flamboyant Colonel Waring"。

❸ *Brooklyn Daily Eagle*, January 28, 1896.

❹ *New York Times*, March 30, 1895.

❺ *Brooklyn Daily Eagle*, January 28, 1896.

❻ *Brooklyn Daily Eagle*, December 13, 1895, 5.

❼ *New York Times, March 30*, 1895, 2.

❽ 同前註。

❾ Benjamin Miller, *Fat of the Land*, 89.

❿ *New York Times*, January 11, 1895.

⓫ 1895年2月1日《紐約時報》。華林把雪清得一乾二淨，惹惱了住在中央公園附近的上層愛馬人士，因為他們想在結冰的街道上進行雪橇比賽。華林本身也熱愛良駒，聽了他們的抱怨後，後來暴風雪來襲時，就不去清除公園附近的雪。

⓬ *Brooklyn Daily Eagle*, December 13, 1895; Melosi, *Garbage in the Cities*, 56.

⓭ 華林一輩子堅持對抗傳染病。他嘲笑在醫界獲得擁護的愚蠢「細菌理論」，認為致病原因是死水和其他臭味來源飄出的沼氣或臭氣。

⓮ 有些街道清潔局的職員抗議亮白色的制服「象徵奴性」。（*New-York Tribune*, May 23, 1896.）

⓯ *Brooklyn Daily Eagle*, January 28, 1896.

⓰ *Brooklyn Daily Eagle*, August 16, 1896.

⓱ Burnstein, *Next to Godliness*, 96.

⓲ Rice在*Dignity and Respect*，頁16至27，對於華林與清潔局職員的關係有另一些說明。

⓳ *Harper's New Monthly Magazine*, August 1896, 480.

⓴ 拿馬糞的問題來談就好，現代都市居民可能很難想像馬糞的問題有多難解決。根據McShane和Tarr的說法，到1900年，曼哈頓的街道上大約有13萬匹馬，每匹馬每天會製造30到50磅的糞便，也就是一年約7噸。確實，部分的糞便會排

泄在馬廄，不過就算是這樣，每年仍有約91萬噸的巨量馬糞會被丟棄在曼哈頓的街道上。(*Horse in the City*, 16, 26)

㉑ 蓄水池是大型巴豆水道系統(Croton Aqueduct)的一部分，建於1839到1842年間，作為配水池，占地4英畝，儲水2,000萬加侖，看起來像埃及金字塔的基座。頂部設計成公共步道，很快就變成休閒散步的熱門地點。蓄水池在19世紀末拆除，現在遺址上有布萊恩公園和紐約公共圖書館的總館。

㉒ *New York Times*, May 27, 1896, 1.

㉓ 同前註。

㉔ Riis, *Battle with the Slum*, 271.

10 怒海

❶ 街道清潔局有傾倒碼頭位於舊碼頭街(Old Slip)以及東河的羅格斯街(Rutgers)、李文頓街(Rivington)、第17街和第38街，北河(也就是現在的哈德遜河)的傾倒碼頭位於運河街、第19街、第35街、第47街、第79街和第129街。每天有超過12艘拖船拖著垃圾平底船出海。關於紐約拖船歷史，請見Matterson, *Tugboats of New York*。

❷ 命令指明白羅島(Bedloe's Island)後面的水域，白羅島就是現在自由女神像的所在地，現在稱為自由島。

❸ Fee and Corey, *Gargage!*, 45-46.

❹ *Harper's Weekly*, June 30, 1883, 403.

❺ *Harper's Weekly*, July 23, 1892, 699.

❻ "Mayor Gilroy's Message," *New York Times*, January 6, 1893, 9.

❼ 一道美國最高法院的命令禁止了紐約市再將垃圾倒入海中。最後一艘垃圾平底船在1934年出航，紐澤西州提起訴訟，最後才迫使紐約市政府改變那艘船的航線，令紐澤西州大大鬆了一口氣。更完整關於海洋傾倒立法的歷史，請見H. Miller, "Ocean Dumping-Prelude and Fugue"。

❽ Allen, "How New York Handles Her Garbage and Rubbish Problem," 21; Matteson, *Tugboarts of New York*, 88.

❾「乾舷」是指船在水線上面的部分，滿載的平底船在水裡時下沉得比較低，因此比空的平底船還要穩。

⑩ *New-York Tribune,* January 27, 1892.

⑪ 幾名船員說這場暴風比1888年的那場更可怕。

⑫ 這幾艘船更多的細節請看 *Herald*, the *Evening Post*, the *Evening Sun* (January 27, 1892), and the *Tribune*(January 30, 1892).

⑬ 相當於2012年的25萬到65萬美元。

⑭ *New York World,* January 28, 1892, 1.

⑮ 同前註。

⑯ *New York Evening Sun,* January 28, 1892, 1.

⑰ *New York World,* January 27, 1892, 1.

⑱ 也許離沙鉤岬60英里或是112英里。這個距離似乎隨著故事的流傳越來越長。

⑲ *New York World,* January 30, 1892, 1.

⑳ *New York World,* January 28, 1892, 1.

㉑ *New York World,* February 1, 1892, 1.

㉒ *New York Evening Sun,* February 3, 1892, 1.

11 清潔隊員的祕辛

❶ 制服清潔隊員工會（國際卡車司機工會紐約市831號地方分會）會長奈斯波利（Harry Nespoli）告訴過我他當清潔隊員第一天工作的故事，情況就類似這樣。

❷ 類似的故事曾經發生在翡翠協會會長Frank O'Keefe身上。

12 開垃圾車的資格

❶ 這裡原本是紐約人壽保險公司的總公司。

❷ Adams, *Hitchhiker's Guide to the Galaxy*, 48.

❸ 1926年5月佛洛伊德·班奈特（Floyd Bennett）開飛機載Richard Byrd飛越北極。1928年班奈特加入到加拿大解救飛行員的行動，兩人計畫飛越南極，但是在行動中，Bennett感染肺炎，在那年4月去世，時年37歲。紐澤西州紐華克市是蓬勃發展的航空運輸中心，跟紐約市只有一河之隔。紐約市的政客想要分一杯羹，決定興建一座市立機場。於是市政府接收布魯克林荒蕪島上的一座小型私人機場，加以擴建並且改名，1931年春天舉辦盛大的揭幕典禮。佛洛伊德·班奈特

駕訓場在早期飛航歷史中扮演重要角色，很多知名的飛行員從那裡起飛過，包括Charles Lindbergh、Amelia Earhart、Howard Hughes和「飛錯大師」Douglas Corrigan，但是那裡始終沒辦法帶來龐大商業收入。

14 行話淺談

❶ 清潔局到底是否應該收庭院廢棄物，引發爭論。一派認為應該回收庭院廢棄物，製成堆肥，但是那樣做需要耗費比較多經費。另一派認為屋主應該負責處理自己的庭院廢棄物，不應該由市政府來負責。

❷ 這樣的估算是假設一車大約13噸，其實三車也可以說成大約40噸。

16 小隊長難為

❶ 包括韋氏大辭典在內的許多資料來源都顯示出，壓力（agita）這個字來自義大利文acido，是指酸性或胃灼熱，也可以意謂處於緊張或焦慮中。詳見www.merriam-webster.com/dictionary/agita。不過對紐約人來說，agitas念起來更像發音不標準的agitare，也就是苦惱、搖晃、碎碎念、煩躁的意思。「Don't give me no agita」意思是「不要讓我難做」、「別給我找麻煩」、「不准縮回去」。

❷ Van Gennep, *Rites of Passage*; Turner, *Ritual Process*.

❸ 想更了解分類系統的基礎與涵義，請見Bowker and Star, *Sorting Things Out*.

❹ 如果清潔隊員本來應該去收一般垃圾或資源回收垃圾，但卻因為跟他沒有關係的原因而被改派別的工作，那麼他雖然沒辦法去收垃圾，但是仍舊能夠領取應得的垃圾車錢。這項做法是勞工調解員施蘭克（Robert Shrank）想出來的，他在三人一組改為兩人的改革期間跟清潔隊合作。隨著時間過去，他的名字就被拿來稱這項做法。

❺ Steinbeck, *Acts fo King Arthur*, 406.

❻ 到2010年為止，紐約市警察局的交通警察也會幫忙執行這項工作。掌上型掃描機讓幹部能上傳車輛的註冊資料，接著印出易讀的罰單。

❼ Saul and Barrett, "Bloomberg Taps Former Indianapolis Mayor."

❽ Katz, "New Ed Skyler is Older, More Experienced, and More Midwestern."

❾ Lisberg, "Midesterner Gets Deputy Post."

⓾ Lisberg and Colangelo, "New York City to Demote 100 Sanitation Supervisors to Help Cut Budget."

⓫ From November 2010.

17 雪季

❶ 2011年1月31日WNBC電視新聞，〈清潔局薪水高得嚇人〉，Chris Glorioso報導。諷刺的是，記者Glorioso沒承認也沒否認自己的父親是東皇后區的清潔隊員。

❷ 紐約市是向International Salt買鹽。總部在賓州的International Salt是智利公司Sociedad Punta de Lobos的子公司，而Sociedad Punta de Lobos本身則是德國公司K+S的子公司。K+S自稱是全球最大的製鹽商。鹽產自智利的塔拉帕卡鹽沼，用貨船運到布魯克林的紅鉤卸貨。

18 末日暴風雪

❶ Ludlum, "Blizzard of '88 in Historical Perspective," 11-12.

❷ 更多細節可看Caplovich, *Blizzard!*; High and Filippucci, *City of Snow*; and Ludlum, "Blizzard of '88 in Historical Perspective," 許多照片與個人描述提供了這次大雪衝擊更鮮明的印象。Virtual New York 這個線上歷史資料庫收集了很棒的材料，是由紐約市立大學所創建的，請見www.vny.cuny.edu/blizzard/stories/stories_set.html.

❸ 從1884年開始，政府多次發布法令，要求將線路移到地底下，但是利益受到影響的企業拒絕遵守法令，反而在法院挑戰法律。參見www.virtualny.cuny.edu/blizzard/building/building_fr_set.html.

❹ 想知道林賽重組市政府的細節，參閱 Mantel, "Reorganization of the New York City Government," and McFadden, "John V. Lindsay, Mayor and Maverick, Dies at 79." 關於林賽在暴雪中的作為，參見Cannato, *Ungovernable City*, 395-97.

❺ Siegel, " Those Fun City Years Recalled by Insiders," 38.

❻ McFadden, "John V. Lindsay, Mayor and Maverick, Dies at 79," A1.

❼ Einhorn, "Stephen Goldsmith, Deputy Mayor of New York, Tweed 'Good Snow Work' During Blizzard"; Ortiz, "City Leaders Face Hearing on Poor Snowstorm Response."

❽ Chen, "Goldsmith's Other Bad Snow Day."

❾ Daly, "Clueless Deputy Mayor Goldsmith."

❿ Barbaro, "Deputy Mayor Was Arrested Before He Resigned."

⓫ Newman, "Stephen Goldsmith, Ex-Deputy Mayor, Absolved of Domestic Violence."

19 互助社團

❶ 交誼廳位於 Frank Kowalinski Post 4 of the Polish Legion of American Veterans。

❷ 我跟清潔局以外的朋友與同事解釋清潔隊的互助社團時，許多人都以為互助社團就像老式「社團」，復古地認為宗教信仰或族群血統是自我認同的根本。他們竟然告訴我，那些社團聽起來落伍，但卻迷人，今日的世界很少人會堅持採用那種老派的身分標記。他們這樣的反應實在令我吃驚。我知道美國社會諸多不同族群之間有文化隔閡，但是現在才明白隔閡有多大。多數美國人仍舊以宗教和族群這兩種身分和接納的標記來了解自我啊！

❸ Gamm and Putnam, "Growth of Voluntary Association in America," 521。美國初創之時，互助協會非常盛行，引起法國編年史學家 Alexis de Tocqueville 評論，在 1830 年代寫說，美國人「無時無刻都在成立協會」。（*Democracy in America*, 514）

❹ Trotter, "African American Fraternal Associations in American History,"355-56.

❺ 引自 Dunmenil, *Freemasonry and American Culture*, xii.

❻ Ridgeway, "Linking Social Struture and Interpersonal Behavior,"6.

❼ Kaufman and Weintraub, "Social-Capital Formation and American Fraternal Association." 我的措辭相當輕，但是 Kaufman 和 Weintraub 指出解讀有時候可能會不一樣。

❽ 夏農的故事是紐約市清潔局口述歷史檔案的一部分。這些談話內容都來自 2011 年 3 月 25 日的訪談，訪談主持人是 Hilary Crowe。完整的錄音檔與逐字稿請見 www.dsnyoralhistoryarchive.org/?s=Siano.

❾ 清潔局哥倫比亞協會隸屬於公務員哥倫比亞協會全國總會（National Council of Columbia Associations in Civil Service）。

❿ 關於工會的歷史，請見 Rice, *Dignity and Respect*.

終曲　別人

❶《辛普森家庭》第 200 集（#5F09，第 9 季，1998 年 4 月 26 日播出）。這齣節目對美

國人的生活提出中肯的社會評論超過二十年，2008年和《荒野大鏢客》(*Gunsmoke*)並列美國史上播出最久的黃金時段連續劇。

❷ 要更了解維護與基礎工作人員的民族誌，請見 Star, "Ethnography of Infrastructure," 和 Graham and Thrift, "Out of Order".

❸「垃圾獸」(feral trash)這個有趣的名詞來自柴納・米耶維的小說《偽倫敦》(*Un Lun Dun*)。

❹ 關於這次罷工事件的分析，請見 Cannato, *Ungovernable City*: Maier, *City Unions*; Rice, *Dignity and Respect.* 若想從工會的角度知道更多罷工的細節，請見 *Nine Days That Shook New York City.*

❺ 紐約清潔隊員罷工的更多資料，請見 Arvid Anderson, "Strikes and Impasse Resolution in Public Employment." 曼菲斯的罷工事件，請見 Beifuss, *At the River I Stand*; Collins, "Analysis of the Memphis Gargabe Strike of 1968"; Estes, "'I *Am* a Man!'"; Green, "Rice, Gender, and Labor in 1960s Memphis"; Lentz, "Sixty-Five Days in Memphis"; McKnight, "1968 Memphis Saniation Strike and the FBI."

❻ 引自 Finkelpearl, "Interview."

❼ 地點位於蘇活區莫瑟街(Mercer Street)的費德曼藝廊(Ronald Feldman Gallery)。

紐約市清潔局行話詞彙表

How to Speak Sanitation: A DSNY Glossary

林浩立　譯

五七表（57）：簽到簽退表，用於每個班次開始和結束之時。

三五〇卡（350）：每個清潔隊員都會拿到，隨身攜帶、填妥，然後在班次結束時交回的工作卡。依照收集、回收、清掃和其他工作的不同會有顏色上的區別。其目的在於記錄里程、耗油量、工線完成比例，以及其他的細節。

航空郵件（air mail）：從房屋上方窗戶往垃圾車丟的垃圾。

ASP：換邊路邊停車管制（Alternate side parking regulations），也稱為「街道清掃管制」（見下方「SCR」）。

壞時光（bad time）：被暫時停職的時間，通常是因為懲處。壞時光的時間不能算進退休金年資，所以當你準備要退休的時候，還是得工作到補足那段空缺才行。

打包垃圾車（bale the truck）：將靠近駕駛座那端的移動牆擠向將垃圾推入車身的鏟刀。這能夠將垃圾擠壓得更緊密，使垃圾車能再容納一噸多的垃圾。

被搞（banged）：被懲處。如果你被搞了，代表上級有人記你失職。

桶子（baskets）：沿著一特定工線清理公共垃圾桶的任務。這任務沒有任何「垃圾車錢」（見下方），而且結束後仍必須回到起點再收一次。這是最不受歡迎的任務之一，資歷淺的都會被拗弄桶子。

贏（beat）：一個表達資深的字眼。當你說「我贏你」代表「我在這裡的資歷比你久」，因此可以優先選擇好差事。

鏟刀（blade）：垃圾車車身可移動的後方牆面，或是車斗能往上剷的機械器具。

血汗錢（blood money）：當偶一為之的除雪任務成為不得請假的無止境超時加班工作。

勤務板（board）：分配勤務的板子，每天都會更動。清潔隊員在開始和結束班次時

都會仔細觀看。它能讓他們知道工作內容是什麼、夥伴是誰。資深者有權控管。

屍袋（body bags）：有配備垃圾壓縮機的公寓大樓製造出來的120加侖垃圾袋。它們又大又長，看起來好像可以裝屍體。又稱為「香腸袋」（見下方）。

被轟炸（bombed）：高工作量的工線。

跳動（bouncing）：不穩定的工作時間表。

可以掃（broom qualified）：經過訓練能駕駛掃街車的人。

大塊（bulk）：壞掉的洗衣機、爐子，和其他大型電器、家具等物件。除此之外，也指這份任務本身（「我今天要處理大塊」）。

牛鞭（bull prick）：將機械鏟固定在垃圾車前方的插銷。

碰碰車（bumper cars）：掃街車。

中離（calling it out）：沒有完成工線任務。意同「丟工」（見下方）。

人手（can man）：能提供給一項任務的人力數量。用於「你今天的人手多少？」

扛（carry）：一個隊員幫另一個隊員完成任務，通常用在收集垃圾的狀況。「吉米整個月都在背痛，他的夥伴就幫他扛了下來。」

CDL：商業駕照（Commercial driver license）。B級商業駕照是清潔隊員的入隊門檻。

表、表天（chart or chart day）：休假日。如果你「得到」表，代表你得在排定的休假日工作，但那天的工資是一點五倍。如果你沒得到表，代表你不需要在排定的休假日工作。表天會隨週輪換。星期日是例假日（除非有特殊狀況或下雪），但因為你的表天會輪換，很難可以連休兩天。

追垃圾（chasing garbage）：調到除雪任務後，再回頭收集垃圾。依暴風雪程度的大小，有時會需要幾週的時間追垃圾才能追上進度。

乾淨（clean）：一個工線班次結束後能達到（或無法達到）的狀態。

乾淨垃圾（clean garbage）：整齊放好等待收集的垃圾。

收集（collection）：收垃圾。

啟動（coming on）：開始工作。

混（commingle）：把鐵器、玻璃、和塑膠混在一起，等候回收。

狀態（condition）：用來指稱某種與垃圾相關的問題。例如，許多從垃圾桶滿出來的垃圾在街道角落亂飛是一種狀態。被當成「亂倒場」（見下方）的地方也會稱為一種狀態。

凸出（coned）：滿出來的垃圾桶。

降低車（cut-down）：紐約市清潔局傾卸垃圾車。

減量（cut the load）：在垃圾車內塞入少於其容量的垃圾。

死衝（deadheading）：將垃圾車開進禁止商業用車的街道。這違反規定，但相較於擁擠的街道會是一條更快的路線。

死亡行軍（death march）：非常長的工線。

抽離（detached）：不定期在一個地點工作，但又不是永久分發到那邊。例如，一個皇后區東十分隊的小隊長被抽離到安全與訓練科擔任教練。他還是隸屬皇后區東十分隊，但是在佛洛伊德．班奈特駕訓場（Floyd Bennett Field）工作。

迪斯可米粒（disco rice）：蛆。

分區（district）：紐約市清潔局行政體系中的一個行動單位。清潔局配合紐約市社區委員會的分布將城市劃分成五十九個分區。每一個分區會有一個分隊，其下最多有八個「小區」（見下方）。

屁股無毛（doesn't have a hair on his ass）：不強悍、不勇敢、沒有男子氣概的人。

做工（doing a job）：收集依法無法放入清潔隊垃圾車中的垃圾。

亂倒場（dump out）：被用來違法丟棄垃圾的地點，通常在鐵道旁、高架橋下，或荒廢的停車場裡頭。亂倒場會產生「狀態」（見上方）。

嘟嘟好（even）：當天任務有剛好足夠的人手。

出口（export）：紐約市範圍內沒有能處理廢棄物的選擇時會發生的事。

FEL：前端裝料機（Front-end loader），其諸多任務之一是將鹽巴放入撒鹽車中。

瘪胎地點（flats）：會收到大袋子的站點，通常來自有高樓大廈的高密度住宅區。

強迫（forced）：被指派去執行一項特殊任務或班次。

工頭（foreman）：小隊長的舊職稱。雖然已在1983年10月正式改掉，但仍常被使用。

水果車（fruit wagon）：垃圾收集車。

欄杆區（gate district）：一個需要做很多「欄杆活」（見下一個解釋）的分區，例如布魯克林區裡的一些社區。

欄杆活（gate work）：將垃圾桶和垃圾袋抬高到越過分隔住戶和街道的欄杆。

搞定閃人（get it and go）：一種早期的習慣，當一個工線清理好、垃圾車內的垃圾也倒好，就可以下班。一個「加速」（見下方）且只有幾個「瘪胎地點」（見上方）的小組可以在幾個小時內下班。現在已經不准「搞定閃人」。

損血（getting hurt）：因為受到懲處而沒了薪水。

拿得起（getting it up）：將垃圾從街道上收走。一個能「拿得起」的人是一個好的清潔隊員。

入幫（getting made）：升遷。

滑溜（getting over）：逃避責任、狡猾、不受規定拘束。不算紐約市清潔隊特殊用語，但時常可以聽到有人在用。

丟工（giving back work）：沒有在班次內完成應該做好的任務。如果一個工線沒有在規定的時間內清好，那個小組就是在「丟工」。

下來（go down）：離開垃圾車。

金項鍊分隊（gold-chain garage）：有許多義大利裔隊員的分隊。

禁足（grounded）：你可以工作，但不可以駕駛車輛。

GU：分隊工具人（Garage utility person），也就是被分派到分隊協助小隊長處理事情的隊員。

半車（half）：完成一小區的工作後還沒有塞滿的垃圾車，接著就會被調到另一個小區。

運輸道路（haul road）：垃圾掩埋場卸載區和露天堆放區之間的道路。

豪斯特車（haulster）：一種小型皮卡車，又稱為「LUV垃圾車」（見下方）。

高低機（Hi-Lo）：堆高機。

拉把手（hit the handle）：啟動垃圾車車斗鏟刀將垃圾鏟起送入車身的動作（見下方，意同「送上車」）。

死守分區（hold the district）：當一個分區可以工作的人太多時，資深的隊員或幹部才可以「死守分區」。資歷淺的無法「死守分區」，因此會被分派到別的地方。

勾子（hook）：管理階層的人，通常位階很高，可以幫你個小忙或協助度過難關。一個有好勾子的人就是有很多「料」（見下方）。

刑房（House of Pain）：布朗克斯第七分隊的綽號，那邊每天的班次平均可收到重達20噸的垃圾（因此一個小組必須「補貨」，見下方）。

挨戶線（house-to-house）：一個必須停下來很多次、收小包垃圾的工線，工線上的建築從房屋到公寓都有。

抱緊路邊（hugging the side）：跑「挨戶線」時，緊依著路邊或停放在那邊的車輛。

來龍去脈（ins and outs）：高速公路的出入口。用於執行除雪工線的情境中。

有牌（in title）：指紐約市清潔隊身著制服的工作。得到一份正式工作的人就是「有牌」的清潔隊員。當他得到第一次升遷的機會，他就是「有牌」小隊長。

料（juice）：能夠撨事情的能力。有很多「勾子」（見上方）的人。

切斷工線（jumping the route）：掃街車駕駛從固定的工線離開到別的工線。

菜鳥（junior flip）：新人。

打下（knocked down）：提報或傳喚被取消的狀況。

躺下（laying down）：沒做好份內的事。

打砲（laying pipe）：以極慢的速度工作（比「倒退嚕」還慢，見下方。有性意涵）。

遺漏（left out）：工線上的垃圾在班次結束後還沒有收好的狀況。

輕舟（lights）：沒有載貨的駁船。

編號（list number）：根據入隊和升遷考試成績得出的數字，反映了是否能得到工作以及之後升遷的可能性。編號加上起聘日期決定了一個清潔隊員的資歷。

貨（load）：一輛垃圾車能容納的垃圾量。

補貨（load and a piece）：一輛「塞滿貨」（見下一個解釋）的垃圾車清空後又再收了些垃圾。

塞滿貨（loaded out）：一輛裝滿垃圾的垃圾車，再也塞不下任何東西。「我塞滿貨了」指的就是「我的垃圾車裝滿了」。

LODI：職災（Line-of-duty injury）。「他LODI了」指的就是他在工作時受傷，因此在請工傷假。

帶貨轉圈（loop a load, loop a piece）：進入垃圾場但沒有清空就出去了（見下方「帶貨晃」）。

LUV垃圾車：輕量車，小型皮卡車，又叫作「豪斯特車」（見上方）。

登上垃圾車（make the truck）：收集回收垃圾的任務。因為工資不同，通常資深的隊員才能「登上垃圾車」。

義勇軍（minute man）：能在下一個班次開始前準時出現的隊員。

MLP：機械化垃圾巡邏員（Mechanized or motorized litter patrol）。耍酷的字眼，意指去怪地方清除大件廢棄物，例如在高架橋下或沿著路邊。這有可能會需要清除「大塊」。

巴庫人（m'on back man）：指揮垃圾車駕駛倒車的人（「來，巴庫」的簡稱）。

寶藏（mongo/mungo）：名詞，指從垃圾堆中挑出來的物件。動詞，指尋寶的動作。

MPG：鐵器、塑膠和玻璃回收（Metal, plastics, and glass recycling）。

互相（mutual）：交換「「表天」。例如，彼得的表天是週二，而我的表天是週五，但是他需要週五休假，所以我們就交換了。我會向小隊長或分隊長這樣解釋：「彼得和我互相了。」

釘子信（nail-and-mail）：郵寄來的傳喚通知。

保姆山羊線（nanny goat route）：非常陡斜的垃圾收集或回收工線。

夜差（night diff or night differential）：夜班時薪多加上的10%。

夜除（night plow）：紐約市清潔局在11月到4月之間準備面對降雪的時候。在夏季則是原本早上6點到下午2點的日班，會變成7點到3點，每個分隊中有一個小區的工作小組必須上夜班，每年輪替。

徒手（on the arm）：白工。例如：「你做這個工作有錢嗎？」「廢話！我從來不徒手做事！」

O線：掃街車駕駛從週三到週日的工線，此時沒有換邊路邊停車管制。O指的是「一般」（ordinary，但有些人會說是「其他」other）。

出城（out of town）：前往非隸屬的分隊或地點工作。依照分派的地方，你可以「撿工時」（見下方）。

多（over）：多出隊員的狀況。當一個分隊多三，表示有三個隊員會被分派到當天「少」（見下方）的分隊。

小精靈先生／女士（Packman/Mrs. Packman）：被派到暱稱為E-Z Pack的全自動化垃圾車上的男性或女性隊員。

PAP：政策和措施（policies and procedures）的縮寫，但其實就是藥物酒精檢測。當PAP車（又稱為尿尿車）來到分隊上，隊員會被隨機抽選去吹酒精檢測儀，同時在杯子裡留下尿液。若有行車事故發生，隊員也得接受PAP。

丟紙張（papers, throwing, or putting, them in）：退休。

撿（picking up）：工作地點。在格林威治村大學校區附近工作的人會說，「我在紐約大學那邊撿。」在布魯克林區第六分隊工作的則會說：「我在公園坡那邊撿。」

撿工時（picking up hours）：在工時表上得到額外工時，可以在工作結束後直接獲得工資。這種狀況發生在一個隊員被分派到其隸屬分隊之外的區域工作時。層級到分局長的主管就可以撿工時，而非得到加班費。

尿壺線（piss pots）：「挨戶線」（見上方）的舊稱。

PM：定期保養（Periodic maintenance）。

龐德羅莎（Ponderosa）：皇后區東十三分隊的舊稱。

特獎（premium）：雙倍工資的日子，例如週日或假日。

拿到外頭（put out）：家庭垃圾在預定垃圾收集時間前需要被處理的狀態。

拉比（rabbi）：前輩、師父，願意照顧你的人，他會教導你所有工作細節，讓你不會惹上麻煩（這並非紐約市清潔局的特殊用語，但我是在這裡才學到的）。

紅袋（red-bagged）：醫療廢棄物（紐約市清潔局不收紅袋）。

劃紅線（redlined）：在五七表上，劃在姓氏下方的紅線。姓氏下方有紅線就代表他遲到了。

接力（relay）：駕駛一輛裝滿的垃圾車去垃圾場清空，然後再開回分隊。新手通常會從跑接力開始，他們的值勤內容就只是不斷駕駛裝滿的垃圾車、清空、開回，然後再又駕駛另一輛過去。

釋出（released）：隊員被安排其他短期任務的狀態。例如從原本的勤務被安排接受新的裝備訓練時，他就是被「釋出」了。紐約市清潔局風笛鼓樂隊成員離開勤務在公家機關活動上的表演也是被「釋出」。

恢復（resumed）：在醫療休假後返回職場前必須有的狀態。「你有被診所恢復嗎？沒有？那你還不能工作。」

肋骨（rib）：垃圾車身的一截。

撕開（rip）：（1）迅速將垃圾從街道收走。「兩邊撕開」指的是同時在街道兩邊工作。（2）正式的懲處性提報。例如，「被撕開三天」就是因為違規而被暫時停職三天。

RO：輪換幹部（Rotating officer）：沒有被永久分發到某個單位，而是在城市各處工作的小隊長或分隊長。這種人能夠補上休假或生病幹部的空缺。

火箭（rocket）：提報失職（例如一個工頭對一個隊員說「如果你今天沒有清好你的工線，我會賞你一記火箭。」）

ro-ro 車：滾裝垃圾車（Roll-on/roll-off truck），用於裝卸某種貨櫃。

加速（running or running it up）：迅速工作。

重擔（running heavy）：你的垃圾車在工線清好前就「塞滿貨」（見上方）的狀況。

馬鞍包（saddlebags）：裝著液態氯化鈣的桶子，放在對抗積雪車輛（如撒鹽車〔spreads〕和流動傾卸卡車〔flow-and-dumps〕）側邊。

沙拉車（salad wagon）：垃圾收集車的舊稱，現在很少使用。

香腸袋（sausage bags）：來自有配備垃圾壓縮機的公寓大樓、大約120加侖的大垃圾袋。形狀像是香腸，又稱為「屍袋」（見上方）。

搶帽子（scalping）：偷垃圾（見下方）。

施蘭克（schranked）：得到登上垃圾車的額外工資（又稱為「垃圾車錢」，見下方），即便你沒有真的去收垃圾。只有在你本來該負責收集回收垃圾，但卻被迫調走，才會發生這種狀況。這個詞彙來自一位名叫施蘭克（Robert Schrank）的勞資關係協調員。他幫助協調工作小組從三人減至兩人後的狀況。

SCR：街道清掃管制（Street-cleaning regulations），又稱為「換邊路邊停車管制」（見上方「ASP」）。

小區（sections）：分區（見上方）下的單位。

瓣片（segments）：掃街車側掃刷上的刷毛。

送上車（send it up）：啟動垃圾車車斗鏟刀，將垃圾鏟起送入車身的動作（意同「拉把手」，見上方）。

擺鏟刀（set the blade）：調整一輛垃圾車的壓縮機，使其容量能夠提升到最大。一個小組在班次一開始時就會擺好鏟刀。

店家線（shop steward's route）：比其他工線都輕鬆的工線。

短倒場（short dump）：垃圾車不用去轉換站就能清空的臨時地點。

夜簽（sign nights）：自願上正常夜班的人。

掃街簽（sign the broom）：小隊長見到正在工線中執勤的掃街車駕駛，並在他的三五〇卡上簽名，確認其工作量和已完成的工線。

坐牛（sitting bull）：以前垃圾車上配有三個人的時候，駕駛永遠不必下車幫忙收集垃圾，所以被稱為「坐牛」。

燒鞋線（smokin' shoes route）：特別長的垃圾收集回收工線。

狙擊（sniping）：操縱掃街車通過各種障礙物，所謂的障礙物通常是指車輛。

漏餡（spillage）：隊員在將垃圾塞進車中時，掉落在街道上的那些垃圾。

吐口水（spitting）：垃圾車超過容量時會發生的事情。

霸住權（squatter's rights）：不同分隊或掃街車隊部依照其家規對資歷慣例（seniority protocols）進行的細微調整。

偷街（stealing a street）：在單行道上開錯方向。

偷垃圾（stealing garbage）：有時，當一個小組認為自己的垃圾車無法裝滿，他們會去別的工線、小區，甚至分區收別人的垃圾。又稱為「搶帽子」（見上方）。

畫格子（stroke the book）：工頭（小隊長）在填寫工作時間紀錄簿時做的事情。這條線是在分類表格裡的一個小方格中畫對角線，線條上方有一些資訊，下方也有，都是代表不同工資內容的記號（如加班、除雪、夜班等等）。現在已被電子人事薪資系統取代。

週日加一（Sunday and one day）：一個清潔隊員在週六或週一安排休假，讓自己的假期能連續到週日。

分隊長書記（super's clerk）：類似分隊長的祕書和左右手的隊員，時常幫忙寫好勤務

板、為分隊長解決問題、接電話、追蹤公文、讓分隊長在行政上井井有條。一個好的分隊長書記是分隊是否有規律的關鍵。

帶貨晃（swing a load）：只清掉垃圾車上的一部分，然後帶著剩餘的垃圾回到分隊。現在不再會出現這樣的狀況，因為垃圾車在抵達和離開垃圾場時都會秤重。以往只有在抵達時秤重。見上方「帶貨轉圈」。

蒂芙尼（Tiffany）：特別整齊的垃圾收集成果。「他在最後一站弄出了一個蒂芙尼」或「那個小組在上一條街弄出一個蒂芙尼」。

時間範圍（time frames）：休息和午餐的時間。排定這些時間需緊密遵守相關規定，如果你超過或沒注意你的「時間範圍」，你會「被搞」（見上方）。

衛生紙（tissue）：辦公室的工作，簡單的工作。通常（但不總是）交給從醫療休假回來、能夠工作但還沒準備好跟車的隊員。

奶砲（tit job）：同「衛生紙」（見上方）。

三重班（triple shift）：從早班（早上6點到下午2點）、晚班（下午4點到晚上12點）到夜班（晚上12點到早上8點）都在做同一件工作。這不被允許，但有時會發生。

垃圾車錢（truck money）：一個清潔隊員被派去收集回收垃圾而賺到的額外工資。這被納入1980年代中期，當工作小組從三人減至兩人時，勞資協商所談好的條件之中。

少（under）：隊員太少的狀況。一個少三的分隊會需要三個隊員，而這三個隊員通常來自「多」（見上方）的分隊。

都會白魚（urban white fish）：漂在水面上用過的保險套（並非紐約市清潔局的專有詞彙）。

怪事（unusual）：在值勤時發生的意外或不尋常事故，並且影響到工作。

倒退嚕（walking backwards）：慢吞吞地工作。

白大象（white elephant）：垃圾收集車。

白衫（white shirt）：分隊長或以上層級的主管。

剩餘工作（work out）：在一個班次結束時還剩下的工作。一個小隊長會跟分隊長這麼說：「我的小區還有三件剩餘工作。」意思是有三輛垃圾車的垃圾量需要收集。

拖車（wrecker）：拖吊車。一個能夠駕駛拖車的清潔隊員必須有A級商業駕照。

在區域中或外（zone, in or out of）：當你「出城」（見上方）時被分派到的地點。如果你在區域外，你就能「撿工時」（見上方），但在區域內就無法。

左岸 | 人類學321

街頭隱形人

人類學家臥底紐約清潔隊的田野故事

Picking Up: On the Streets and Behind the Trucks with the Sanitation Workers of New York City

（2017年初版書名為《垃圾天使：清潔隊裡的人類學家》）

作　　者　羅蘋・奈格爾（Robin Nagle）
譯　　者　高紫文、林浩立（紐約市清潔局行話詞彙表）

總 編 輯　黃秀如
責任編輯　孫德齡
企劃行銷　蔡竣宇
校　　對　蘇暉筠
封面設計　楊啟巽
電腦排版　宸遠彩藝

社　　長　郭重興
發行人暨出版總監　曾大福
出　　版　左岸文化／遠足文化事業股份有限公司
發　　行　遠足文化事業股份有限公司
23141新北市新店區民權路108-2號9樓
電　　話　02-2218-1417
傳　　真　02-2218-8057
客服專線　0800-221-029
E-Mail　rivegauche2002@gmail.com
左岸臉書　https://www.facebook.com/RiveGauchePublishingHouse/

法律顧問　華洋法律事務所　蘇文生律師
印　　刷　成陽印刷股份有限公司
二　　版　2021年3月
定　　價　420元
ISBN　978-986-06016-1-9

國家圖書館出版品預行編目資料

街頭隱形人：人類學家臥底紐約清潔隊的田野故事
羅蘋・奈格爾（Robin Nagle）著；高紫文譯
二版
新北市；左岸文化出版：遠足文化事業有限公司發行，2021.03
352面；14×21公分. --（人類學；321）
譯自：Picking up : on the streets and behind the trucks with the sanitation workers of New York city.

ISBN 978-986-06016-1-9（平裝）

1. 社會人類學　2.美國

541.3　　110001737